中国广东企业“一带一路”走出去行动报告 2018

广东省人民政府新闻办公室
国务院国有资产监督管理委员会研究中心　编
北京大学光华管理学院

中国财经出版传媒集团
经济科学出版社
Economic Science Press

图书在版编目（CIP）数据

中国广东企业“一带一路”走出去行动报告.2018/广东省人民政府新闻办公室编.—北京：经济科学出版社，2018.12
ISBN 978-7-5218-0119-4

Ⅰ.①中… Ⅱ.①广… Ⅲ.①企业—对外投资—研究报告—广东—2018 Ⅳ.①F279.276.5

中国版本图书馆CIP数据核字（2018）第298688号

责任编辑：范庭赫
责任校对：刘　昕
责任印制：李　鹏　范　艳

中国广东企业“一带一路”走出去行动报告2018

广东省人民政府新闻办公室
国务院国有资产监督管理委员会研究中心　编
北京大学光华管理学院

经济科学出版社出版、发行　新华书店经销
社址：北京市海淀区阜成路甲28号　邮编：100142
总编部电话：010-88191217　发行部电话：010-88191522
网址：www.esp.com.cn
电子邮箱：esp@esp.com.cn
天猫网店：经济科学出版社旗舰店
网址：http：//jjkxcbs.tmall.com
北京季蜂印刷有限公司印装
880×1230　16开　17.25印张　330000字
2020年5月第1版　2020年5月第1次印刷
ISBN 978-7-5218-0119-4　定价：60.00元
（图书出现印装问题，本社负责调换。电话：010-88191510）

Report on Going Global of Enterprises from Guangdong Province of China in Building the Belt and Road 2018

Information Office of the People's Government of Guangdong Province

Research Center of State-owned Assets Supervision and Administration Commission of the State Council of China

Guanghua School of Management of Peking University

序

2018年恰逢习近平总书记提出"一带一路"倡议5周年。"一带一路"倡议顺应时代要求，顺应各国加快发展的共同愿望，闪耀着中国智慧，展示出中国担当，分享了中国机遇。"一带一路"倡议在广袤大地上落地生根，在浩瀚海洋中乘风破浪。共建"一带一路"大幅提升中国对外贸易投资自由化便利化水平，形成陆海内外联动、东西双向互济的开放新格局，中国的对外投资成为拉动全球对外直接投资增长的重要引擎。

5年来，广东深度参与、有序推进"一带一路"建设，提升对外经贸合作水平，以投资带动贸易和产业发展，构建全方位开放格局，在政策沟通、设施联通、贸易畅通、资金融通、民心相通方面取得重要成果。

《中国广东企业"一带一路"走出去行动报告2018》充分反映广东根据国家决策部署，主动谋划，狠抓落实，积极打造参与"一带一路"建设战略枢纽、经贸合作中心和重要引擎，进一步拓展与沿线国家和地区国际经贸投资合作方面的工作和成效；系统总结广东企业致力于高质量发展、推动国际产业合作水平不断提升的最新实践，展现广东企业积极响应"一带一路"倡议，推进与"一带一路"沿线国家和地区实现优势互补、互利共赢合作的生动实践与相应成果。

报告的发布，将增进国际社会对广东企业在参与"一带一路"建设方面所做工作的了解，有助于广东企业提高国际化经营能力，促进装备、技术、标准、服务"走出去"，拓展市场空间，构建国际化发展新优势，更好地融入"一带一路"沿线国家和地区，实现各方的合作共赢及可持续发展。

报告编写组

2018年9月

目 录

图目录

表目录

案例目录

Preface

The year of 2018 marks the fifth anniversary of the launch of the Belt and Road Initiative put forward by Chinese President Xi Jinping. The Initiative responds to the call of our times, and reflects the common aspirations of people in all countries to accelerate their development. It is an embodiment of Chinese wisdom. It shows that China is willing to shoulder responsibilities of the world's challenges and share our opportunities with the rest of the world.

The Initiative has taken roots in the vast land along the Belt and Road. It withstands the winds and dares the rough seas. The Initiative has greatly enhanced China's free trade and facilitated its investment mechanism. It has reshaped a new pattern of China's opening up to the outside world. The Initiative explores resources on the land and at sea, connects home and abroad, and makes the East and the West mutually beneficial. China's investment overseas has become an important engine to stimulate the growth of global direct foreign investment.

In the past five years, Guangdong has participated in the developmentof the Belt and Road Initiative in an orderly manner and in great depth. Guangdong has upgraded its foreign trade and economic cooperation. It taps into the driving force of investment for trade and industrial development, and opens up to the outside world in all aspects. Guangdong has made great achievements in policy coordination, facilities connectivity, unimpeded trade, financial integration and connection between people.

Report on Going Global of Enterprises from Guangdong Province of China in Building the Belt and Road (2018) is a comprehensive overview of Guangdong's work and achievements in its active planning and rigorous implementation in line with the national policy deployment; in its industrious participation in the construction of the Belt and Road stragetic hubs, centers for economic and trade cooperation, and major engines; and in its further expansion of international economic and trade investment and cooperation with countries and regions along the Belt and Road.

The report systematically summaries the latest practices of Guangdong enterprises, which are committed to high–quality development and which contribute to the improvement of international industrial cooperation. Guangdong enterprises have actively participated in the Belt and Road Initiative. The report showcases their practices and achievements in promoting mutual complementarity and mutual benefit among countries and regions along the Belt and Road.

The release of the report will help the international community better understand how Guangdong enterprises have participated in the Initiative. Meanwhile, it will also help Guangdong enterprises to further internationalise their management capabilities. It will better facilitate these enterprises in their going global with their equipment, technology, standards and services. It may inspire them to expand market space, acquire new competitive advantages in international development, and better integrate with countries and regions along the Belt and Road for win–win cooperation and sustainable development.

Report Compilation Team

September, 2018

Contents

Contents of Figures

Contents of Tables

Contents of Cases

第一章　“一带一路”建设面临新的国际环境

推进“一带一路”建设，是中国政府适应世界多极化、经济全球化趋势，统筹国内国际两个大局，致力于促进全球自由贸易体系和开放型世界经济作出的重大战略决策。“一带一路”倡议顺应和平、发展、合作、共赢时代潮流，是推动开放合作、促进和平发展的中国方案，是纵贯古今、统筹陆海、面向全球的世纪蓝图，得到国际社会广泛关注和许多国家积极响应。

2018年是中国提出“一带一路”倡议5周年。5年来，“一带一路”建设逐渐从理念转化为行动，从倡议变为共识，从愿景成为现实，取得了举世瞩目的成就，对世界格局产生了深远影响。“一带一路”建设取得的巨大成就，有力推动了参与国政策沟通、设施联通、贸易畅通、资金融通、民心相通。通过多样化的合作机制，“一带一路”建设很好地适应了参与国在政治、经济、社会、文化等方面的差异，使各参与国在“一带一路”建设过程中共同受益。世界各国普遍认识到，“一带一路”建设有利于促进经济繁荣与区域合作、加强文明交流与文明互鉴、促进世界和平与共同发展，是一项造福世界各国人民的伟大事业。

第一节　“一带一路”建设迎来新机遇

“一带一路”倡议的提出，符合世界的发展趋势，体现各国的共同利益，是面向未来的国际合作新共识，展现了各国携手打造人类命运共同体的美好愿景。实践已经证明并将继续证明，“一带一路”倡议这一跨越时空的宏伟构想，从历史深处走来，必将迎来更加辉煌的未来。

一、世界经济急需新的增长动力源

世界经济仍然处于国际金融危机发生以后的深度调整期，原有的发展格局被打破，增长的新动力、新格局尚未形成，世界经济复苏任重道远。全球经济增长动能不足、经济治理滞后、发展失衡等问题日益突出，国际社会强烈呼唤更加平等包容的全球经济治理体系和国际合作模式。虽然经济全球化和区域经济一体化仍是当今世界的主流，但经济预期低迷使得反全球化、反自由贸易、反地区一体化的民粹主义和狭隘民族主义抬头，对原有的全球经济治理体系形成较大冲击。在缺少市场需求和技术创新有效支撑的情况下，世界经济迫切需要寻找到新的增长动力源。作为世界最大的发展中国家，中国正从经济全球化的参与者转变为贡献者和引领者，为国际社会提供更多公共产品，努力推动经济全球化进程更有活力、更加包容、更可持续。

“一带一路”为世界经济提供新理念。“一带一路”倡议，致力于合作互鉴，以心相交，秉持开放的区域合作精神，致力于维护全球自由贸易体系和开放型世界经济，创新了国际经济合作模式和全球治理思想，提升了经济全球化的包容性、开放性和普惠性。它秉持共商共建共享原则，致力于同国际社会一道携手应对世界经济面临的新挑战，提出打造政治互信、经济融合、文化包容的利益共同体、命运共同体和责任共同体，是中国向国际社会提供的互利共赢合作的中国方案。“一带一路”倡议秉持的和平发展、合作共赢的理念，以及责任共担、利益共享的基本原则，契合世界各国人民求和平、谋发展、促合作、要进步的真诚愿望和美好追求。它提出政策沟通、设施联通、贸易畅通、资金融通、民心相通的“五通”实施路径，促进各国实现联动增长、走向共同繁荣，推动了经济全球化健康发展，为完善全球经济治理提供了新思路新理念。

“一带一路”为世界经济提供新动能。“一带一路”建设以互联互通和产能合作打通生产要素流动渠道，提高生产要素质量，优化资源在全球范围内的配置，助力世界经济复苏，推动世界经济再平衡，推动更加均衡、包容和普惠的经济全球化。中国的优势产能和高端装备制造“走出去”，与沿线国家和地区的工业化需求形成互补，不仅有利于创造有效供给，还能带动发展中国家的工业化和技术进步。“一带一路”建设通过基础设施互联互通推进贸易投资便利化，使这些发展中国家有机会参与世界经济分工，提高工业化水平，推动形成更高效的全球产业链、价值链、供应链，提升发展的公平性、有效性、协同性。5 年来，中国对“一带一路”沿线国家直接投资超过 700 亿美元，年均增长 7.2%，新签对外承包工程合同额超过 5000 亿美元，年均增长 19.2%。中国同沿线国家贸易总额超过 5 万亿美元，年均增长 1.1%，在世界贸易下滑和负增长的情况下，仍实现了正增长。

“一带一路”为世界经济提供新机制。“一带一路”建设为发展中国家提供了平等参与区域经济合作的机会和平台，推动形成更加公正合理的国际经济秩序。当前，全球治理体系、贸易投资规则以及金融治理机制变革明显滞后，难以适应新需求、解决新问题，阻碍了经济全球化的健康发展。虽然很多区域合作机制都标榜开放性，但其高标准的规则和高企的门槛实际上把许多发展中国家排除在区域合作机制之外，并没有体现出真正的开放性。“一带一路”建设并不设置严格的门槛规则，而是遵循共商共建共享原则，对发达国家和发展中国家一视同仁，鼓励各方平等自愿参与，体现了真正意义上的开放性。“一带一路”建设是对现有全球经济治理机制的补充与完善，使新兴市场国家和发展中国家有更多机会参与到全球经济治理中来，推动国际秩序朝着更加公正合理的方向发展，提升了新兴市场国家和发展中国家的代表性和发言权。“一带一路”建设坚持多边主义和开放发展的原则，反对各种形式的保护主义，通过加强沿线国家间的国际贸易和投资，推动了经济全球化蓬勃发展。

二、沿线自贸区网络建设拓展域内合作空间

“一带一路”建设致力于推动相关国家扩大市场开放和贸易投资便利化，有利于促进国际经贸规则制定朝着更加公正合理的方向发展。

自由贸易网络初步形成。“一带一路”倡议提出以来，中国加快与沿线国家建设自贸区，推进贸易投资自由化便利化，在更大范围、更高水平深化经贸合作，立足周边、覆盖“一带一路”、面向全球的高标准自由贸易网络正在形成。目前，中国已经与韩国、澳大利亚、巴基斯坦、东盟、新加坡、格鲁吉亚签署了自贸协定，与东盟的自贸区升级《议定书》也已生效实施。中国正在积极推动区域全面经济伙伴关系协定（RCEP）、中日韩自贸区谈判以及与以色列、马尔代夫、斯里兰卡、海湾合作委员会的自由贸易谈判，更多国家和地区正在与中国开展自由贸易可行性研究。中国与“一带一路”沿线国家的贸易和投资合作不断扩大，形成了互利共赢的良好局面。2018 年上半年，中国与沿线国家货物贸易进出口额达 6050.2 亿美元，同比增长 18.8%。

境外经贸合作区蓬勃发展。境外经贸合作区是国际产能和装备制造合作的重要平台。5 年来，中国企业按照市场化运作模式，根据自身发展需要，结合所在国的发展战略、资源禀赋、市场需求等因素，在“一带一路”沿线国家建设境外经贸合作区共 82 个，累计投资 289 亿美元，入区企业近 4000 家，上缴东道国税费累计 20.1 亿美元，为当地创造了 24.4 万个就业岗位。这些合作区既有

加工制造型、资源利用型、农业产业型，也有商贸物流型、科技研发型及综合开发型等，对引导中国企业集群式“走出去”实现产业集聚发展，带动沿线国家产业升级、加快工业化进程、促进经济社会发展发挥了积极作用。依托境外经贸合作区的集聚优势，“一带一路”成为全球经济合作最为活跃的区域之一。

重点项目扎实推进。设施联通是“一带一路”建设的核心内容和优先领域，5 年来，高效畅通的国际大通道加快建设。铁路方面，建成了蒙内铁路、亚吉铁路等境外铁路，中老铁路、中泰铁路、匈塞铁路建设稳步推进，雅万高铁全面开工建设。公路方面，推动中巴经济走廊两大公路、中俄黑河公路桥等重大基础设施项目开工建设。海运方面，参与希腊比雷埃夫斯港、斯里兰卡汉班托塔港、巴基斯坦瓜达尔港等 34 个国家 42 个港口的建设经营，汉班托塔港二期工程竣工，科伦坡港口城项目施工进度过半，比雷埃夫斯港建成重要中转枢纽。中缅原油管道投用，实现了原油通过管道从印度洋进入中国。中俄原油管道复线正式投入使用，中俄东线天然气管道建设按计划推进。截至 2018 年 8 月，中欧班列累计开行数量突破 1 万列，到达欧洲 14 个国家、42 个城市，国际道路客货运输线路开通 356 条，增加国际航线 403 条，与沿线 43 个国家实现直航，每周约 4500 个直航航班。

三、国际合作支撑机制日趋成熟

“一带一路”倡议契合世界和平与发展的时代主题，符合沿线国家发展合作的现实需求，成为目前最受欢迎的国际合作倡议之一。

合作理念深入人心。“一带一路”倡议凝聚国际合作共识，在国际社会形成了共建“一带一路”的良好氛围。“一带一路”倡议及其核心理念被纳入联合国、二十国集团、亚太经合组织、上合组织等重要国际机制成果文件。其中，联合国大会第 A/71/9 号决议首次写入“一带一路”倡议，敦促各方通过“一带一路”倡议等加强阿富汗及地区经济发展，呼吁国际社会为“一带一路”建设提供安全保障环境，得到 193 个会员的一致赞同，体现了国际社会对推进“一带一路”倡议的普遍支持。

战略对接不断强化。“一带一路”倡议与俄罗斯欧亚经济联盟、印度尼西亚全球海洋支点发展规划、哈萨克斯坦光明之路经济发展战略、蒙古国草原之路倡议、欧盟欧洲投资计划、埃及苏伊士运河走廊开发计划等发展战略的对接已经或正在达成重要共识，与相关国家共同规划的中蒙俄、新亚欧大陆桥、中国—中亚—西亚、中国—中南半岛、中巴和孟中印缅六大经济走廊全面推进。同时，中国联合相关国家制定了《大湄公河次区域交通战略（2030）》《中亚区域经济合作铁路发展战略（2030）》《中国—东盟交通合作战略规划》《中巴经济走廊交通基础设施专项规划》等战略规划，与100多个国家和国际组织签署了共建“一带一路”合作文件。

金融体系支撑不断完善。中国通过加强金融合作，促进货币流通和资金融通，为“一带一路”建设创造了稳定的融资环境。亚洲基础设施投资银行成员总数已达到87个，明确了专业、高效、廉洁的新型多边开发银行的发展方向，成为现有国际金融体系的有益补充。截至2018年6月，亚洲基础设施投资银行已在13个国家开展了28个项目，并接连获得3家国际评级机构最高信用评级。400亿美元的丝路基金为相关国家基础设施建设、资源开发、产业合作和金融合作等提供了融资支持。截至2018年6月，中国在7个沿线国家建立了人民币清算安排，已有11家中资银行在27个沿线国家设立了71家一级机构。

民心相通不断深入。中国设立“丝绸之路”中国政府奖学金，发起成立“一带一路”绿色发展国际联盟倡议。正式开通“一带一路”官方网站，已实现联合国6种官方语言版本同步运行。中国—东盟博览会、中国—南亚博览会、中国—亚欧博览会、广交会、厦门投洽会等综合性展会影响日益扩大。多层次、多领域的人文交流合作为“一带一路”沿线各国民众友好交往和商贸、文化、教育、旅游等活动带来了便利和机遇，不断推动文明互学互鉴和文化融合创新。

四、粤港澳大湾区建设上升为国家战略

2017年7月，广东省政府与国家发改委、港澳特区政府签订合作框架协议，共同推进粤港澳大湾区建设。粤港澳大湾区是由广州、深圳、珠海、佛山、中山、肇庆、东莞、惠州、江门9市和香港、澳门两个特别行政区形成的城市群，面积5.65万平方千米，人口近7000万，经济总量达1.4万亿美元。粤港澳大湾区建设被写入中国共产党十九大报告，上升为国家战略，体现了党和国家对粤港澳大湾区承载引领新一轮改革开放的高度期许，为粤港澳大湾区实现开放创新发展提供了前所未有的历史性机遇。

粤港澳大湾区建设对于实现港澳与内地以及中国东中西部的区域协调发展都具有重要意义。粤港澳大湾区东接海峡西岸经济区，西连北部湾经济区，南连东南亚、南亚，北接长江经济带，是“21世纪海上丝绸之路”的关键支点，在中国对外开放战略格局中将发挥重要作用。粤港澳大湾区科技创新、金融资源、人力资本优势明显，将有效带动珠江—西江经济带腹地发展，辐射影响中南、西

南地区，有效推动中国区域经济实现东中西部协调发展。

粤港澳三地积极探索推进在“一国两制”和三个关税区条件下的体制机制创新，促进人流、物流、资金流、信息流便捷有序流动，打造具有全球影响力的国际科技创新中心、金融中心和航运中心，提升粤港澳大湾区市场一体化水平。加快基础设施互联互通，推动广深港高铁、港珠澳大桥建成通车，开通莲塘 / 香园围口岸，加快实现主要城市间 1 小时通达，宜居宜业宜游优质生活圈不断完善。创新口岸通关模式，广深港高铁口岸“一地两检”合作安排协议正式签署，扩大粤港检验检测结果互认范畴，实施“一机一台、合作查验、分别处置”的关检合作查验模式，实行“预报预检”“即查即放”“一次申报、分批出境”等新通关模式。促进人流便捷流动，中国香港会计、税务、建筑、金融等专业人士经特殊机制安排直接在广东自贸试验区内执业，推进南沙粤港澳国际青年创新工场、前海深港青年梦工场和横琴澳门青年创业谷等平台建设，累计入驻港澳青年创业团队近 300 家，集聚国际人才超过 7000 人，推动港澳游艇自由行通关便利化监管模式创新，正式实施中国澳门机动车入出横琴政策。推进服务贸易自由化，香港汇丰银行、东亚银行、恒生银行分别成立由港资控股的证券公司和基金公司，11 家粤港澳合伙联营律师事务所获批成立，嘉里前海项目首次实行“香港模式”管理。粤港澳大湾区建设为“一带一路”注入了新的生机和活力，成为“一带一路”建设的重要支撑区。

第二节　“一带一路”建设面临新挑战

“一带一路”建设为中国企业“走出去”提供了新的机遇，但中国企业也面临着挑战。“一带一路”沿线国家的政治、经济、文化和法律制度存在巨大差异，中国企业“走出去”时必须树立强烈的风险意识，高度重视风险防范，提高海外投资的保障能力，实现与当地经济、社会、文化的良性互动和深入融合。

一、贸易保护主义制约明显

当前，世界经济复苏进程缓慢，经济全球化遇到阻力，新的增长动力尚未形成，贸易保护主义抬头。面对世界经济复苏乏力、国际贸易和投资低迷以及发展中国家快速发展的新形势，某些国家开始逐步筑高贸易和投资壁垒，甚至采取加强贸易投资保护等不合时宜的做法，导致经济全球化进程受阻，逆全球化思潮涌动。

二、国际产能合作风险尚在

“一带一路”沿线国家和地区的政治、经济、社会环境复杂多变，语言文化、商业规则、法律体系、行业标准等与中国国内差异很大，对企业的适应能力和管理水平提出了更高要求。中国企业海外投资起步较晚，海外投资经验和国际化经营人才储备不足，风险评估意识和抗风险能力有待进一步提高。部分“一带一路”沿线国家自然资源开发难度大、生态环境脆弱、地缘政治敏感、地方势力复杂，个别国家内部政治环境尚不稳定，中国企业到这些国家进行国际产能合作，面临着较大的不确定性。

三、资金瓶颈未能充分解决

“一带一路”建设资金需求巨大，沿线国家情况不同，风险各异。部分国家由于发展水平受限，在持续投入资金能力、实际运营管理能力、履约还款能力等方面存在着不确定性。需要加强国家间政府合作，建立健全国际投资者保护机制。深化金融合作，发挥政策金融、开发性金融、商业金融、国际多边金融机构的多层次支持作用。用好对外投资基金、债券市场等融资渠道，建立市场化的风险分担机制，实现国内国际市场共用、直接间接融资并举的多样化融资机制。当前，为“一带一路”建设提供服务的金融机构不足，对外投资金融支持和服务体系有待进一步完善，急需各类金融机构在“一带一路”沿线国家和地区优化布局、增加网点，或者通过互联网、代理行等方式延伸服务，为“走出去”企业提供长期性资金支持，引导各类资金形成共建“一带一路”的金融合力。

四、相关保险服务不足

运用好保险服务可以为“一带一路”投资项目建立风险分散机制，但目前，针对“一带一路”沿线国家投资的保险产品种类和跨境保险覆盖面不足，难以充分满足境外投资需求。保险产品创新不足，特别是针对“一带一路”沿线国家特点的保险产品研发滞后。

五、跨文化交流能力有待加强

许多中国企业虽然在“一带一路”沿线国家进行了大量投资，对当地经济社会发展作出贡献，但由于习惯于“只做不说、多做少说”的理念，影响了东道国和国际社会对企业的了解。在“一带一路”沿线国家，很多非政府组织在社会层面有很强的组织和动员能力，成为政府部门和企业之外的第三方力量，因此中国企业与当地民间组织和非政府组织的交流互动有待进一步加强。此外，中国企业的本土化意识有待进一步提升，部分企业不善于融入当地社会进行人文交流。

第三节　“一带一路”建设对广东企业提出新要求

近年来，广东全方位、多层次地推动企业积极参与“一带一路”建设，加强与沿线国家和地区的深度合作。面对“一带一路”建设的新机遇、新挑战，广东企业需要着力提高国际化经营水平，加强国际化品牌建设，提高跨文化融合能力，加强与利益相关方沟通互动，提升各类风险防控能力，不断增强国际竞争力。

一、提升国际化经营水平

拓展国际化视野。参与国际竞争，在全球市场配置资源，企业必须有国际眼光，主动研究分析世界政治经济发展变化的新形势，了解全球技术产业变革新趋势，加深对不同文明、文化的理解，提升国际交流能力。在经济全球化背景下，广东企业面临的国际经营环境更加复杂，信息传播更加透明，企业在进行决策时，应当充分认识把握这些新特点，以国际化视野利用全球资源和市场，提高企业核心竞争力和国际创新能力，引领企业开放发展。

实行国际化运营。广东企业应当统筹国际国内两个市场、两种资源，积极开拓海外业务，提高海外市场份额，着力优化国际产业链和全球价值链，立足全球配置资本、人才、技术等资源，逐步实现战略、营运、管理及文化全球化。积极参与国际分工，以比较优势和市场化方式聚合外部资源。

积极探索“走出去”共享发展的新模式，在得到合理投资回报的同时，为东道国创造就业和经济收益，实现可持续发展。坚持属地化原则，通过任用当地人才、尊重当地文化、与当地经济融合等措施，使企业经营深植于当地市场。实施本土化经营，推进产品本土化，提高企业在当地的知名度和形象。

参与国际化竞争。在经济全球化的今天，一国的竞争优势已不再体现在某个特定产业或产品上，而主要体现在国际分工链条中所处的环节或位置上。在新一轮国际竞争中，广东企业需要抢占制高点、争创新优势，走创新驱动的发展道路，提升在全球产业价值链的分工地位，成为全球资源的组织者和整合者。要在全球范围内凭借一流的产品和优质的服务参与市场竞争，为客户创造价值，赢得客户信赖，获得发展空间。

遵守国际化规则。履行社会责任是国际社会评价企业的重要依据，也是中国企业加快“走出去”步伐的必然要求。塑造良好的履行社会责任形象，对于中国企业在海外市场发展具有重要意义。广东企业在“一带一路”沿线国家进行国际化经营，需要将互利共赢作为海外投资的基本准则，模范履行好全球企业公民的责任，自觉遵守法律法规、社会公德、商业道德和行业规则，加强环境保护，积极参与社会公益事业。需要注重培养具有国际视野、精通国际商务规则的经营人员，培养一批具有国际视野和适应中西方文化的复合型人才。

二、加强海外品牌建设

“推动中国制造向中国创造转变、中国速度向中国质量转变、中国产品向中国品牌转变”是中国品牌建设的方向。当前，中国企业品牌竞争力还有待于进一步加强。中国有一批世界级企业，但是真正成为国际品牌的却很少。世界品牌实验室公布的 2017 年“世界品牌 500 强”排行榜中，中国上榜品牌只有 37 个，与中国世界第二大经济体和第一制造业大国的地位很不相称。在“一带一路”建设中，广东企业要注重由产品营销转换为品牌营销，大力培养国际化品牌。

树立品牌意识。品牌是企业科技、管理、人才等诸多综合实力的集中表现，是企业开拓市场、占领市场的主要竞争力之一，是衡量企业国际影响力的重要指标之一。品牌竞争是高层次的竞争，高质量发展呼唤高质量品牌。广东企业在参与“一带一路”建设时，需要注重品牌和形象建设，靠品牌增强影响力，打造有质量、有效益、有影响力的品牌，不断丰富品牌的文化含量，提升中国制造和中国服务的国际形象，提升中国企业的国际影响力。

强化质量保证。品质是企业经营发展的基石，是品牌建设的根本。发扬工匠精神，打造国货精品，是中国品牌迈向国际产业链中高端的必然选择。广东企业要以创新驱动为核心、以先进科学技术为支撑，加强产品研发与质量管理，提高产品附加值，持续增强高质量产品与服务供给能力，既瞄准前沿领域、关键部件、核心技术，也抓住重点环节、专注局部细节。既以开创性、引领性的科技创新谋求突破，也要加快管理创新、业态创新、模式创新，向产业价值链高端攀升，以质量和创新赢得消费者与公众的认可与信任，用精湛的工艺、过硬的质量增强广东品牌的知名度。

涵养文化内涵。为品牌赋予深厚的文化内涵，品牌才能拥有持久的影响力。为品牌注入文化，用文化提升品牌，是品牌建设的应有之意。对企业来说，既要树立市场口碑，也要讲好品牌故事，让更多用户对品牌产生文化认同，共同参与品牌的塑造提升。广东企业要为品牌注入中国文化内涵，提炼和传播中华优秀文化价值观，用丰富的文化内涵筑牢新时代中国品牌的底蕴。要理解并尊重不同文化价值观的差异性，以中国品牌促进跨文化沟通，赢得更广泛的全球市场。

三、提高跨文化融合能力

促进民心相通。“民心相通是‘一带一路’建设的重要内容，也是关键基础”“国之交在于民相亲，民相亲在于心相通”“文明因交流而多彩，文明因互鉴而丰富”。“一带一路”为相关国家民众加强交流、增进理解搭起了新的桥梁，为不同文化和文明加强对话、交流互鉴构建了新的平台。从历史上看，古丝绸之路不仅是一条通商合作之路，更是一条和平友谊之路、文明互鉴之路，丝绸之路精神薪火相传，推进了人类文明进步，是东西方交流合作的象征。“一带一路”建设，需要民心相通，需要人与人之间的交流。历史、语言、宗教、风俗等社会生活的民间认知和交流是民心相通最广泛的领域，“一带一路”沿线各国历史文化的交集和共识，正在成为民心相通的重要支点之一。在新的历史条件下，深化各国的人文交流，可以让各国民众有更多共同语言，增进相互信任，夯实“一带一路”建设的社会根基和民意基础。民心相通在于文化的相互理解和相互尊重，广东企业要继承古丝绸之路的文化传统，促进多元文化的交流互通、共同发展，使“亲、诚、惠、容”原则渗透到各国人民的生活和心田。

兼顾义利目标。正确的义利观是“一带一路”合作机制建设的重要基础。只有兼顾“义”和“利”这两个目标，“一带一路”建设才能顺利推进。要协调好予与取的关系，通常情况下，在国家之间的经济合作中予与取应维持大致平衡，但对有些比较落后的发展中国家则需要多予少取。“一带一路”

建设要以中国发展为契机，促进各国共同发展。广东企业在参与“一带一路”建设时，要以义为先、义利并举，不急功近利，协调好长期目标与短期目标的关系。

深化文化交流。“一带一路”沿线国家和地区文化差异较大，文化融合至为重要。文化交流与合作是建设“一带一路”的应有之意，以文化为桥梁可以更好地引领沿线各国之间的交流合作。广东企业应当对照“一带一路”建设的新形势和新要求，讲好中国故事，传播好中国声音，把软实力建设贯穿于“一带一路”建设全过程。积极推动与“一带一路”沿线国家多种形式的文化交流活动，弘扬和传承丝绸之路的友好合作精神，为深化合作建立坚实的民意基础。

四、强化利益相关方沟通

加强战略对接。发展战略具有全局性、长远性和引领性。政策沟通和发展战略对接是开展各方面务实合作的基础，是扩大“一带一路”建设参与国利益汇合点的关键，也是共建“一带一路”的重要保障。本着求同存异的原则对接各国的发展战略，有利于增进政治互信、达成合作共识、深化利益融合，从宏观上寻求合作的最大公约数。广东企业要通过将“一带一路”倡议与沿线国家的发展战略相对接，与东道国实现合作共赢。

加强规划对接。发展规划是对发展战略的进一步细化，具有前瞻性、系统性和协调性。促进国家之间和区域范围内的发展规划对接，能够将发展战略确定的愿景明确为具体的时间表和路线图。广东企业要将参与“一带一路”建设规划与沿线国家的发展规划结合起来，找准利益契合点和合作切入点，推动市场、产业、项目有效对接，充分发挥比较优势，培育合作新支柱，打造合作新亮点，构筑合作新平台，实现优势互补、互利共赢、共同发展。“一带一路”沿线各国经济发展水平参差不齐、政治生态各异、利益诉求多元、国家间关系错综复杂，要坚持沟通为先，找准发展理念与相关规划有机对接的耦合点，建立政策协调对接机制，相互学习借鉴，并在这一基础上制订合作方案，共同采取合作行动，形成规划衔接、发展融合、利益共享的良好局面。

加强机制对接。发展战略和规划对接要落到实处，必须构建顺畅的交流磋商渠道、互相包容的规则体系和参与国政府之间的政策协调对接机制。“一带一路”沿线国家要素禀赋差异明显，经济发展水平不一，要在发展自身利益的同时，更多考虑和照顾其他国家利益，统筹中国同沿线国家的共同利益和彼此关切。为防范投资风险、增强合作效果，广东企业在“一带一路”进行相关投资合作时应遵循国际通行规则，遵守投资东道国的法律法规，重视与投资东道国政府、企业、非政府组织等开展交流合作，建立健全合作机制，创造更多合作机会。

五、做好境外风险防控

加强项目风险评估。广东企业在参与“一带一路”建设时，在对外投资和合作实施前必须进行风险评估，充分考虑合作中的政治、经济、信用、市场、法律、环境、汇率等多重风险，做出正确判断，对可能遇到的风险尽可能予以规避。

提高风险管理水平。较强的风险管控能力是企业必备的核心竞争力之一。“走出去”使企业的风险管控能力面临巨大挑战，企业风险管理体系的改革和重塑成为当务之急。广东企业要进一步提高对全面风险管理的认识，加强全面风险管理制度化和规范化建设，培养风险管理人才队伍，提升风险管理水平。

构建风险防控体系。广东企业应当加强对全球经济形势、行业发展态势、国际规则变化趋势的综合研究，强化与国际投资机构、项目所在国企业的交流和合作，建立信息采集和共享机制，系统把握“一带一路”沿线国家和地区政治、经济、法律、文化等方面的实际情况，做好风险预警和应对预案，妥善防范和化解各类风险。

第二章 广东企业参与“一带一路”建设迈入高质量发展阶段

广东作为经济大省，国内生产总值连续29年居全国第一位，经济发展和对外开放取得了巨大成绩。2017年以来，广东根据国家决策部署，主动谋划，狠抓落实，继续深入推动参与“一带一路”建设，各项工作取得积极成效，企业参与“一带一路”建设迈入高质量发展新阶段。根据国家信息中心发布的《“一带一路”大数据报告（2017）》显示，广东在全国各省市“一带一路”参与度指数排名中，连续两年位居第一。

第一节 开放型经济发展势头向好

广东以推进供给侧结构性改革为主线，促进经济加快转型升级，开放型经济规模和质量呈现向好势头，为企业参与“一带一路”建设打下了坚实的宏观经济基础。

一、经济总量和对外经贸总量持续增长

2017年，广东实现地区生产总值89879.23亿元（见表2-1、图2-1、图2-2），同比增长7.5%。人均GDP 81089元，是全国平均水平的1.36倍，折合美元超过12000美元，按照世界银行的定义标准，已经达到中等偏上收入经济体发展水平，进而向更高水平的历史阶段迈进。

表 2–1 广东 GDP

年份	广东 GDP(亿元)	全国 GDP（亿元）	广东 GDP 占全国比重（%）
2013	62474.79	595244.4	10.50
2014	67809.85	643974.0	10.53
2015	72812.55	689052.1	10.57
2016	80854.91	743585.5	10.87
2017	89879.23	827122.0	10.87

资料来源：国家统计局。

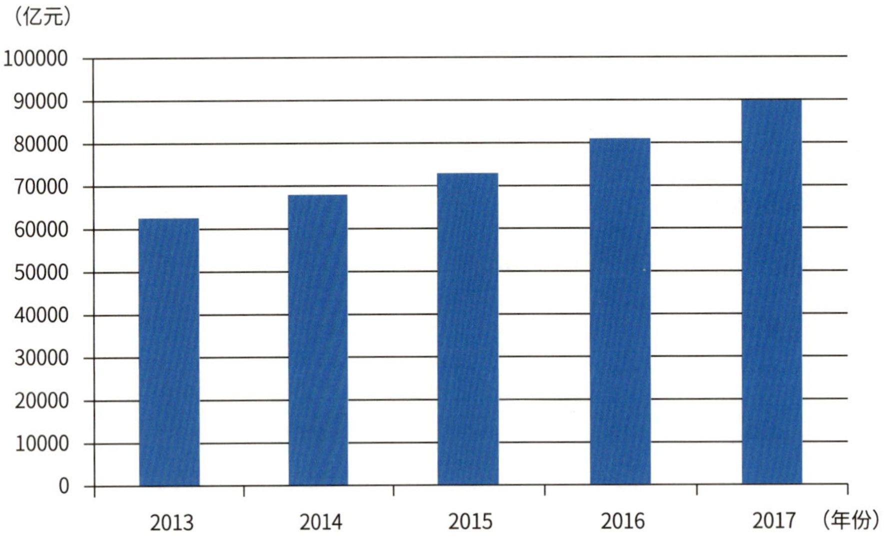

图 2–1 广东 GDP

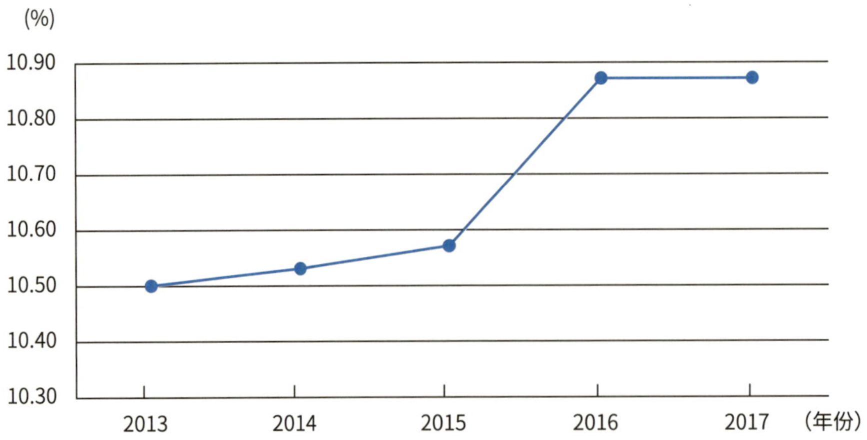

图 2–2 广东 GDP 占全国比重

近年来，广东经济运行呈现总体平稳、稳中向好的发展态势，新旧动能接续转换，质量效益稳步提升。广东进出口保持稳定发展良好态势（见表 2–2、图 2–3 及表 2–3、图 2–4）。

表 2–2　　广东出口额及增长情况

年份	出口额（亿美元）	同比（%）
2015	6435.6	-0.4
2016	5975.6	–7.1
2017	6227.8	4.0

资料来源：据海关统计。

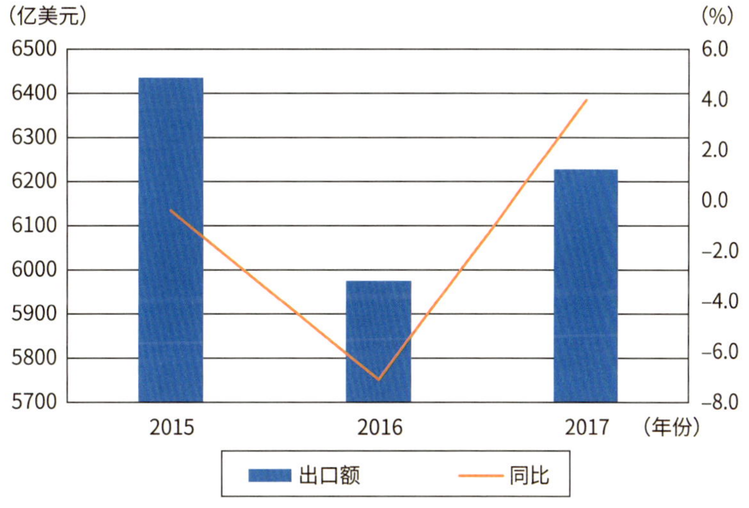

图 2–3　广东出口额及增长情况

表 2–3　　广东进口额及增长情况

年份	进口额（亿美元）	同比（%）
2015	3793.9	–11.9
2016	3566.6	–6.0
2017	3837.0	7.6

资料来源：据海关统计。

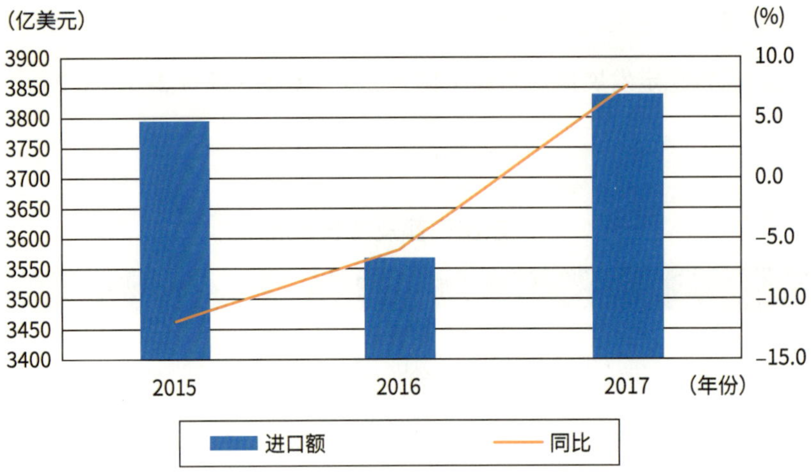

图 2-4　广东进口额及增长情况

2017 年，广东货物进出口总额 11095.67 亿美元，同比增长 8.13%，已连续 32 年保持全国首位（货物进出口情况见图 2-5~ 图 2-12 及表 2-4~ 表 2-8）。其中，出口 6872.94 亿美元，同比增长 6.92%；进口 4229.86 亿美元，同比增长 10.16%（见表 2-9）。

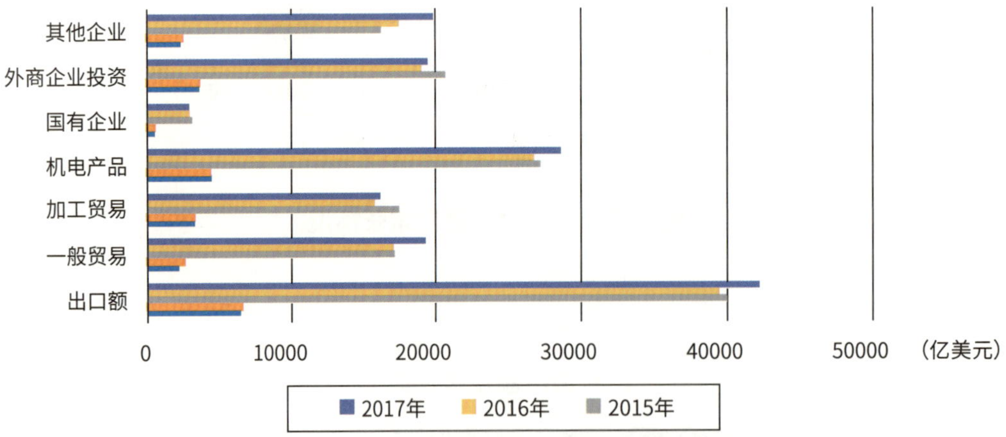

图 2-5　广东出口总额分行业分企业类型

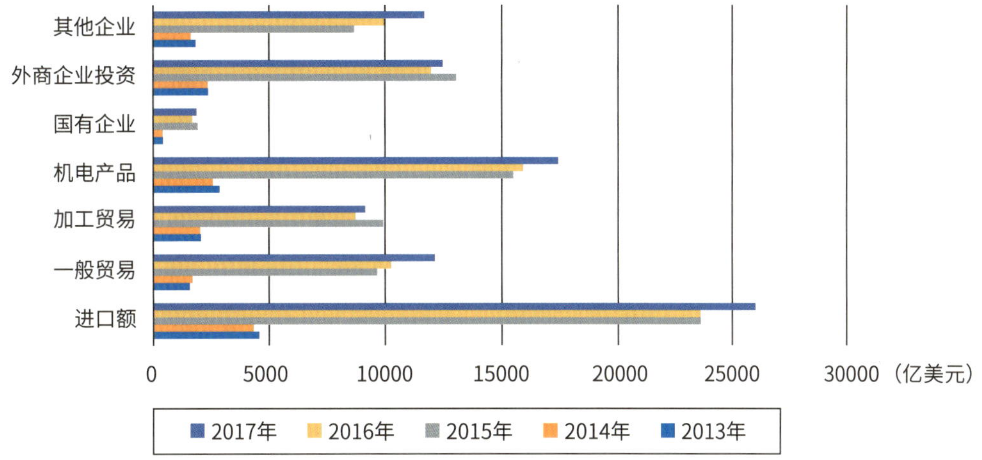

图 2-6　广东进口总额分行业分企业类型

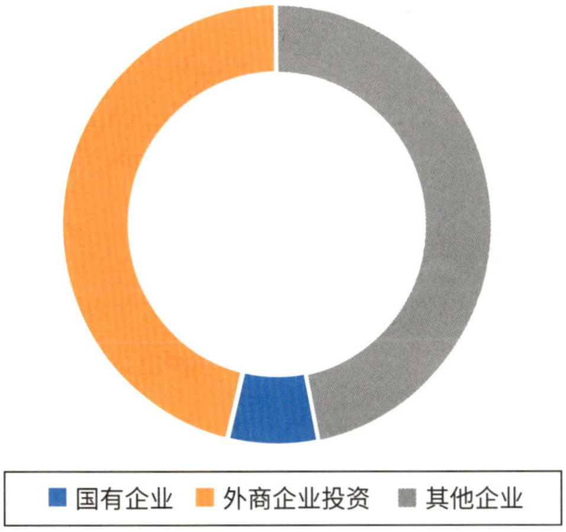

图 2-7　广东 2017 年出口额企业类型比例

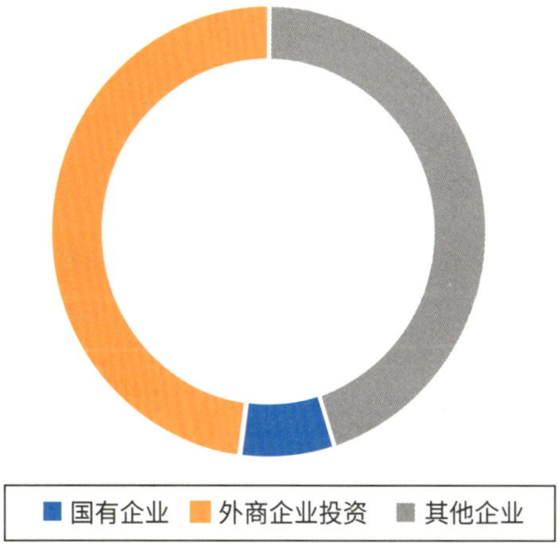

图 2-8　广东 2017 年进口额企业类型比例

表 2-4　　广东 2017 年对主要国家和地区货物进出口总额及其增长速度

国家和地区	出口额（亿元）	比上年增长（%）	进口额（亿元）	比上年增长（%）
中国香港地区	11342.4	-5.4	284.0	1.5
美国	7320.8	11.6	1303.9	4.1
欧洲联盟（28 国）	5924.6	10.8	1772.5	16.8
东盟	4294.0	11.2	4379.8	15.6

续表

国家和地区	出口额（亿元）	比上年增长（%）	进口额（亿元）	比上年增长（%）
日本	1682.2	7.6	2578.4	5.6
韩国	1504.5	10.7	3016.5	10.9
中国台湾地区	513.2	9.0	3899.9	12.1
俄罗斯	468.4	35.8	29.3	5.6

资料来源：广东省统计局。

表 2-5　　广东 2017 年出口额 100 亿美元以上商品情况

金额分类	商品名称	出口金额（亿美元）	占出口总额比重（%）
200 亿美元以上	电话机	460.0	7.4
	服装及衣着附件	366.4	5.9
	自动数据处理设备及其部件	364.7	5.9
100 亿 ~200 亿美元	家具及其零件	197.9	3.2
	鞋类	146.2	2.3
	灯具、照明装置及零件	145.9	2.3
	玩具	130.4	2.1
	纺织纱线、织物及制品	125.0	2.0
	塑料制品	121.0	1.9
	箱包及类似容器	109.9	1.8
	液晶显示板	107.1	1.7
	静止式变流器	106.2	1.7
合计		2380.8	38.2

资料来源：广东商务年鉴。

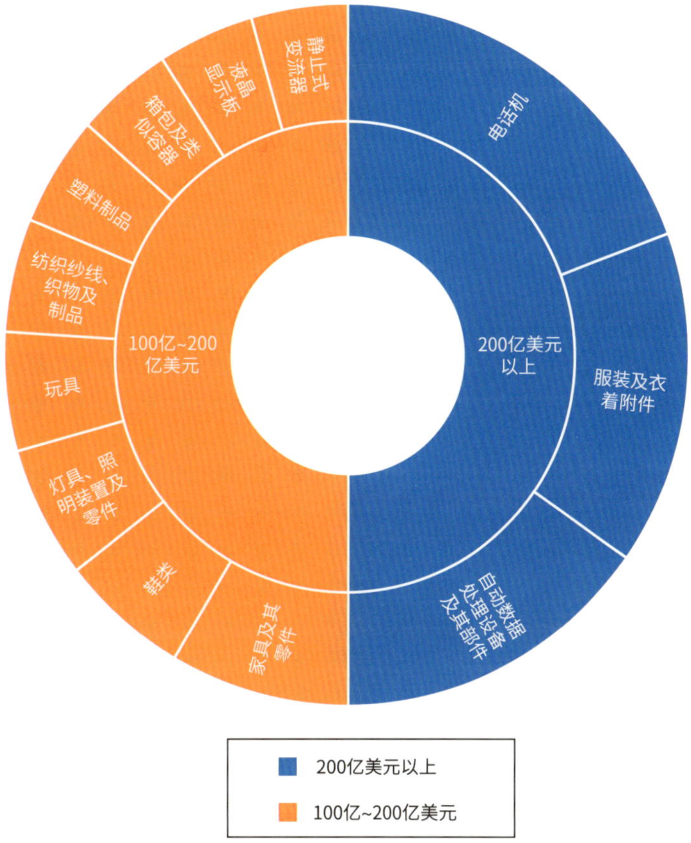

图 2-9　广东 2017 年出口额 100 亿美元以上商品分布比例

表 2-6　　　　广东 2017 年进口额 50 亿美元以上商品情况

金额分类	商品名称	进口金额（亿美元）	占进口总额比重（%）
100 亿美元以上	集成电路	1010.4	26.3
	初级形状的塑料	149.9	3.9
	液晶显示板	128.4	3.3
	二极管及类似半导体器件	113.6	3.0
	自动数据处理设备及其部件	103.7	2.7
50 亿 ~100 亿美元	通断保护电路装置及零件	78.3	2.0
	自动数据处理设备的零件	68.9	1.8
	废金属	57.1	1.5
	纺织纱线、织物及制品	52.7	1.4
合计		1763.1	45.9

资料来源：广东商务年鉴。

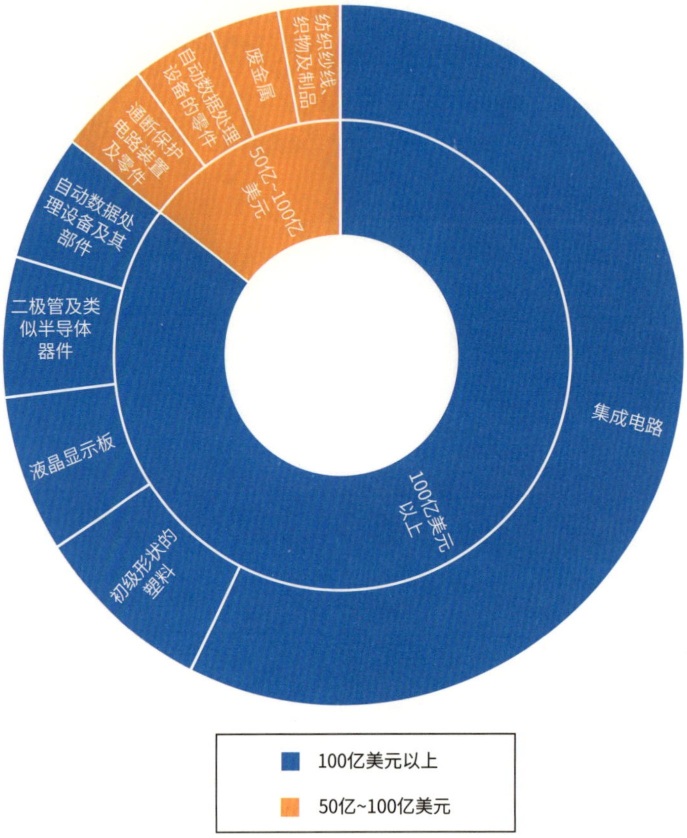

图 2-10　广东 2017 年进口额 50 亿美元以上商品分布比例

表 2-7　　　　广东 2017 年主要出口市场情况

国别（地区）	出口金额（亿美元）	占出口总额比重（%）
中国香港地区	1676.1	26.9
美国	1080.7	17.4
欧盟	874.4	14.0
东盟	633.7	10.2
日本	248.3	4.0
韩国	221.8	3.6
印度	187.3	3.0
墨西哥	94.8	1.5
澳大利亚	93.7	1.5
加拿大	78.2	1.3
合计	5189.0	83.3

资料来源：广东商务年鉴。

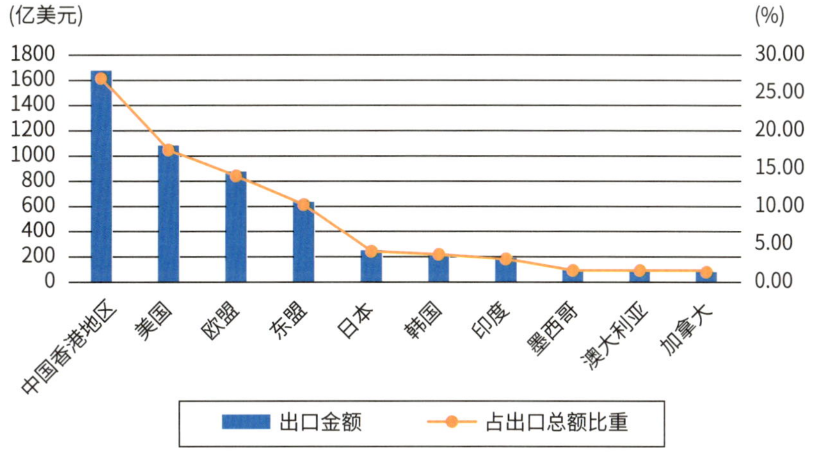

图 2–11　广东 2017 年主要出口市场

表 2–8　　广东 2017 年主要进口市场情况

国别（地区）	进口金额（亿美元）	占进口总额比重（%）
东盟	648.2	16.9
中国台湾地区	576.2	15.0
韩国	445.3	11.6
日本	380.7	9.9
欧盟	261.9	6.8
美国	192.7	5.0
南非	88.3	2.3
澳大利亚	69.5	1.8
法国	43.6	1.1
中国香港地区	41.9	1.1
合计	2748.3	71.6

资料来源：广东商务年鉴。

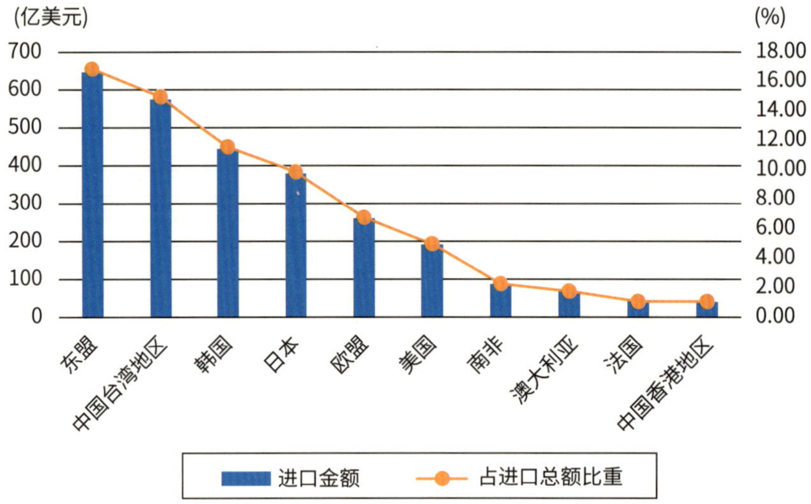

图 2-12 广东 2017 年主要进口市场

表 2-9 广东 2017 年货物进出口总额及其增长速度

指　标	绝对数（亿美元）	同比增长（%）
货物进出口总额	11095.67	8.13
货物出口额	6872.94	6.92
其中：一般贸易	3141.31	12.86
加工贸易	2626.91	2.42
其中：机电产品	4657.41	6.75
其中：国有企业	467.11	-1.34
外商投资企业	3170.26	2.19
其他企业	3233.47	13.44
货物进口额	4229.86	10.16
其中：一般贸易	1971.96	18.24
加工贸易	1485.17	4.75
其中：机电产品	2833.53	9.35
其中：国有企业	299.94	10.97
外商投资企业	2026.88	4.07
其他企业	1899.71	17.35
货物进出口差额（出口减进口）	2644.03	2.12

资料来源：广东省统计局。

2018 年上半年，广东货物进出口总额 3.24 万亿元，同比增长 2.7%。出口 1.91 万亿元，同比下降 3.3%；进口 1.33 万亿元，同比增长 12.6%；实现贸易顺差 5744.8 亿元，收窄 27.2%，对外贸易趋于平衡。其中，一般贸易进出口同比增长 9.9%，贸易结构进一步优化。

2017 年，广东与“一带一路”沿线国家进出口额 15036.9 亿元人民币，同比增长 14.9%，占全省进出口总额的 22.1%。对“海上丝绸之路”沿线重点 14 国进出口额同比增长 14.6%，对东盟进出口额同比增长 13.4%，均高于全省 8% 的进出口增幅。广东在“一带一路”沿线国家设立境外企业（机构）118 家，实际投资 2.9 亿美元。

2018 年上半年，广东与“一带一路”沿线国家进出口额 7289.5 亿元人民币，同比增长 1.7%，占全省进出口总额的 22.5%。广东在“一带一路”沿线国家设立企业（机构）90 家，实际投资 2.2 亿美元，同比增长 21.7%。

二、经济结构和对外经贸结构不断优化

伴随着供给侧结构性改革的深入推进，广东经济结构优化升级，新旧动能转换加快进行。广东经济从总量扩张向结构优化转变，发展动力从依靠资源和低成本劳动力等要素投入向创新驱动转变。广东数字经济指数排名全国第一，生物医药领跑全国，海洋生产总值连续 23 年居全国首位。2017 年，社会消费品零售总额实现 3.82 万亿元，同比增长 10%；工业结构持续优化，先进制造业增加值 1.76 万亿元，同比增长 10.3%；高技术制造业增加值 0.95 万亿元，同比增长 13.2%；先进制造业和高技术制造业增加值占规模以上工业比重继续提升，达 53.2% 和 28.8%，比上年分别提高 1.6 个和 1.2 个百分点，珠江西岸装备制造业增加值同比增长 12.5%，新一代信息技术、高端装备制造、生物医药、数字经济、新材料、海洋经济等战略性新兴产业正成为广东产业体系的新支柱。

民营经济总量占据半壁江山，民营经济增加值占地区生产总值比重达 53.8%，比上年提高 0.2 个百分点，民营企业工业增加值占规模以上工业增加值比重达 51.2%，民间投资占固定资产投资额比重达到 61.8%。基础设施供给侧结构性改革启动，设立规模 5500 亿元的基础设施投资基金，全省基础设施投资增长 24.3%，创 2010 年以来最高增速。

广东对外经贸结构不断优化。广东对东盟、欧盟以及新兴市场的贸易增长强劲，出口商品附加值逐步提高，服务贸易加快发展，以技术、品牌、质量、服务为核心的外贸竞争新优势不断显现，外贸发展质量和水平向更高层次提升。

优化营商环境，提升利用外资质量和水平。2017 年，广东全力促进外贸高质量发展。一是调整优化外贸结构。大力发展一般贸易，在意大利、印度尼西亚等国自主举办广东商品展，全年组织企业参加 265 场境外展会，充分借助广交会等境内展会抢抓订单。修订《广东省鼓励进口技术和产品目录》，鼓励进口先进技术装备、关键零部件。创新加工贸易发展，累计培育 10 个加工贸易创新发展和梯度转移承接示范基地，超 200 家外资加工制造企业落户粤东西北。全省 2.1 万家加工贸易企业“委托设计 + 自主品牌”生产方式出口占比达 72% 左右。二是促进外贸提质增效。建立广东出口名牌企业评价体系，首批认定 147 家广东出口名牌企业。在澳大利亚设立第一家境外广东名优商品展销中心。完成广州、深圳服务贸易创新发展试点工作，做大做强服务外包，认定第四批 8 家省级服务外包示范企业和 32 家重点培育企业。三是培育壮大外贸新业态新模式。协调推进广州、深圳跨境电商综合试验区在通关便利化和外汇支付两大核心环节取得突破性进展。四是强化政策支持与业务指导。制定出台促进外贸稳份额调结构增效益的若干措施。加强贸易政策合规工作，积极应对国际贸易摩擦案件。

2017 年，广东实际吸收外资达 1383.5 亿元，同比增长 6.4%。一是制定出台《广东省进一步扩大对外开放积极利用外资若干政策措施》，从外资准入、财政奖励、用地保障、人才支撑等方面制定高含金量政策。全面深化外商投资“放管服”，对外商投资实施准入前国民待遇加负面清单管理模式。组织系列宣讲会，对超过 800 家外资企业、港澳台资企业及驻穗领事官员进行政策解读和宣讲，帮助企业用足用好政策。广州、深圳、佛山、东莞、惠州、中山、江门、阳江等地市及所辖县（区）围绕高水平引资目标，积极制订出台吸引外资方案举措。二是搭建与欧美投资合作平台。加大欧美发达国家引资引技引智力度，首次举办中国（广东）—美国、中国（广东）—欧洲投资合作交流会，创新组织省长与欧美生物医药、外资新能源汽车领军企业 CEO 圆桌会，促进欧美等先进制造业企业扩大投资。三是助推优质外资项目落户。发起成立省产业招商联盟，围绕新能源和智能汽车、机器人、节能环保、化工与新材料、生物医药等先进制造业和战略性新兴产业开展产业链招商。成功引进法国空中客车（中国）创新中心、苹果深圳研发中心、英特尔中国南方创新中心、思科（广州）智慧城、日立汽车马达、东丽高新聚化材料、赛默飞世尔精准医疗、艾默生能源、西门子智慧能源等一批高端外资项目。依托广东驻海外经贸办事处加强招商引资海外信息收集与项目储备，美国沃尔玛、埃克森美孚、德国巴斯夫等一批世界 500 强或行业龙头企业已对粤投资或形成投资意向。四是推动各类园区平台创新发展。开展全省经济开发区综合评价考核工作。推动部分省级经开区扩区或区位调整和海关特殊监管区域整合优化发展。指导惠州市制订中韩（惠州）产业园规划和方案，并获国务院批复同意。

外商直接投资行业结构比例日趋平衡，外资发展带动效应显现。2017 年，广东新设外商直接投资项目（企业）15528个，同比增长90.3%；实际吸收外资达1383.5亿元，同比增长6.4%。实际利用外资三次产业比为0.3：29：70.7。第二产业实际吸收外资达401.1亿元，同比增长22.9%，较上年提高3.9个百分点，其中制造业实际吸收外资同比增长19.1%，外资对实体经济发展带动作用增强。

外商直接投资来源稳定，外商直接投资企业生产经营情况良好（见表2-10~表2-13及图2-13~图2-16）。2017年，实际外资前十位的国家或地区是：中国香港地区、英属维尔京群岛、中国澳门地区、荷兰、新加坡、韩国、日本、美国、开曼群岛、英国。来自欧美等发达国家实际外资162.7亿元，同比增长27.5%，其中，来自美国实际外资同比增长62.4%。外资企业进出口贸易31921.3亿元人民币，占全省进出口比重为46.8%。其中，出口19467.5亿元，占全省出口比重为46.1%；进口12435.8亿元，占全省出口比重为48%。

表2-10　广东分行业外商直接投资合同外资金额　单位：亿美元

项目	2013年	2014年	2015年	2016年	2017年
总计	363.13	430.59	561.1	866.75	695.11
制造业	194.36	176.98	138.59	104.99	80.85
电力、燃气及水的生产和供应业	5.54	8.83	7.09	29.46	11.48
信息传输、计算机服务和软件业	3.36	12.64	26.15	52.64	48.64
批发和零售业	46	51.14	53.74	61.91	94.42
金融业	23.15	76.68	141.18	419.79	183.09
房地产业	37.3	48.65	74.16	35.49	34.77
租赁和商务服务业	26.02	24.77	80.62	91.08	154.92

资料来源：广东国民经济和社会发展统计公报。

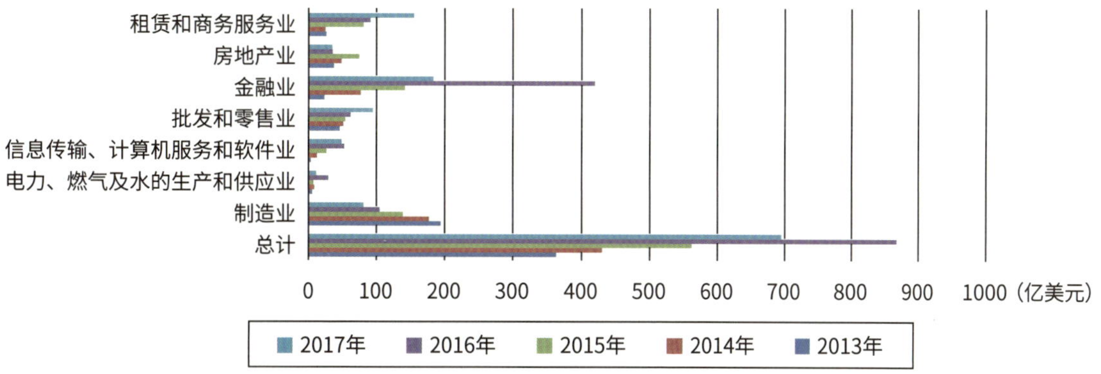

图2-13　广东分行业外商直接投资合同外资金额

表 2-11　　广东分行业外商直接投资合同外金额增长率　　单位：%

项目	2013 年	2014 年	2015 年	2016 年	2017 年
总计	3.8	18.6	30.3	54.5	−17.1
制造业	−6.5	−8.9	−21.7	−24.2	−14.7
电力、燃气及水的生产和供应业	69.3	59.2	−19.7	315.5	−51.2
信息传输、计算机服务和软件业	−38.3	276.3	106.9	101.3	−6.8
批发和零售业	45.5	11.2	5.1	15.2	60.8
金融业	107.0	231.2	84.1	197.3	−56.6
房地产业	10.3	30.4	52.4	−52.1	4.0
租赁和商务服务业	39.6	−4.8	225.5	13.0	75.7

资料来源：广东国民经济和社会发展统计公报。

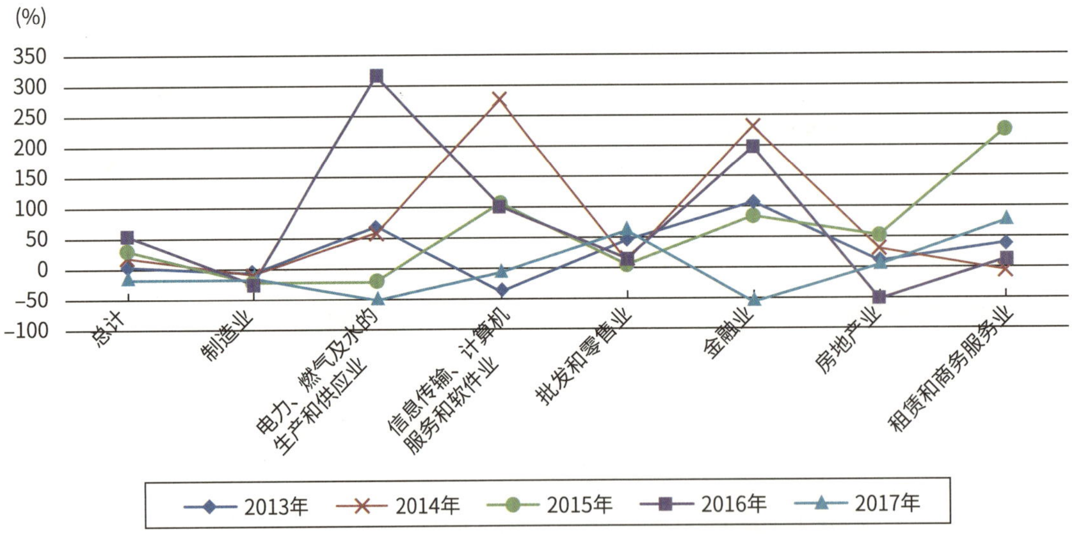

图 2-14　广东分行业外商直接投资合同外金额增长率

表 2-12　　广东外商直接投资（合同外资金）

年份	总计（亿美元）	增长率（%）
2013	363.13	3.80
2014	430.59	18.60

续表

年份	总计（亿美元）	增长率（%）
2015	561.1	30.31
2016	866.75	54.50
2017	695.11	–17.10

资料来源：广东省统计年鉴。

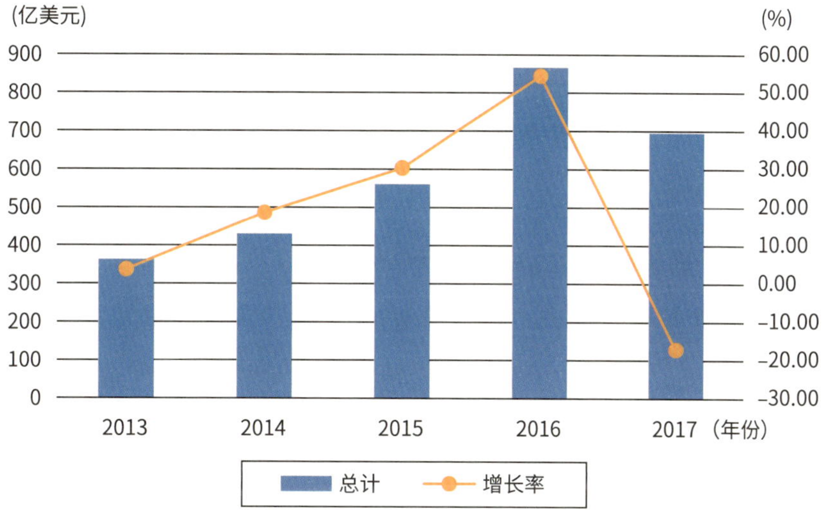

图 2–15　广东外商直接投资（合同外资金）

表 2–13　　广东外商直接投资（实际使用金额）

年份	总计（亿美元）	增长率（%）
2013	249.52	6.00
2014	268.71	7.70
2015	268.75	0.01
2016	233.49	–13.10
2017	248.433	6.40

资料来源：广东省统计年鉴。

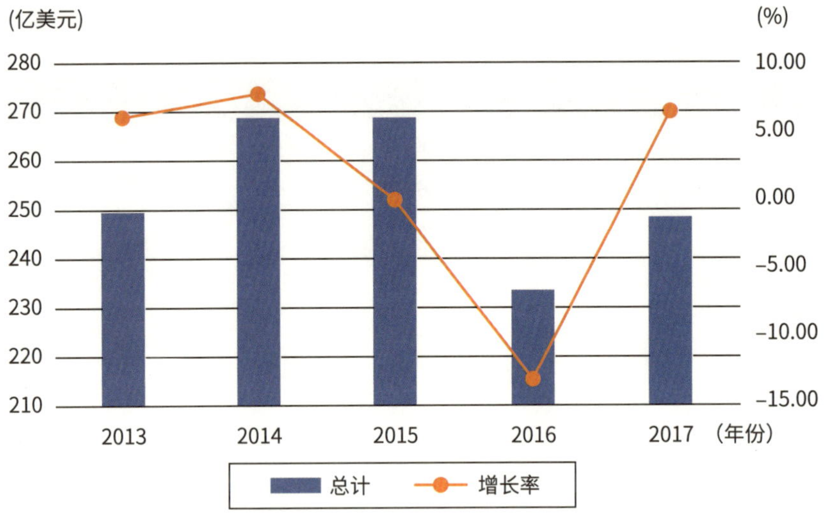

图 2-16 广东外商直接投资（实际使用金额）

外贸发展质量水平不断提升，外贸结构逐步优化。以一般贸易和民营企业为主导的外贸格局初步形成。2017 年，广东一般贸易进出口同比增长 14.3%，占比超过加工贸易 9 个百分点，达 46.1%；民营企业出口增长 13.1%，占全省出口比重的 47%，首次成为广东第一大出口主体。2018 年上半年，广东一般贸易进出口 1.58 万亿元，同比增长 9.9%，占外贸进出口的 48.7%，较 2016 年同期提高 3.2 个百分点；加工贸易进出口 1.14 万亿元，同比增长 0.7%，占外贸进出口的 35.2%。机电产品出口 1.33 万亿元，同比增长 1.6%，占全省出口的 73.2%；劳动密集型产品出口 3298.7 亿元，同比下降 17.9%。外贸新业态新模式不断涌现，2017 年，跨境电商进出口 441.9 亿元，同比增长 93.8%，保持全国首位；市场采购贸易试点自 2017 年 3 月启动以来累计出口达 815.1 亿元；全省共认定 67 家外贸综合服务试点企业及培育对象，为超过 6 万家中小微企业提供“一站式”服务。

“走出去”发展水平日益提升，对外投资结构不断优化。广东深化投资管理体制改革，完善投资促进政策，积极商签政府间投资合作协议，为对外投资合作创造良好政策环境。以对外工程承包为先导，以金融服务为支持，带动装备产品、技术、标准、服务联合“走出去”。广东企业对“一带一路”沿线国家进行了许多投资，合作内容不断丰富，涵盖基础设施、能源资源、加工制造、物流运输、农林开发等多个领域；合作方式不断拓展，从传统的商品和劳务输出为主发展到商品、服务、资本输出并举。

2017 年，广东经备案（核准）对外投资企业（含机构）703 家，中方协议投资 122.4 亿美元，实际投资 87.5 亿美元，同比下降 56.7% 和 57.7%。对外投资市场结构更趋优化。对亚洲实际投资 53.4 亿美元，占比 61.0%；对拉丁美洲、北美洲、欧盟实际投资 8.0 亿美元、5.7 亿美元和 2.4 亿美元，占比分别为9.1%、6.5%和2.8%；对大洋洲和非洲实际投资1.4亿美元和6500万美元，占比分别为1.6%和0.7%（见表2–14、图2–17）。对外投资行业结构持续优化。其中，流向租赁和商务服务业26.0亿美元，占比29.8%；制造业11.7亿美元，占比13.4%；信息传输、软件和信息技术服务业11.5亿美元，占比13.2%；批发和零售业11.1亿美元，占比12.7%（见表2–15、图2–18）。

表 2–14　　广东 2017 年分行业对外直接投资及其增长速度

行业名称	对外直接投资金额（亿美元）	同比增长（%）
总 计	87.5	–57.7
农、林、牧、渔业	0.2	–70.2
采矿业	0.9	–64.3
制造业	11.7	–56.7
电力、燃气及水的生产和供应业	0.04	34.1
建筑业	0.5	–73.9
交通运输、仓储和邮政业	0.5	–60.9
信息传输、计算机服务和软件业	11.5	76.3
批发和零售业	11.1	–74.9
住宿和餐饮业	0.2	–43.6
金融业	0.8	49.0
房地产业	3.5	–74.9
租赁和商务服务业	26.0	–54.2

资料来源：广东省统计年鉴。

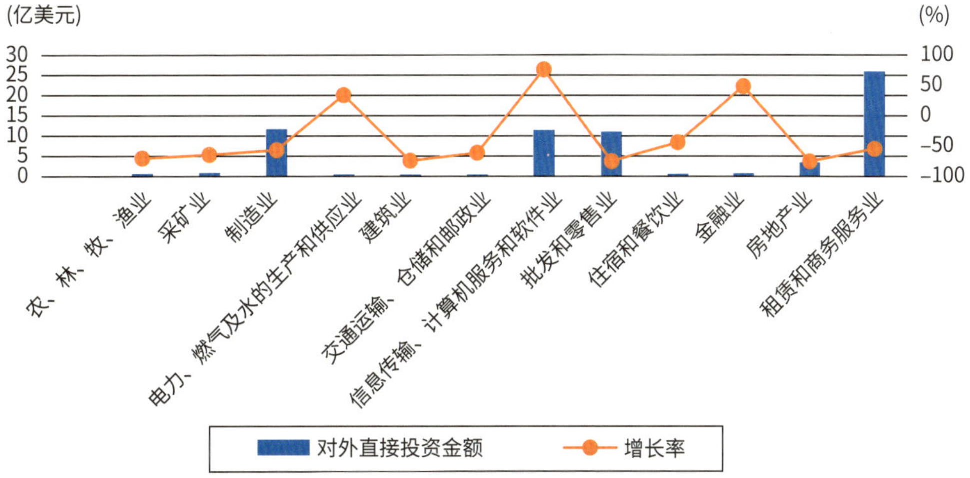

图 2–17　广东对外投资行业结构

表 2–15　　广东对外投资市场结构

地区	对外投资市场结构（实际投资额，亿美元）	占投资总额比重（%）
亚洲	53.40	61.00
拉丁美洲	8.00	9.10
北美洲	5.70	6.50
欧盟	2.40	2.80
大洋洲	1.40	1.60
非洲	0.65	0.70

资料来源：广东商务年鉴。

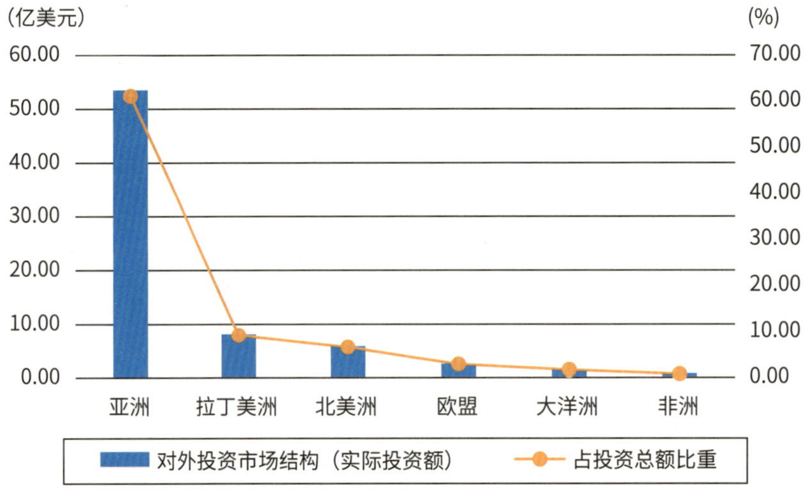

图 2–18　广东对外投资市场结构

三、对外合作发展水平大幅提升

不断深化政策沟通，加强对接合作机制建设。2017 年，广东省领导率团出访欧洲、南太平洋、东南亚等沿线国家 16 批次，接待副部级以上来访外宾团组 89 批次，新增驻穗领馆机构 7 家，总计达到 60 家。举办了泰国—广东合作协调会第五次会议、越南—广东合作协调会第六次会议、新加坡—广东合作理事会第八次会议，加强与沿线国家的战略对接。全省正式缔结友城关系 187 对，在境外设立 23 个经贸代表处和推动成立 19 个广东商会，与沿线国家 60 多个工商组织建立长期合作关系。

成功举办 2017 广东 21 世纪海上丝绸之路国际博览会、2017 中国加工贸易产品博览会、首届中国—拉美国际博览会，在沿线国家（地区）举办广东波兰商品展览会、广东印度尼西亚商品展览会、粤澳名优商品展销会等。

大力推动设施联通，构建高水平综合交通体系。广东与“一带一路”沿线国家的基础设施互联互通扎实推进，国际航空枢纽、世界级港口群建设取得重大进展（见图 2-19）。截至 2017 年底，全省共开通国际集装箱班轮航线 350 条，与 80 多个国家（地区）的 230 多个港口城市实现互联互通。广州白云机场航线网络覆盖全球 212 个航点，成为全球重要的航空综合枢纽之一。广东完成东莞石龙、广州大朗、深圳平湖南三大国家级枢纽节点布局，通达中亚五国、俄罗斯、德国、白俄罗斯等国际货运站点。2017 年，全省开行中欧、中亚货运班列 227 列，货运发送货值达 77660 万美元，同比增长 111%。经广东口岸进出口货运总量 4.7 亿吨，同比增长 10.7%；进出口集装箱总量 2842.1 万箱次，同比增长 3.5%；出入境交通运输工具和人员分别同比增长 1.2% 和 2.1%。

图 2-19　湛江港

有效推进贸易畅通，提升国际产能合作水平。广东外贸稳中向好势头得到巩固（见表 2-16 及图 2-20~ 图 2-23），双向投资保持良好态势，国际产能合作水平不断提升。比亚迪集团与菲律宾伊洛伊洛市和埃及亚历山大市签订云轨合作协议，在海外建造总里程约 150 千米的跨座式单轨城市交通系统，推动中国高端制造产品向“一带一路”沿线国家输出。美的集团在印度西部城市浦那投资 8.4 亿元新建家电制造工厂，预计 2018 年底实现投产，为当地创造 500 个工作岗位。星徽精密公司成功并购意大利家电连接件制造领军企业 CMI 集团，加快推动中高端产业线升级和欧美国际市场布局。

表 2-16　　广东与“一带一路”沿线国家（64 国）进出口情况　　单位：亿美元

项目	2013 年	2014 年	2015 年	2016 年	2017 年
进出口总额	1791.1	2035.6	1969.6	1981	2219.5
出口	997.3	1181.9	1252.2	1279	1423.9
进口	793.8	853.8	717.4	710.9	795.7
出口比重（%）	55.68	58.06	63.58	64.56	64.15
进口比重（%）	44.32	41.94	36.42	35.89	35.85

资料来源：据海关统计。

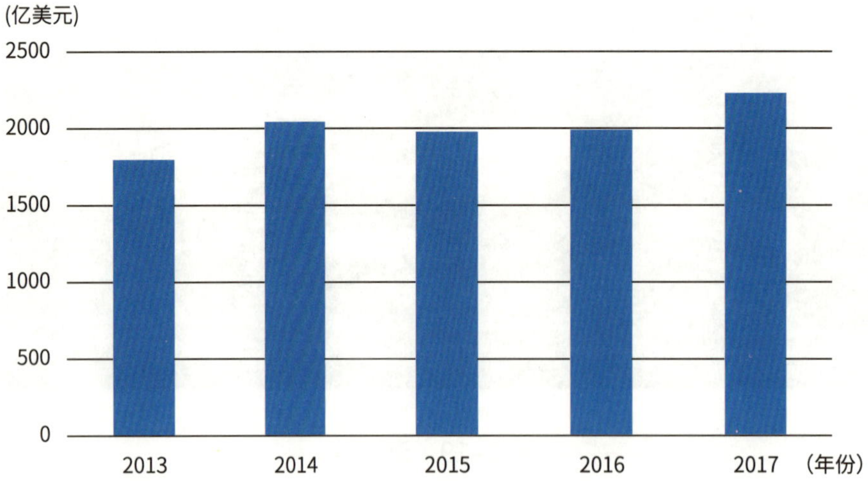

图 2-20　广东与“一带一路”沿线国家（64 国）进出口情况

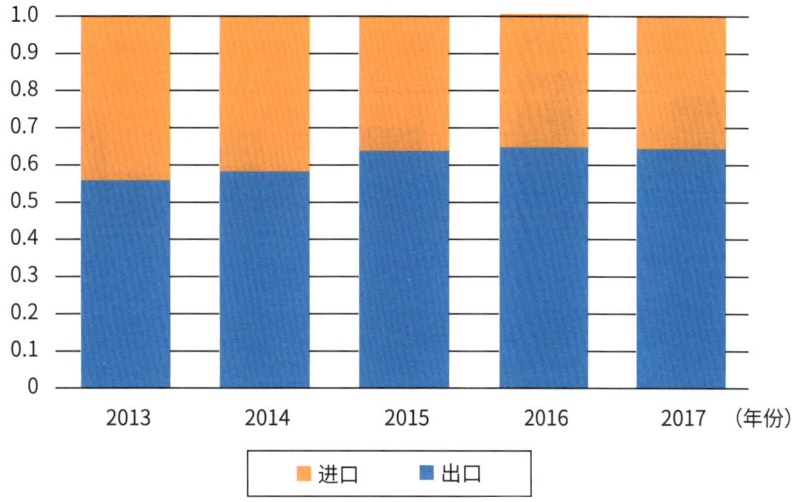

图 2–21　广东与“一带一路”沿线国家（64 国）进出口相对比重

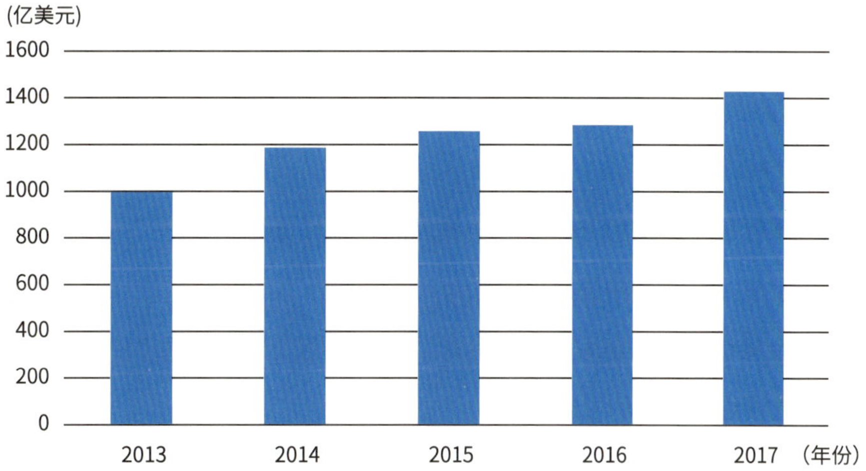

图 2–22　广东与“一带一路”沿线国家（64 国）出口情况

积极促进资金融通，强化金融支撑服务能力。广东积极运用国家拓宽企业海外融资渠道的政策机遇，2017 年支持省内企业获国家批准 54.4 亿美元的外债发行额度，切实帮助企业降低资金成本和缓解运营压力。广东“一带一路”办公室先后与进出口银行、中国人保、中信保、汇丰、安永等政策性、开发性和商业性金融机构建立了战略合作关系，为广东重点项目和企业提供融资信贷、风险管理等专业化服务。

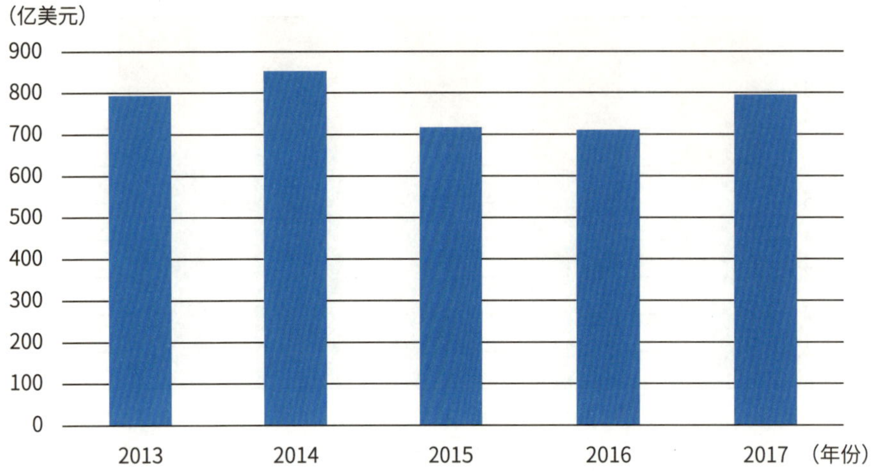

图 2–23 广东与“一带一路”沿线国家（64 国）进口情况

案例一：进出口银行广东分行支持“一带一路”资金融通

中国进出口银行是中国支持开放型经济发展的政策性银行，支持“一带一路”建设是进出口银行的职责所在。近年来，中国进出口银行广东省分行（以下简称“进出口银行广东分行”）充分发挥政策性金融优势，围绕服务广东参与“一带一路”建设开展了一系列工作，成为广东“一带一路”建设金融服务的主力银行。

● **积极做好融资服务**

在融资服务方面，中国进出口银行有比较完善的融资服务产品体系，包括贷款、贸易融资、国际结算、投资基金等。进出口银行广东分行主要是综合运用这些产品为广东企业参与“一带一路”建设提供全方位的融资服务。一是信贷融资服务，既有政策性贷款，也有自营贷款品种。政策性贷款主要包括优惠利率贷款和定向支持的 PSL 贷款品种，自营贷款品种主要是配合政策性贷款使用。二是贸易融资服务。通过信用证、保函、福费廷、利率汇率掉期等贸易融资品种，满足“一带一路”建设贸易融资需求和规避风险的需要。三是国际结算服务。主要是通过国际结算网络为广东“走出去”企业提供资金往来便利。四是投贷结合服务。中国进出口银行管理的有 10 多只对外的投资基金，包括中国—东盟投资基金、中拉、中东欧、中非产能合作基金等，也是丝路基金的主要股东之一。进出口银行广东分行利用这些基金并与贷款品种配合，为广东企业参与“一带一路”建设提供多方面的融资服务。

- **提供专业融智服务**

在融智服务方面，作为中国的国际经济合作银行，中国进出口银行参与并负责中国的官方出口信用规则国际谈判，与国际同业和政府相关部门有着密切的往来与合作。中国进出口银行在国外设立多层次的分支网络，与当地政府和有关方面保持良好的合作关系，信息来源广泛。经过 20 多年的发展，积累了一大批熟悉国际市场规则，对国别风险、东道国的法律法规等都有深入研究的国际化专业人才。利用与国际上的密切关系、掌握相关的信息和长期积累的国际融资经验等，为“一带一路”建设提供多方面的融智服务。

在部分项目进入建设初期及贷前调查期时，进出口银行广东分行对项目建设所涉及的法律风险、政策风险等进行全面梳理，为客户提供法律风险意见。在项目建设前期，提供不同国别的政治、经济、文化、法律、政策等方面风险梳理，提供国别风险、海外投资风险的提示及信息。在项目进行运营期后，定期为客户提供国别风险报告，及时向企业提供地区的政治、经济、文化、法律及投资环境的变动信息及风险提示。

- **覆盖国别范围较广**

进出口银行广东分行存量“一带一路”项目国别涉及印度尼西亚、越南、印度、老挝、卡塔尔、泰国、新加坡、孟加拉国、阿联酋、马来西亚、沙特阿拉伯、波兰、柬埔寨、匈牙利、约旦、乌兹别克斯坦、土耳其、俄罗斯 18 个国家，其中印度尼西亚、越南、印度为贷款投放最多的前三个国家。

- **全方位支持国际经贸合作**

进出口银行广东分行有着丰富的专业信贷产品以及专项的优惠资金用于支持广东企业“一

带一路”业务（见图 2–24、图 2–25），聚焦对外贸易、对外投资、对外合作、促进境内对外开放等经济领域，形成了具有专业性与差异化的信贷业务产品以及丰富的贸易金融和金融市场业务，能以优质高效低成本的信贷产品满足广东企业面向“一带一路”的境外股权投资、资源开发、工程承包、产品出口、原料及技术装备进口等中长期信贷需求，以及通过出口订单融资、福费廷等贸易融资产品满足企业短期资金融通及结算需求，全方位支持广东企业国际经贸合作。

图 2–24 进出口银行广东分行与广东省发改委签署战略合作协议

● **支持重大项目及示范性工程**

进出口银行广东分行支持了中欧班列建设、越南永兴燃煤电厂项目、印度尼西亚青山工业园镍铁冶炼厂项目、老挝 1A 路项目、约旦电厂项目、港珠澳大桥主体工程及珠海连接线项目、白云机场扩建工程、湛江机场迁建工程、南航国际航空枢纽建设项目、广州国际航运中心项目及南沙港区建设项目等一批国际经贸合作重大项目及有利于促进广东外向型基础设施互联互通建设的示范性工程，促进广东企业更好参与“一带一路”建设。

图 2-25 进出口银行广东分行与广东省商务厅签署战略合作协议

持续增进民心相通，全面拓宽交流合作领域。广东与“一带一路”沿线国家广泛开展人文交流，建立民意和社会基础。中山大学完成沿线国家留学生项目首批 234 名本科生招生工作，暨南大学开设沿线国家国际职业汉语培训示范班。粤港澳三地签订《共同推进“一带一路”文化交流合作意向书》。组织“送医上岛”服务代表团赴南太平洋岛国开展专家义务巡诊，加快建设粤澳合作中医药科技产业园。设立广东海外旅游合作推广中心 15 个，广东自贸区粤港澳游艇“自由行”方案获国家批准。成功举办粤东侨博会、世界客商大会、海外侨胞助推“一带一路”建设合作交流会等重大活动。

第二节 全球价值链中所处位阶不断提升

广东大力推进企业研发创新，促进“走出去”企业增强品牌实力和营销能力，使企业参与“一带一路”建设的空间和广度得到不断拓展，企业在全球价值链中的地位不断提升。

一、研发创新能力显著增强

广东坚持把创新驱动作为发展的核心战略支撑，推进产学研多层次协同创新，把科技创新真正落实到产业发展上，加快形成以创新为引领和支撑的经济体系和发展模式，创新对“走出去”的推动效应日益显现。

创新贡献不断显现。广东着力发展人工智能、基因编辑、物联网、量子通信、能源技术等前沿领域，在环保、健康等绿色发展和民生领域加强应用型技术研发（见图 2–26），涌现出一大批具有自主知识产权和核心竞争力的创新型企业。2017 年，全省研发经费支出超过 2300 亿元，居全国

图 2–26 深圳国家生物产业基地

第一，占地区生产总值比重达到2.65%。国家级高新技术企业达33073家，跃居全国第一。2018年上半年，新增高新技术企业入库培育企业3380家，入库培育企业达到2万家。有效发明专利量、PCT国际专利申请量及专利综合实力连续多年居全国首位，技术自给率和科技进步贡献率分别达到72.5%和58%。质量强省建设成效显著，国家级质检中心和联盟标准总量均居全国第一，国家质量工作考核连续3年获最高等级A级。

创新平台加快建设。广东扎实推进国家科技产业创新中心和珠三角国家自主创新示范区建设，出台广深科技创新走廊规划，区域创新综合能力排名跃居全国第一。深入实施高新技术企业培育等举措，扎实推进重大创新平台建设，健全省实验室体系，推进省重点实验室提质培优，实施国家重点实验室倍增计划，加快中国（东莞）散裂中子源、惠州强流重离子加速器等大科学装置建设，打造广东国家大科学中心。支持建设新型研发机构、专业化孵化器和众创空间等，高质量建设一批“双创”示范基地。2017年，广东新型研发机构已达219家，科技企业孵化器达690家，主营业务收入5亿元以上的工业企业基本实现研发机构全覆盖。高水平大学、高水平理工科大学和重点学科建设成效初显，2所大学和18个学科入选国家“双一流”名单。国际风投创投中心建设取得新进展，2017年，广东股权投资基金规模达1.1万亿元。加快构建技术创新中心体系，支持发展产业技术创新联盟，组建若干家省技术创新中心、制造业创新中心等。加强中小微企业公共创新服务平台建设，完善科技服务平台体系。

案例二：华发集团构筑中以创新创业合作国际平台

珠海华发集团（以下简称“华发集团”）组建于1980年，是珠海最大的综合型企业集团。近年来，连续进入中国企业500强和中国服务业企业500强。

以色列作为“一带一路”沿线重要的节点国家，拥有独特的区位、发达的科学技术、稳定的社会环境及较强的经济实力。2015年6月，华发集团通过收购香港英飞尼迪资本管理有限公司，成为以色列英飞尼迪集团重要战略合作伙伴。

华发集团与英飞尼迪集团组织举办中以科技创新投资大会，助推构筑中以加速器产业园、中以创新驱动企业联盟、中以科技创新知识产权交易平台等创新创业合作国际平台，为开创珠海经济发展新局面、助力中以合作建立坚实基础。

● **举办中以科技创新投资大会**

2017 年 3 月，习近平主席会见以色列总理内塔尼亚胡，宣布中以两国建立“创新全面伙伴关系”，双方签署了《中以政府间经济技术合作机制三年行动计划》。作为中以两国促进科技创新交流合作的重要平台，中以科技创新投资大会（以下简称“中以大会”）被列入了《中以政府间经济技术合作机制三年行动计划》。华发集团和英飞尼迪集团是中以大会的承办方。前两届大会分别于 2016 年 1 月和 9 月在中国北京、以色列特拉维夫举办，自第三届起落户珠海。

第三届中以大会于 2017 年 6 月 27 日至 28 日在珠海国际会展中心成功举办（见图 2–27）。大会参会企业 2759 户，参加开幕式近 3000 人，其中，以色列耶路撒冷、特拉维夫、海法等城市 146 家著名创新企业 255 人，广东、江苏等 8 个省 25 个城市领导带队组团 500 多人前来，

图 2–27　第三届中以科技创新投资大会

成为中以建交以来规模最大的中以创新交流活动。第四届中以大会于 2018 年 7 月 2 日至 3 日举办，2400 多家企业、5800 名嘉宾参加大会，吸引了 11000 人次到会场参加有关活动。

两届大会举办了开幕式、主题演讲、圆桌论坛、B2B 对接、以色列企业路演、中以合作城市推介、中国城市对以合作对话论坛、中以专利技术展示拍卖会、中以合作成果展览展示、珠海投资环境考察等系列活动，议程紧凑、内容丰富、成效显著。两届大会合计 29 个启动和签约项目涉及总金额超过 30 亿美元，中以企业 B2B 对接活动共有 1819 个项目达成初步合作意向。

华发集团抓住连续承办中以大会的契机，助力珠海构筑系列创新创业合作平台：成立了面向全国开放的中以创新驱动企业联盟，作为促进中以科技创新合作的市场主体，为中以企业对接开展科技创新合作提供良好的交流平台；建立中以科技创新知识产权交易平台（见图 2–28），

图 2–28　中以科技创新知识产权交易平台启动仪式

引入以色列企业、高校、研究机构、知识产权服务机构提供优质的知识产权资产，促进知识产权资产运营交易。

● **打造中以加速器聚集全球创新资源**

2018 年 7 月，华发集团和以色列英飞尼迪集团合作建设的中以加速器项目正式动工。该项目是第三届中以科技创新投资大会期间达成的重要成果，是中以合作打造的创新资源配置平台、产业集聚平台、创新产业载体。

项目占地面积 7.4 万平方米，总建筑面积约 30 万平方米，总投资额约 20 亿元。该项目建成后，将集聚全球创新资源，在以色列深度寻找加速器、孵化器、产业园等战略合作伙伴，以加速器为载体在以色列对接一系列的产业园孵化器引进项目，推动更多的以色列创新科技项目来珠海落地生根。

中以加速器将为珠海发展壮大实体经济培育更多创新主体，助力珠海参与“一带一路”建设、打造粤港澳大湾区创新高地，为珠海迈入国家创新型城市行列提供强大引擎。中以加速器将抢占未来产业制高点，积极对接国际资本，给中国企业带来资本运作、融资、上市或并购等更多机会，为深入推进“一带一路”建设发挥作用。

● **设立企业“走出去”国际化资源整合平台**

华发集团积极推动设立以色列分公司，推进建设珠海（以色列）创新中心，将创新中心打造成整合以色列当地优势创新资源，获取以色列乃至全球最新创新进展和信息的重要“桥头堡”，以及珠海企业“走出去”国际化资源整合平台。

创新中心将协助珠海创新驱动企业联盟对接以色列创新资源，为联盟企业赴以色列期间提供共享办公空间。通过充分发挥珠海驻以色列经贸代表处、珠海（以色列）海外创新中心桥梁作用，与以色列科研院所、孵化器、加速器、重点企业建立互通经贸合作信息的友好交流关系，进一步整合以色列相关创新资源，引导入驻珠海中以加速器加速孵化，为珠海加快建设现代化经济体系培育新动能。

创新人才持续聚集。广东全力打造创新人才高地，实施“珠江人才计划”“广东特支计划”“扬帆计划”等重大人才工程，推进博士和博士后人才创新发展，研究推出更加有效的创新人才政策，加大力度培养和引进一批科技领军人才和高水平创新团队。支持企业设立海外技术研发中心，推进“柔性引才”。实施技工教育创新发展、高技能人才振兴、南粤工匠培养等计划，打造一批国际化高水平技师学院。完善人才服务保障体系，推行人才“优粤卡”制度，深化职称制度改革，让人才引得进、留得住、流得动、用得好。

创新环境明显改善。广东系统推进全面创新改革试验，营造良好创新生态，落实科研人员科技成果转化所有权、处置权、收益分配权相关政策，进一步激发科研人员的积极性创造性。推进国家技术转移南方中心和华南技术转移中心等建设，力争创建国家科技成果转移转化示范区。强化知识产权创造、保护、运用，大力推进专利质押融资，打造全国知识产权交易中心，建设引领型知识产权强省。

创新能力得到加强。广东努力提升“走出去”企业的内在品质，加强企业创新能力、标准体系、知识产权建设。广东企业积极拓展国际市场，大力发展虚拟设计、智能制造、智慧服务等新业态，增强传统行业在研发、设计、服务等产业链高端环节的竞争能力，加快推动具有国际比较优势的装备产业走向世界，实现中国制造“走出去”从低附加值产业向高附加值产业转变。

二、支撑创新合作开放发展的体制机制日益健全

构建全球经贸交流平台和网络。广东统筹协调全省驻海外代表机构资源，制定了《促进广东省驻境外代表机构统筹协调发展暂行办法》。目前，广东已设立并成功启动运作首批三个省政府直接派驻海外的经贸办事处，分别位于美国洛杉矶、德国慕尼黑、马来西亚吉隆坡，三个经贸办事处与有关国家政府部门、商协会、企业建立联系，积极组织项目对接。2018 年上半年，驻北美办事处组织举办“广东省—美国加州经贸峰会”“广东省—马萨诸塞州结好 35 周年暨广东经贸推介会”“2018 中美清洁技术峰会”；驻欧办事处联合深圳、珠海、揭阳等参加“2018 汉诺威工业博览会”，协助省水利厅、自贸办及茂名、云浮、广州市南沙区、佛山市三水区经贸团在欧洲开展经贸交流活动；驻东南亚办事处赴绿岛饲料槟城项目、广垦沙捞越橡胶项目调研，协助企业与马来西亚政府沟通，联系投资雪兰莪机构组团赴粤，联合主办“马来西亚雪兰莪州与广东

省‘一带一路’跨境电商峰会”。

建设境外广东名优商品展销中心。2017 年，由广东省商务厅、佛山市政府与中国联塑集团合作共建的广东名优商品展销中心在悉尼正式挂牌，这是广东在境外建设的第一家广东名优商品展销中心，也是目前悉尼单层面积最大的建材等家居类产品展销中心，来自佛山、江门、中山、潮州等市企业已进驻。建立境外名优商品展销中心评价体系，通过境外广东名优商品展销中心引导企业以整体营销方式开拓“一带一路”沿线重点市场。2018 年上半年，认定阿联酋富商展销中心、东莞商品南非展销中心、中山美居产品南非中南展贸展示展销中心和领尚环球品牌建材澳洲直营中心为境外广东名优商品展销中心培育项目。

提高口岸通关便利水平。广东提高口岸通关便利化水平。加快推进国际贸易“单一窗口”建设推广，在全国率先实现“单一窗口”国家标准版省内全覆盖。截至 2017 年年底，全省“单一窗口”标准版累计申报量约占全国的 36%，日均申报量、累计申报量、上线应用服务项目均居全国首位。大力压缩货物通关时间和成本，推进口岸通关时效评估系统在全省扩大推广，推动口岸经营服务单位规范各环节操作及口岸装卸、仓储等时限标准，实现货物通关时间压缩 1/3。进一步推进免除查验没有问题外贸企业吊装移位仓储费用试点，2017 年，全省累计免除费用 1.01 亿元，惠及外贸企业 4.3 万余家。

三、“一带一路”拓展全球价值链空间

重大项目国际产能合作——“一带一路”建设的关键抓手。广东对外投资加速流向实体经济，与“一带一路”沿线国家国际产能合作稳步推进。制造业对外投资加快，协议投资增长 49.5%。广东完善对外投资合作信息服务系统，设立对外投资重大项目库，建立重大项目跟踪服务机制，协调跟进美的收购全球第三大机器人制造商库卡和以色列高创、纳斯达并购全球第四大激光打印机公司利盟、美的集团在白俄罗斯有关并购项目等一批海外并购项目。

科技交流合作——“一带一路”建设的创新源泉。广东大力推进“一带一路”创新合作，深化沿线国家科技交流，广东省科学院中国—乌克兰巴顿焊接研究院、华南理工大学热带特色健康食品国际科技合作基地获批为国家级国际科技合作基地。2017 年 6 月，广东省科技厅与英国创新署在英国伦敦签订了《产业技术研发合作谅解备忘录》，启动双边联合资助计划。2017 年，推荐申报国家重点研发计划战略性、政府间国际科技创新合作重点专项 36 项，省级国际科技合作项目立项 68

项。与英国、以色列、荷兰、奥地利等重点国家的联合资助计划已累计资助项目 14 项。2017 年至 2018 年上半年，广东共组织 11 次国际科技项目对接会、报告交流活动，参加的外方单位超过 100 家、中方单位超过 400 家。其中，包括中国—以色列先进制造创新技术对接会、2017 年中日（广东）中小企业论坛、广东省科学技术厅—荷兰国家科学基金委员会化学行业研讨会、广东—奥地利信息通信技术对接会、中英城市创新项目合作对接会、广州—安大略医疗技术合作研讨会、中美 3D 打印教育和科研创新研讨会、广东省与加拿大安大略省研发创新与科技交流活动、“德国工业 4.0”报告交流会、中荷智能与绿色交通技术研讨会、广东—艾伯塔国际技术合作伙伴对接会等。

自贸试验区——“一带一路”建设的开放前沿。广东不断深化自贸试验区改革创新，以此促进“一带一路”建设。推动向国务院上报深化广东自贸试验区改革开放、广东自由贸易港建设和本外币账户管理创新试点等三大方案，深化投资贸易便利化自由化改革，2017 年，外资负面清单由 122 项缩减到 95 项，对 138 项行政许可事项启动“证照分离”改革试点，向片区下放 223 项省级管理权限，推行“一颗印章管审批”。创建全国首个自贸试验区生态安全示范港，试行船舶卫生检疫“无疫通行”和“特殊泊位检疫”等新型卫生检疫模式，“企业专属网页”政务服务新模式入选全国自贸试验区第二批“最佳实践案例”。推动金融业务创新，依托 NRA+ 账户开展本外币账户管理创新试点，制定《境外机构境内银行结算账户业务操作指引》，实现国内首单区块链跨境支付业务及首个区块链跨机构金融应用项目，上线运营全国首个金融创新知识产权运营交易国家平台。截至 2017 年年底，世界 500 强企业在区内设立企业 411 家，行业龙头企业在区内设立总部型企业 178 家。广东自贸试验区与伊朗格什姆自资区、迪拜机场自贸区、爱尔兰香农自贸区和东盟中小企业经济贸易发展委员会建立合作，与科威特、马来西亚、印度尼西亚、柬埔寨、白俄罗斯、葡萄牙等国协商推动自贸园区或产业园建设。推动粤澳合作中医药科技产业园与全球知名检测机构英国天祥集团合作共建第三方检测平台，与莫桑比克卫生部、葡萄牙食畜总局等葡语系国家医药卫生机构建立合作关系。搭建广东自贸试验区国际性对话平台，2017 年，成功举办首届世界自贸区（横琴）论坛，吸引 30 多个国家和地区自贸区代表以及 1000 余家跨境投资机构和跨国公司参加。

跨境合作园区——“一带一路”建设的广阔平台。广东积极培育境外产业合作园区，中国白俄罗斯工业园广东园区列入商务部中白工业园重点推动项目，首批三家照明企业已入驻。中国沙特吉赞产业集聚区纳入国家重点推动的产能合作示范区，目前，广州泛亚聚酯公司投资的 PTA 及下游产业项目已确认落户，并获得沙特阿拉伯首个外国独资石化项目的投资许可。中国—越南（深圳—海防）经贸合作区完成投资主体股权重组。埃塞俄比亚华坚工业园完成园区 20 公顷的土地一级开发和 10 万平方米厂房建设，正式签约入园和意向企业 20 家，为当地解决就业 3500 人。尼日利亚、肯尼亚、乌干达等沿线国家的境外园区建设也取得实质进展。各个重点园区的发展带动了广东 LED、石化、造船、高新技术产业及纺织服装等优势富余产能转移。

粤港澳大湾区——“一带一路”建设的重要支点。广东积极联合港澳参与“一带一路”建设。2017 年，粤港联合赴泰国、马来西亚、越南等国开展经贸交流活动，实地考察中国—越南（深圳—海防）经贸合作区等境外园区，推动有意愿的粤港企业参与园区建设或入园发展。2018 年上半年，携手港澳在法国巴黎举办粤港澳大湾区投资营商环境推介会，吸引了施耐德、苏伊士集团等 400 多家知名企业参会。与中国香港在英国伦敦、意大利米兰合作举办经贸合作交流会，支持珠海在西班牙马德里举办经贸合作交流会，组织广东企业赴澳门参加第九届国际基础设施投资与建设高峰论坛，为广东企业开展对外承包工程提供交流平台。举办 2018 粤港经济技术贸易合作交流会，与港澳共建“投资大湾区”线上线下平台，搭建信息共享、投资促进互动联络机制。与香港贸易发展局在广州合办“聚力粤港澳大湾区，开拓‘一带一路’全新机遇”论坛，并赴香港参加第三届“一带一路”高峰论坛。

第三节　服务业开放广度与深度得到拓展

近年来，广东服务业比重不断增加，服务业企业已经成为广东“走出去”参与“一带一路”建设的重要力量。

一、服务业开放与发展取得重要进展

服务业保持平稳较快的增长态势。2017 年，广东现代服务业增加值 29709.97 亿元，同比增长 9.8%。服务业增加值占比持续提升，2017 年占广东 GDP 比重达到 52.8%，比 2008 年提高 8.8 个百分点，三次产业结构从 2016 年的 4.6：43.4：52.0 调整为 4.2：43.0：52.8。第三产业的贡献率达到 58.2%，成为拉动经济增长的主要动力。现代服务业比重提升，现代服务业增加值占服务

业增加值比重为62.6%，比2016年提高1.0个百分点。规模以上服务业企业数不断增加，营业收入总体规模不断扩大，户均营业收入水平越来越高。至2017年11月底，广东规模以上服务业户数达17208户，营业收入总体规模首次超过2万亿元，达20216.2亿元，户均年营业收入达1.17亿元，比2013年同期提高400万元，年营业收入超过100亿元的大型企业达15家。2017年前三季度，服务进出口总额9497.6亿元，同比增长25.0%，服务贸易占对外贸易比重达16.2%，比2016年提高1.7个百分点。

案例三：南粤银行为广东外贸企业提供综合服务

广东南粤银行股份有限公司（以下简称“南粤银行”）成立于1998年1月，已经从城市商业银行发展为区域性商业银行，成为支持地方经济及中小微企业发展的中坚力量。

- **在授信政策和产业导向等方面推行新举措**

南粤银行加大对广东外贸企业的信贷投放，积极支持企业参与“一带一路”建设。近年来，南粤银行加大对广东外贸企业的贸易融资力度，提高了一批中小型外贸企业综合授信敞口额度，使企业从银行获得贸易融资用于采购，解决企业资金流动性困难，帮助外贸企业实现更好发展。同时，抓住机遇，扩大贸易金融的市场份额，实现银企双赢。

南粤银行重点发展核心价值客户群（见图2–29），推动做大做强包括现代农业、现代物流业等在内的行业板块，积极发挥南粤银行在贸易融资业务方面的比较优势。加大对广东外贸企业尤其是“一带一路”重点区域企业的信贷投放，帮助企业走出国门，如直接贷款投放、融资保函等。

图 2-29 举办新时代金融峰会

● **为企业进出口结算提供便利服务**

南粤银行加强产品创新，推出有利于优化企业财务结构、降低财务成本、规避汇率和利率风险的创新产品及产品组合。如开立信用证加转做福费廷、关税保函、跨境人民币结算等，拓宽外贸企业的融资渠道，降低融资成本。

在支持出口的同时，关注外贸企业对国内市场的业务拓展，有针对性地加强国内贸易融资产品的创新，提供国内保理、国内商票贴现、国内信用证等配套产品，为其内销给予融资帮助。根据国家的出口退税政策，推出了出口退税托管账户质押融资业务。这些新产品较好地促进和支持了外贸企业发展。

为进一步提高跨境人民币结算效率，便利外贸企业使用人民币进行跨境结算，根据《中国人民银行关于简化跨境人民币业务流程和完善有关政策的通知》的要求，南粤银行制订了相关业务简化实施方案，如《广东南粤银行进口开证业务操作指引》等相关制度。制定了相关业务费率优惠审批事项流程，对利率、费率等方面的审批进行流程优化。根据新的直接投资政策和资本金意愿结汇政策，制定管理办法和操作规程。

加强银企间的沟通和交流，完善南粤银行服务。南粤银行连续两年以独立展馆形式参加中国（广州）国际金融交易博览会（见图 2–30）。通过展会，南粤银行的国际业务得到了众多参展外贸企业的关注。南粤银行对重点客户及项目定点沟通，拟订专门的服务方案，随时跟进外贸项目进展。做好境内外银行联动，为企业牵线搭桥，协助“走出去”企业在境外寻找合作银行，帮助企业解决融资困难，保障企业境外经营。

图 2–30　中国（广州）国际金融交易博览会

● **帮助外贸进出口企业降低成本**

南粤银行制定了相关业务费率优惠审批事项流程，在充分的市场调查基础上，给予外贸企业一定程度的结算费率和结售汇汇率优惠。外贸企业在南粤银行通过信用证、保函、福费廷等结算和融资方式在境外银行获得了低成本融资，有效降低了企业成本。通过国内商票贴现、保理、国内信用证等国内贸易融资和供应链融资业务，提高了企业的资金周转效率。

● **推出自贸区金融综合服务**

南粤银行积极向监管部门申请自贸区分支机构的设立，探讨多元化的业务品种，如融资租赁保函业务、跨境人民币双向资金池业务等。自贸区是开展全国内、外资融资租赁行业统一管理体制改革试点，南粤银行积极探讨与区内融资租赁公司合作，为客户开立融资性保函，提供融资租赁项下售后回租业务，帮助区内企业获得境外低成本的资金。

跨境人民币双向资金池是以集团企业客户在自贸区设立的平台公司作为资金池的主账户，集团内境外公司在南粤银行开立的 NRA 人民币账户，将境外其他银行开立的境外人民币账户通过 NRA 人民币账户入池，境内可将境内资金池直接对接入池，从而实现集团内境内外成员企业之间的资金自由“上划”和“下拨”。

二、生产性服务业和高技术服务业发展较快

2017 年，广东生产性服务业增加值 24344.75 亿元，同比增长 8.8%，规模以上生产性服务业实现营业收入同比增长 17.8%，增幅同比提高 4.1 个百分点。与生产活动密切相关的各类货物运输增长加快，全年交通运输、仓储和邮政业完成增加值同比增长 9.2%；道路和水上货物运输业实现营业收入分别同比增长 26.8%、36.2%；电信和邮政业的业务总量同比大幅增长 81.0% 和 33.9%。为生产活动提供商务服务活动的行业发展较快，知识产权服务业和人力资源服务业的营业收入分别同比增长 55.4%、34.1%；技术含量相对较高的互联网和相关服务业营业收入同比增长 49.8%，软件和信息服务业同比增长 26.2%。高技术服务业发展迅速，2017 年 1~11 月，广东规模以上服务业中，

高技术服务业营业收入达 7967.5 亿元，同比增长 20.6%，增幅比规模以上服务业整体增幅高 4.1 个百分点，占全部规模以上服务业营业收入的 39.4%，比 2013 年同期占比提高 10.9 个百分点。

三、服务业国际竞争力进一步提升

广东积极发挥资源区位优势，提高服务业的国际参与度与竞争力，推动服务业技术进步和自主创新，在巩固发展交通运输仓储和邮政业、批发和零售业等传统优势服务业的同时，加快服务业产业结构调整与升级，加大对现代服务业的投资与扶持力度，积极发展技术密集型和知识密集型等高附加值服务产业。广东大力发展众创空间、互联网金融、跨境电子商务等新业态，加快物联网、云计算、大数据等在销售服务方面的应用。广东企业加快建设标准统一、开放共享的海外售后服务体系，确保为客户提供便捷、完善的就近服务，提升中国服务的国际竞争力。作为国家服务贸易创新发展试点的广州和深圳，积极探索服务贸易创新发展之路，大力培育发展外贸综合服务企业、跨境电商、市场采购贸易等外贸新业态，推动了服务贸易企业不断提升国际化水平。

案例四：顺丰用时效助力中国优质商品出口

顺丰控股股份有限公司（以下简称“顺丰”）致力于为国内外制造企业、贸易企业、跨境电商以及消费者提供便捷可靠的国际快递与物流解决方案，包括国际标快、国际特惠、国际小包、保税仓储、海外仓储、转运等不同类型及时效标准的进出口服务，并可根据客户需求量身定制包括市场准入、运输、清关、派送在内的一体化的进出口解决方案，旨在帮助中国优秀企业 / 商品“走出去”，也将海外优质企业 / 商品“引进来”（见图 2–31、图 2–32）。

- **积极建设国际服务网络**

截至 2017 年底，顺丰国际快递服务已覆盖美国、欧盟、日本、韩国、东盟、巴西、墨西哥、智利等 53 个国家和地区，其中，南亚片区网络覆盖范围已超过 90%，国际小包服务网络已覆盖全球 225 个国家和地区。伴随跨境电商物流发展，顺丰不断丰富跨境服务的“一站式”行业解决方案。比如，在海外建立海外仓，为中国商家使用海外仓提供头程物流服务，对重点流向打造包机服务保障，整合海外资源与国内优质冷运服务能力，为客户打造“一站式”跨境生鲜冷链服务，同时在集报散派（Break-bulk Direct）新型服务获得突破等，在一些关键贸易流向上赢得了一批重要跨境贸易客户。

图 2–31　顺丰航空

● **助力杨梅出口新加坡**

“罗浮山下四时春，卢橘杨梅次第新。”杨梅原产中国浙江余姚，在华东和福建、湖南、广东、广西、贵州等地区均有种植，口感酸甜适口，深受国人喜爱。但杨梅不易保存，长途运输过程中造成的果品损耗，漫长通关过程造成的果品变质，使得运输成本大幅增加，优质的杨梅始终无法走出国门，海外客户也无法品尝到国内优质杨梅。

自 2018 年 2 月，顺丰海外大区启动特色经济进出口项目以来，为农产品客户从海内外两端牵线搭桥，打通商流，提供运输方案，为“一带一路”沿线国家提供生鲜食品物流解决方案，帮助国内优质农产品走出国门、走向世界。

图 2–32　全自动分拣系统

浮宫杨梅产于“福建杨梅第一镇”——浮宫镇，独特的气候特点和地理特征赋予了杨梅得天独厚的生长环境。浮宫杨梅成熟于初夏 5~6 月，单果重大，果实色泽艳丽，柔软多汁，风味独特，是中国国家地理标志产品，深受市场欢迎。

2018 年 5 月，恰逢杨梅新鲜上市，顺丰帮助国内某客户出口 738 千克漳州浮宫杨梅至新加坡，争分夺秒，用不超过 24 个小时的时间，成功将浮宫杨梅从原产地运送到新加坡消费者手中。

5月6日一早，顺丰与当地供应商合作，开始杨梅预处理和检收环节，供应商为具有新加坡、日本、泰国等出口经验的客户，出口资质齐全，为后续的通关检验环节争取了时间。

在报关 / 报检环节，由客户采摘包装后交由顺丰，包装采用常温单盒，泡沫箱加封，以确保航空运输环节品质新鲜，避免造成产品变质。当日 10：00 机场入仓，11：00 即完成清关。

在航线运输环节，顺丰利用自有直飞航线航空配送。18：00 从厦门高崎机场起飞，当地时间 22：40 抵达新加坡。

5 月 7 日凌晨 4 点，新加坡当地客户在机场完成提货操作。早上 8 点，前一天还在浮宫枝头的新鲜杨梅就已经在新加坡早市上市开始售卖。

除杨梅项目外，顺丰还在开拓广州—新加坡的月饼销售，东莞—新加坡的荔枝销售，湖北—新加坡的小龙虾销售，越南—中国的笋壳鱼销售。促进“一带一路”的贸易往来，从十万八千里到最后一公里的精准派送，顺丰用时效争取新鲜，助力中国优质商品走出国门。

第三章　广东企业“一带一路”国际产业合作成效显著

广东是“海上丝绸之路”的重要枢纽，也是中国对外开放的重要前沿。近年来，广东秉持“开放合作、共赢未来”理念，深化与“一带一路”沿线国家和地区国际产业合作，合作规模不断扩大，合作新优势不断增强，合作结构布局不断优化。广东企业积极响应“一带一路”倡议，将“一带一路”建设作为“走出去”的重点，充分运用技术、资金、人才等各方面的优势，按照市场化的原则积极参与“一带一路”建设，在“一带一路”沿线国家和地区建设了一批规模大、效益高的产业项目，推动沿线国家和地区经济社会实现更高质量、更有效益和更可持续的发展，推动“一带一路”建设行稳致远。

第一节　国际产业合作规模不断扩大

“一带一路”倡议提出五年来，广东大力提升开放型经济发展水平，着力培育开放合作新优势，全方位对外开放新格局进一步形成，国际产业合作规模不断扩大。广东将国际产业合作重点放在“海上丝绸之路”沿线国家，搭建国际产业合作平台，推动优势产能面向“一带一路”沿线市场需求，推动企业深度参与“一带一路”建设。

一、制造业产能合作向中高端迈进

广东是中国的制造业大省。近年来，广东制造业企业不断发展科技实力，依靠高端加工设备和先进加工工艺，逐渐取代劳动密集型、低技术含量的生产加工，推动广东制造业转型升级，向中高端迈进。

推动国际产能和装备制造合作重大项目建设。2017 年，广东完善对外投资合作信息服务系统，设立对外投资重大项目库，建立重大项目跟踪服务机制，推动广东优势产能“走出去”，积极参与“一带一路”建设。广东企业加强国际产能和装备制造合作，建设中国沙特（吉赞）产业集聚区、埃塞俄比亚—广东工业园、中白工业园广东光电科技产业园等境外园区。粤电集团约旦油页岩发电、广州东送能源集团乌干达磷酸岩综合开发、广东水利水电第三工程局老挝怀博莱水电站等国际产能合作项目取得新进展。

案例五：广新控股在印度尼西亚建设镍铁项目

广新控股集团有限公司（以下简称“广新控股”）于 2000 年 9 月成立，注册资本 16.2 亿元。近年来，广新控股围绕做强做大核心主业、核心产业、核心业务的目标，坚定不移实施产业结构调整和资本结构调整，实施产业高端化、经营国际化发展战略，从传统单一的贸易型企业转型成为产业链明显，以实业投资、资本运营和外贸综合服务平台建设为主的具有一定国际资源整合能力和竞争力的投资集团。2017 年，广新控股在中国企业 500 强中位列第 267 位，在服务业企业 500 强中名列第 104 位，在广东企业 500 强中名列第 31 位，在广东服务业企业 100 强中名列第 10 位。

- **国际产能合作“走出去”模式的新尝试**

中国目前是世界上最大的不锈钢消费国，生产不锈钢的主要原材料镍矿资源长期依赖进口，其中，印度尼西亚镍矿石占中国镍矿石进口量逾 50%。

印度尼西亚年产 60 万吨镍铁项目位于印度尼西亚中苏拉威西省莫罗瓦利县青山工业园（见图 3–1、图 3–2），由广新控股与中国国内最大的不锈钢企业青山集团等合作方于 2014 年 8 月开工建设。项目总投资为 10.35 亿美元，其中，广新控股与青山集团总共持股 35%，广东吉瑞科技集团持股 35%，印度尼西亚 IMIP 公司持股 20%，景祥国际（香港公司）持股 5%，

图 3-1　印度尼西亚镍铁项目所在园区全景

图 3-2　生产车间

日本阪和兴业持股 5%。

项目主要建设 8 条 4.6×100 米回转窑、8 台 3.3 万 KVA 矿热电炉及公辅配套设施、建设 2×150MW 燃煤发电厂及相关下游配套设施，年产 60 万吨含镍 10% 的镍铁，目前项目已经投产。2018 年上半年，项目经营形势良好，累计实现销售收入约 9.6 亿美元。

随着“一带一路”倡议实施，中国不锈钢企业积极“走出去”，开展国际产能合作。广新控股印度尼西亚项目不是以往企业“走出去”单纯投资拿矿产资源的模式，而是实现了国际产能合作“走出去”模式的升级。项目直接到全球镍矿资源最为丰富的印度尼西亚建厂生产不锈钢，镍矿资源距离厂区仅 10 多千米，大大节约了物流成本，具有较强的竞争优势。目前，该项目已列入广东参与“一带一路”建设重点项目。

● **混合所有制经济走出国门的新尝试**

项目在初设时，广新控股就坚持走混合所有制模式。基于广新控股与青山集团合作成功打造不锈钢产业基地所获取的实施混合所有制经济的经验，广新控股继续选择与青山集团合作，另外还选择了与在印度尼西亚当地拥有矿产资源及运营管理产业园区的企业合作。项目公司股权结构中，既有中国国有企业成分和民营企业成分，还有印度尼西亚当地的本土私有经济成分。各方的股东相互约束，又能充分发挥各自所长，有效推进项目的实施。

● **企业融合各类社会关系的新尝试**

“走出去”的境外项目必须重视与当地社会关系的融合。项目公司在当地投资建设过程中非常注重尊重当地的民俗习惯，与周边的居民和谐共处，为项目周边居民免费提供用电、用水，完善医院医疗设备设施。当项目公司了解到印度尼西亚国内约有 85% 的国民信仰伊斯兰教、宗教仪式较多的情况后，主动为项目周边村庄兴建了清真寺，供村民作礼拜使用，得到村民大加赞赏，整个项目建设都得到了当地村民的配合，进展十分顺利。

打造数字时代国际产业合作新高地。广东制造业实力雄厚，产业体系齐全，拥有发达的互联网经济和工业互联网应用，在开放和创新上保持先行先试，通过企业转型、产业升级，打造数字时代国际产业合作新高地。珠海与德国人工智能研究中心合作共建人工智能和智能制造研究院。惠州推动 TCL、德赛、亿纬锂能、中山大学惠州研究院等企业和科研机构与以色列开展电子科技合作。中山达华智能科技并购塞浦路斯、马来西亚和斯里兰卡的卫星公司，布局国际卫星通信领域。

案例六：星汉智能积极推动“一带一路”沿线国家智能卡发展

星汉智能科技股份有限公司（以下简称“星汉智能”）于 2011 年在珠海成立，目前已发展成为国内外领先的数据安全及物联网综合解决方案供应商。星汉智能业务遍布全球，产品和解决方案广泛应用于金融、电信、政府、交通等多个领域，在中国香港地区以及新加坡、迪拜、印度尼西亚设立了研发及数据中心，在南非、印度、孟加拉国成立了制造中心。

- **中标南非社保卡项目**

星汉智能一直致力于为全球电信及金融行业提供安全支付产品和相关系统服务。星汉智能（非洲）有限公司是星汉智能与南非本地公司于 2015 年 12 月在南非成立的合资公司，致力于为非洲的金融、通信行业以及当地政府项目提供先进的支付产品及系统服务。星汉智能（非洲）公司所有的技术及高管人员全部由总部派驻，公司员工及一线生产员工均在南非当地招聘。公司成立不仅推动了当地金融、通讯智能卡研发生产的发展，还解决了当地劳动力的就业问题。目前，星汉智能（非洲）公司工厂年产能已达 3000 万张以上。

2018 年，星汉智能（非洲）公司独家中标南非社保局社保卡项目（见图 3–3），并与发卡行——南非邮储银行签署为期 5 年的供卡合同。这是星汉智能近年来在南非业务领域发卡量最大的项目之一，预计发卡量在 1 000 万张以上，同时也使星汉智能一举成为南非银行卡市场的主流供应商。该项目在 2018 年 2 月正式启动，目前，星汉智能（非洲）公司已经为该项目提供超过 400 万张社保卡，陆续通过南非邮储银行换发给本地区社保受益人。

图 3–3　南非社保局社保卡

星汉智能发行的南非社保卡具有独特的功能亮点。从技术层面来说，社保卡不但具有磁条、芯片和非接等传统支付手段，还加载了指纹识别功能，这也是南非，乃至整个非洲范围内，首次发行具有指纹识别功能的银行卡。目前，星汉智能（非洲）公司已经成为南非当地生产线最多、产能最强、发卡量最多的企业，是该国银行业首选合作的供应商。星汉智能（非洲）公司将与南非邮储银行以及本地银行展开更深入的合作，提供更多最新的支付科技服务。

- **推动乌兹别克斯坦智能卡发展**

乌兹别克斯坦是“一带一路”重要沿线国家，中乌两国在贸易、投资、金融和交通通信等领域的合作不断深化。据统计，乌兹别克斯坦有 700 多家中国公司，两国间贸易总值接近 80 亿美元，银联卡是保障两国支付畅通的重要工具。银联国际通过与 Uzcard 合作，加强两国支付产业的互联互通。

星汉智能在乌兹别克斯坦全面推动智能卡的发展，针对商旅、移民、留学生等群体推出更多元的卡产品。在技术优势、产品优质、服务及时的情况下，星汉智能成为 Uzcard 在乌兹别克斯坦唯一的金融卡供卡商。

此次合作是星汉智能在“一带一路”沿线国家中银联卡业务本地化的又一重大突破，具有重要意义。该项目的启动一方面开创了业务合作的新模式，通过与转接清算网络、发卡银行的三方合作，实现了乌兹别克斯坦大规模发行银联卡。另一方面将原先仅可在乌兹别克斯坦境内使用的金融卡使用范围拓展到境外，大幅提升本地居民日常消费和国际出行的支付的便利性。

自 2018 年至 2021 年底，Uzcard 将把 1000 万张 Uzcard 卡换发为银联—Uzcard 芯片卡，这将是乌兹别克斯坦首次发行银联品牌工资卡。Aloqabank 成为首家发行银联—Uzcard 芯片卡的银行，星汉智能是第一个且唯一一个给乌兹别克斯坦提供一卡双标卡的企业。

二、服务贸易规模质量大幅提升

“走出去”综合服务平台积极搭建。广东省商务厅建立“走出去”主体企业和境外企业数据库、对外投资重点项目库，及时发布国别投资合作指南、投资产业指引、市场需求、项目合作、全球风险预警等信息，搭建国际经贸专业服务网络。广东省自贸办在德国、法国、西班牙、墨西哥、乌拉圭等国家设立经贸联络点，上线运行商贸一体化全融合服务平台。广东建立健全“走出去”法律服务体系，成立中非联合仲裁深圳中心、中拉企业法律服务中心、“一带一路”法律服务联合会、“一带一路”法律服务研究中心、“一带一路”商标注册申请服务中心、“一带一路”法律咨询服务中心等机构，为广东企业参与“一带一路”建设提供专业服务。2018 年 1 月，深圳前海“一带一路”国际商事诉调对接中心正式揭牌，为“一带一路”沿线商事主体提供公正、便捷、高效的多元纠纷化解服务。2018 年 6 月，由揭阳承建的中国首个海外中小企业服务机构——中国中小企业（德国）中心成立，打造中国中小企业“走出去”“引进来”的新型服务机构，为中国中小企业提供包括人才、技术、管理经验、设备、品牌管理等服务。

案例七：蓝海中心打造创新型跨境法律服务平台

蓝海现代法律服务发展中心（以下简称“蓝海中心”）2014 年在深圳成立，业务包括寻找、筛选、管理域外律师或者法律专家，以及在法律查明、律师匹配、海外合规、案件管理、线上专家咨询等方面实现跨境服务，是中国首个以域外法律查明为核心业务的创新型法律服务机构，在涉外诉讼辅助、企业“走出去”、改善国际化法治环境等方面发挥了良好的作用。

● **搭建“一带一路”法治地图**

针对企业在“一带一路”贸易及投资领域面临的语言不通，法制、宗教与社会情况不熟悉，行业信息交流不充分，法律风险等需求，2016 年 12 月，在前海管理局的支持下，蓝海中心与法律出版社共同承接了全国首个服务于“一带一路”建设的大型中文法律公共数据库——“一带一路”法治地图。

“一带一路”法治地图既整理、研究沿线各国、各地区的投资概貌和法律框架，又重点梳理和翻译关于贸易投资、工程承包、劳务输出、知识产权、税收政策、外汇管制、海关关务等商贸领域的重点法律。该项目将运用现代信息传播手段，及时发布“一带一路”最新法律资讯和研究成果，为“走出去”的中国企业提供全面、专业、便捷的法律信息保障和法律智库咨询服务，帮助企业降低交易成本与投资风险。

目前，“一带一路”法治地图已经完成了沿线 43 个国家和地区的数据搭建工作。2018 年，《国务院关于印发进一步深化中国（广东）自由贸易试验区改革开放方案的通知》第二十条明确提出“加快推进‘一带一路’法治地图建设”，对该项工作给予高度重视和充分肯定。

● **提供法律查明和法律尽调服务**

蓝海中心是域外法律查明的专业平台。目前，蓝海中心在近百个国家与地区建立了专家网络，与海外 136 家法律机构、全球 20 所高校和研究机构建立了合作关系（见图 3–4、图 3–5），入库的个人专家达到了 1600 多位。

图 3–4　与马来西亚中华总商会会谈

图 3–5　聘请伦敦政经学院法学院院长为专家

蓝海中心出具专家查明报告的平均用时只需要两个月，为国内司法机关所广泛采纳，并被最高人民法院授予“港澳台和外国法律查明基地”。蓝海的查明机制也被“走出去”企业和涉外律师事务所认可和采用，为企业和涉外律师提供法律方面的尽职调查和海外布局支持。目前，通过蓝海中心查明法律的地域包括印度、新加坡、泰国、印度尼西亚、越南、迪拜、美国、英国、法国、瑞典、瑞士、波兰、哈萨克斯坦、乌兹别克斯坦、墨西哥、肯尼亚、帕劳、开曼群岛等 100 多个国家和地区，查明的领域包括合同法、公司法、劳工、知识产权、土地、矿业、环保等。

- **高效精确匹配域外律师**

蓝海中心借由其海外法律资源网络，能够高效、精准地匹配相关的专家团队。例如，某中资企业在中欧涉诉，蓝海中心在接受委托后仅用一天时间，组织了当地熟悉该技术领域的三个律师团队，协助该公司组织面试，快速、专业地协助企业筛选海外律师、归结案件要点、磋商服务价格等，其高效运作的优势和资源整合能力得以充分体现。

- **提供线上专家轻咨询服务**

相较于项目化的专家法律报告、纠纷解决或合同谈判等深度法律咨询，蓝海中心采用便捷的视听方式，为企业提供专家的线上轻咨询服务，该项服务主要是帮助企业解决某些时间要求急、经费预算不高、涉及法律关键问题的论证需求。蓝海中心的线上轻咨询服务，从客户明确需求到完成答疑平均仅用 2~3 天，通过平台精准匹配专业的域外专家在线上提供服务，这种“短平快”的服务模式也受到企业的欢迎。

- **做好案件管理服务**

由于语言、文化差异等原因，企业往往对境外律师的高额账单、问题解决的漫长程序和案件走势跟进等方面存在管理上的困难。在此方面，蓝海中心也发挥了很好的作用，根据客户的需求，挑选具有法律与语言双重优势的案件管理人员和具有跨国法律从业经验的资深法律专家组成管理团队，协助企业与境外律师进行沟通，从案件进度、财务管理（如制订时间计划、经费使用节点提示、财务的统筹管理等）、案件风险提示以及决策参考建议等方面提供服务。

服务贸易规模和质量有效提高。广东积极促进互联网、大数据、云计算与服务业融合发展，实施现代服务业品牌价值提升行动，现代服务业增加值占服务业比重提高到63%。发展利用多层次资本市场，完善地方金融体系，支持中小银行、金融控股公司等做优做强，积极打造省级商业银行，加快建设金融强省。大力发展工业设计，培育3个设计师超千人的工业设计基地，打造珠三角工业设计走廊。加快发展现代流通，强化供应链服务，完善促进消费的体制机制，培育消费新增长点。

服务贸易发展开放程度日益提升。2017年，广东服务进出口总额达12156.23亿元（见表3-1），首次突破万亿元大关，同比增长24.21%。服务贸易占对外贸易比重由2016年的13.26%提高到15.14%，提高1.88个百分点。其中，服务出口4628.69亿元，同比增长20.31%；服务进口7527.54亿元，同比增长26.73%。旅行、运输和建筑行业服务进出口合计8564.62亿元，占进出口总额的72.10%。其中，旅行进出口6825.17亿元，同比增长64.92%，占进出口总额的56.15%。运输进出口1860.95亿元，同比增长25.04%，建筑进出口78.50亿元，同比增长10.84%。运输和建筑行业进出口额合计占进出口总额的15.95%。随着CEPA合作的不断深化，香港保持着广东最大的服务出口目的地和进口来源地的地位，澳门与广东的服务进出口也持续快速增长。2017年，粤港服务进出口5666.89亿元人民币，同比增长32.12%，占全省比重达46.62%；粤澳服务进出口358.78亿元人民币，同比增长19.19%，占全省服务进出口的2.95%。

服务贸易集聚发展态势明显。广东服务贸易主要集聚在珠三角地区，珠三角9市服务进出口占全省的97.96%，粤东西北12市服务进出口全省占比2.04%。深圳、广州是广东最主要的服务贸易大市，两市服务进出口额占全省服务进出口额的77.30%。

服务外包规模稳步扩大。2017年，广东承接服务外包合同金额282.18亿美元，同比增长38.15%，占全国总量的15.1%；执行金额185.84亿美元，同比增长33.25%，占全国总量的14.2%。其中，承接离岸服务外包合同金额165.6亿美元，同比增长33.85%，占全国总量的14.4%；离岸服务外包执行金额 122.7 亿美元，同比增长 29.50%，占全国总量的 14.8%。信息技术外包（ITO）、业务流程外包（BPO）和知识流程外包（KPO）承接离岸服务外包执行金额分别为 48.06 亿美元、30.93 亿美元和 43.74 亿美元，分别同比增长 57.43%、0.16% 和 31.09%。服务外包就业规模稳步扩大，全年新增服务外包从业人员 18.23 万人。截至 2017 年底，全省登记服务外包企业 4092 家，从业人员 172.64 万人。

表 3-1　　广东 2017 年服务进出口情况

行业	进出口		出口		进口	
	金额（万元）	同比（%）	金额（万元）	同比（%）	金额（万元）	同比（%）
运输服务	18609503.60	25.04	5098257.06	−27.33	13511246.53	71.74
旅行	68251655.33	64.92	24384202.78	301.36	43867452.56	24.24
建设	785010.26	10.84	500402.63	32.06	284607.63	−13.58
保险服务	1531423.64	−27.89	232265.32	−59.11	1299158.32	−16.49
金融服务	132059.42	−67.07	66937.87	−70.03	65121.54	−63.34
电信、计算机和信息服务	9486042.24	33.32	4083896.81	−20.80	5402145.43	175.75
其他商业服务	10461766.55	−57.64	5195118.17	−69.53	5266648.37	−31.13
文化和娱乐服务	188775.34	−61.93	19266.16	−91.76	169509.17	−35.28
别处未涵盖的维护和维修服务	588180.07	−48.63	240418.49	−75.26	347761.58	101.03
别处未涵盖的知识产权使用费	7802518.81	86.95	2746953.00	3591.61	5055565.81	23.33
加工服务	3725390.74	404.15	3719174.13	414.59	6216.60	−61.66
服务贸易合计	121562325.99	24.21	46286892.43	20.31	75275433.55	26.73

资料来源：据海关统计。

案例八：平安集团承保“一带一路”首个落地项目

中国平安保险（集团）股份有限公司（以下简称“平安集团”）成立于 1988 年，分别在香港及上海上市，总部位于深圳。经过30年发展，平安集团已成为含保险、银行、资管、金融与医疗科技为一体的综合金融集团。

自2013年“一带一路”倡议确立以来，平安集团高度重视，从保险资金运用和风险保障等方面，积极参与“一带一路”建设。平安集团积极联合“走出去”企业，充分发挥在风险管理技术、承保能力及服务网络等方面的优势，为企业提供全面的风险管理与保险保障服务。

- **承保巴基斯坦水电站**

2015年，平安集团旗下平安产险首席承保巴基斯坦三峡卡洛特水电站（见图3–6），该业务是“一带一路”倡议中首个落地项目，也是“中巴经济走廊”首个水电投资项目，具有里程碑式的意义。

卡洛特水电站是巴基斯坦境内吉拉姆河（Jhelum）规划的5个梯级电站的第4级，坝址距伊斯兰堡直线距离约55千米。坝址处控制流域面积26700平方千米，工程为单一发电任务的水电枢纽，由大坝和泄洪建筑物、引水系统、发电厂房等组成。水库正常蓄水位461米。正常蓄水位以下库容1.52亿立方米，电站装机容量720兆瓦（4×180兆瓦），多年平均年

图3–6 卡洛特水电项目特许经营权协议签约仪式

发电量 32.06 亿千瓦·时，年利用小时数 4452 小时。

2015 年 10 月 9 日，卡洛特水电站保险正式国际公开招标，保险内容涵盖工程险、货运险、完工延迟保险等多个险种，主险保额达 12.77 亿美元，平安集团参与投标并进行多轮竞争性谈判后，成功获取本项目首席承保资格。

中标后，平安集团严格履行服务承诺。按照合同要求，2017 年 7 月，平安联合三峡保险经纪、达信、苇莱保险经纪于项目现场进行风险查勘及保险培训，365 天 ×24 小时派驻现场服务人员进行项目地驻点服务。平安集团的专业服务得到了客户的高度认可，客户多次赞扬企业服务人员的专业素质及服务精神。得益于此，2017 年 6 月，平安集团再次首席承保卡洛特水电站恐怖主义责任及其完工延迟保险，进一步为项目的保驾护航添砖加瓦。

● **承保安哥拉水电站**

2017 年 7 月，中国平安首席承保了安哥拉卡古路·卡巴萨水电站项目（见图 3–7）建工一切险、设计师责任险、货运保险。该项目由中国葛洲坝集团承建，是目前中资企业在非洲

图 3–7 安哥拉卡卡水电站

承建的最大规模水电站项目，保险金额达45.32亿美元。

安哥拉卡卡水电站项目位于安哥拉首都罗安达东南方宽扎河畔，该项目包括导流洞工程整体施工，主体工程土建部分整体施工，机电设备的供货、安装和调试，装机容量为2171兆瓦，计划在80个月内建成，建设高峰期将为当地提供近万个就业岗位。葛洲坝集团还将负责电站4年的运行和维护，并为安哥拉培训一批专业的电站运营管理和技术人才。该项目将在解决电力短缺、扩大就业等方面起到积极作用，对未来安哥拉经济建设至关重要。

- **提供全面风险保障**

平安集团积极为“走出去”的中资企业海外业务拓展和运营安全提供风险保障，成立了专门从事海外市场整体开发的团队，借助海外工程保险产品包和服务包，为中资企业海外工程企业的人员、财产等风险提供全面保障。

目前，平安集团旗下平安产险已与五大洲、50余家国外保险公司建立合作关系，在当地出单、外汇结算、过程服务、赔款支付等环节为中国企业提供便利稳定的保险解决方案。

伴随中国企业实力的拓展，参与的海外业务愈加复杂化、专业化、综合化，这使得其承担的风险成本更高，对企业在经营决策中的风险控制管理提出了更高的要求。在“金融+科技”战略指引下，平安集团应用一系列科技创新方式，为海外企业提供风控管理服务。

截至2017年底，平安集团在海外承保项目457个，遍及105个国家和地区。平安集团将充分利用自身科技与专业化优势，帮助中资企业在“一带一路”经贸合作中发挥更加积极的作用。

三、资源能源产业合作有序推进

组建“走出去”能源基础设施产业联盟。2017年，广东支持有条件的企业与省内产业链上下游企业、优势互补企业组建“走出去”产业联盟，开展国际产能合作项目建设。推动能源企业组建成立“省‘走出去’能源基础设施产业联盟”、省照明电器协会等广东21家知名照明企业（机构）发起成立“省‘走出去’照明产业联盟”，支持龙头企业牵头组建广东境外园区企业联盟等。2018

年上半年，指导“省‘走出去’能源基础设施产业联盟”举行首届联盟大会，多渠道获取国外新能源、石油化工、海水淡化等方面的项目信息，与联盟企业实现信息共享、项目配对；促成联盟与黑山交通海运部交流对接。

积极推动新能源产业国际合作。近年来，广东积极发展新能源产业，布局能源互联网产业，推动企业开展新能源国际合作。广东与德国大众汽车集团加强在新能源汽车领域合作，与法国电力集团开展核电技术合作。2017 年 4 月，比亚迪投建的电动大巴工厂正式于匈牙利投产，这是比亚迪在欧洲投资兴建的第一座电动车工厂。广东企业在“一带一路”沿线国家开展新能源领域国际产能合作，助力东道国能源行业绿色低碳转型。

四、海洋产业合作成为新引擎

海洋经济成为广东经济发展新的增长极。广东作为海洋大省，是加快建设海洋强国率先探索、率先垂范的生力军。广东海域辽阔，海岸线长，有 3000 多千米，有着丰富的海洋资源，发展海洋经济潜力巨大。近年来，广东积极创建全国海洋经济示范区，打造一批海洋产业集聚区和海洋产业园区。目前，广东海洋 GDP 占全国海洋 GDP 的 1/5，占全省 GDP 的 1/5，2017 年达到 1.82 万亿元，连续 23 年居全国首位。海洋经济成为广东经济发展新的增长极。

建立具有国际竞争力的现代海洋产业体系。广东把建设沿海经济带作为区域经济发展的重要战略，推进海洋经济发展方式转变和海洋经济结构战略性调整，重点支持海洋工程装备、海洋生物、天然气水合物、海上风电和海洋公共服务等产业发展，建立具有国际竞争力的现代海洋产业体系。

培育海洋产业国际合作新引擎。广东加强高新技术支撑，使海洋产业国际合作朝多元化、高层次发展。以惠尔海工为代表的一批大型海工装备集团在新技术、新产品研发方面取得重大突破，海工装备制造业已成为广东参与“一带一路”建设的前沿领域。广东鼓励和引导企业赴东盟和南太平洋国家进行远洋渔业合作，扶持远洋渔业综合基地建设，完善远洋渔业在补给、仓储、加工、营销等方面的产业链。

海洋经济博览会促进国际交流合作。由广东和国家海洋局主办的中国海洋经济博览会，是助推广东海洋产业国际交流合作的重要平台，对促进广东与国外政府、企业、行业机构、科研院所在海洋资源开发、海洋经济发展、海洋科技创新、海洋生态文明建设等方面开展交流合作、实现多方共赢具有积极的推动作用。海博会邀请“海上丝绸之路”沿线国家商协会和跨国公司代表参会参展，对广东深化与“一带一路”沿线国家的海洋产业合作具有积极的促进作用。

五、旅游产业合作特色彰显

自改革开放以来，广东是中国重要的旅游接待中心和旅游创汇中心，旅游业一直处于国内领先地位。近年来，广东大力发展全域旅游，努力建设粤港澳大湾区世界级旅游区。

推动旅游产业国际投资合作。2017 年，广东推进旅游供给侧改革和全域旅游，着力扩大旅游投资和消费，推动旅游业国际投资合作，开创旅游业改革发展的良好新格局。广之旅等企业与马来西亚就旅游产品销售及景区开发等方面达成了合作意向，广东中青旅与哈萨克斯坦、俄罗斯旅游企业签署合作协议。

案例九：腾邦国际推进“一带一路”航空旅游产业布局

腾邦国际商业服务集团股份有限公司（以下简称“腾邦国际”）是中国旅游行业的龙头企业，业务涵盖旅游度假、航空运营、商旅管理、金融服务等板块，通过遍布全球的服务网络，持续完善旅游全产业链布局，打造高端商业服务。

腾邦国际持续完善旅游全产业链布局，加快“一带一路”沿线国家目的地资源整合，通过航线运营和目的地资源优势，形成较强的核心竞争力。自 2016 年以来，腾邦国际所属腾邦旅游集团积极响应“一带一路”倡议，凭借出色的运营能力，拥有深圳直飞岘港、芽庄、普吉、清迈航线的独家运营权，同时，开启了在“21 世纪海上丝绸之路”上的重要节点国家的周边化、区域化布局。到目前为止，腾邦国际已正式独家运营从国内多城市直飞东南亚多国、意大利、俄罗斯等地的 40 条国际航线。

● **收购全球最大水上飞机公司**

2017 年 12 月，由腾邦国际、TBRJ 基金、贝恩资本和目标公司管理团队组成的财团，收购全球最大的水上飞机公司——马尔代夫 TMA 集团。水上飞机作为马尔代夫最主要的交通工具，是升级消费者体验的重要环节。作为此次买方的产业投资方，腾邦国际将此次马尔代夫水上飞机的投资项目作为目的地资源中的重要布局，同时承载了为马尔代夫和 TMA 公司进行中国游客导流的责任。

腾邦旅游充分运用海岛项目运营经验，不仅为市场提供常规马尔代夫产品，还根据客户需求不断丰富多种主题产品。未来，腾邦旅游将开通飞马累的定期航线，新国际航线与 TMA 形成“大交通”与“小交通”之间互相导流与协同，同时，加上当地目的地资源的整合，将深化马尔代夫豪华旅游目的地形象，促进中国与马尔代夫的旅游文化交流，带给游客更好的旅游度假体验。

● **投资俄罗斯艾菲航空**

2018 年 3 月，腾邦国际宣布战略投资俄罗斯艾菲航空，以轻资本的方式切入实体的国际民航业。截至 2018 年 7 月，腾邦旅游已开通 8 条中国国内各城市直飞圣彼得堡或莫斯科的航线，覆盖城市包括武汉、长沙、济南、南昌、太原、深圳、南京和郑州。迄今，经由腾邦旅游直营，艾菲航空承运的飞往俄罗斯航线运营状况良好。下半年，腾邦旅游直飞俄罗斯航线的阵营中将陆续新增上海、福州等 10 个城市，预计可输送赴俄罗斯旅游人数 30 万人次。这个数量是 2017 年中国赴俄罗斯旅游总人数 150 万的 20%。

除了中国往返俄罗斯航线外，腾邦国际将与艾菲航空探讨合作开通俄罗斯至欧洲、中东及加勒比航线，把俄罗斯打造成为中国向这几个目的地输送游客的中转枢纽。

得益于世界杯营销热度，俄罗斯旅游产品在暑期的销售良好，俄罗斯航线开通以来整体的上座率高达 96%。腾邦旅游已开始进行场景化运营的延伸，结合俄罗斯的目的地特性，打造主题场景产品（见图 3–8），为旅客提供更精准、多元化的旅游体验。

图 3–8 主题旅游场景产品

- **继续深耕泰国和越南战略性目的地**

2018 年，腾邦旅游继续深耕泰国与越南两大战略性目的地，深化酒店、地接、小交通等配套服务，为旅客打造全方位服务体验，2017 年开航至今，两地送客人数分别为 80 万人次和 20 万人次。

目前，腾邦旅游已经开通并运营了中国国内多地飞往泰国普吉、芭提雅、清莱、清迈以及越南芽庄、岘港的多条航线，中国国内多地飞往其他东南亚热门国家的航线运营良好。

腾邦旅游以东南亚旅游业务为核心，在泰国的旅游产品结构及品质上不断升级创新。由腾邦旅游主办的“海天盛宴音乐节”（见图 3–9）已连续在泰国芭提雅举办并成为泰中旅游界一年一度的盛大活动，受到泰国皇室、泰国国家旅游局等泰国政要的关注与支持。

图 3–9　海天盛宴音乐节

壮大旅游发展新动能。2017 年，广东接待入境过夜游客 3647.56 万人次，同比增长 3.67%，其中，外国人 863.6 万人次，同比增长 4.69%。广东旅游业收入连续 5 年全国第一，人均旅游消费呈逐年递增趋势（见图 3–10）。

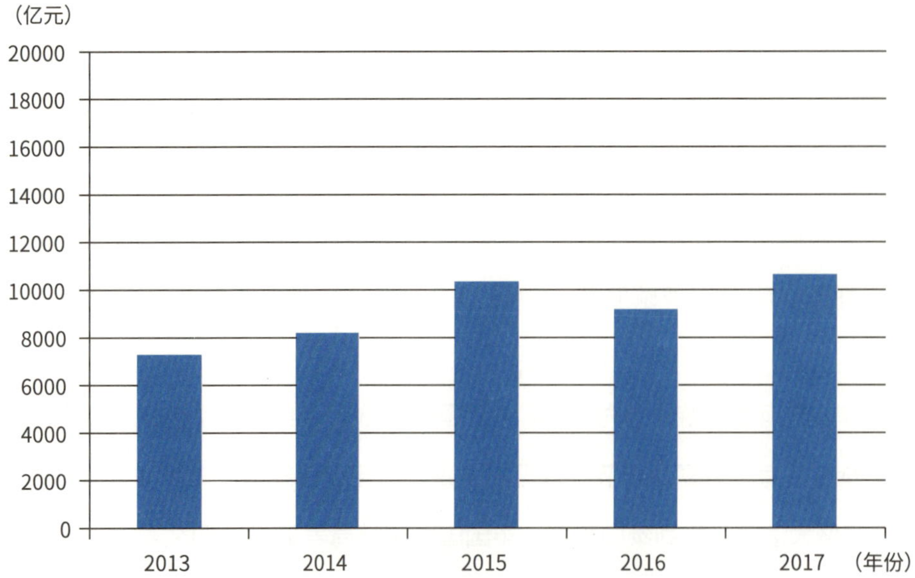

图 3–10　广东近年来旅游业收入

资料来源：广东国民经济和社会发展统计公报。

提升旅游开放合作水平。广东海上丝绸之路博物馆在科学保护“南海Ⅰ号”中加快与旅游产业的高度融合，加强“南海Ⅰ号”景区建设，深化对外交流合作，积极参与“一带一路”建设工作。加强“南海Ⅰ号”文化品牌建设，提升景区“海丝文化”知名度。推出多项有影响力的对外展览，包括“在最遥远的地方寻找故乡——13~16世纪中国与意大利的跨文化交流”展览、“东西汇流——13~17世纪的海上丝绸之路”展览等。

培育旅游新业态。广东积极开发文创产品，丰富旅游产品的供给形式。广东海上丝绸之路博物馆结合中国传统文化理念，开发出一系列造型精美独特、富有时代精神的文创产品，为广大国外游客提供了可带回家的“中国文化”。广东大力发展邮轮游艇旅游业。2017年7月，在广州南沙举行了广东自贸区粤港澳游艇自由行首航活动，2017年12月，深圳湾游艇会举行了广东自贸区深圳片区粤港澳游艇自由行首航活动，粤港澳游艇自由行正式拉开序幕。

第二节　国际产业合作新优势不断增强

一、提高资源配置利用效率

实现海外布局与国内产业协同互补。广东企业积极拓宽国际市场，优化产能配置，获取境外要素资源，提升研发水平和国际竞争能力。近年来，广东企业开展了多项海外并购，通过并购获得设计、研发、营销、服务等高端生产要素，提高企业在全球价值链、产业链、物流链中的地位，实现海外布局与国内产业协同互补。

案例十：雪松控股全面进入国际化工供应链领域

雪松控股集团（以下简称“雪松控股”）成立于1997年，是以实业为本的多元化产业集团。2017年，雪松控股营收突破2210亿元，列《财富》世界500强第361位，是广州本土成长起来的唯一一家世界 500 强民营企业。雪松控股旗下拥有供通云供应链集团、化工集团等产业集团。其中，供通云供应链集团是中国最大的大宗商品供应链服务企业之一，产品覆盖有色金属、黑色金属、煤炭、原材料、石油化工、农产品等诸多品种，同时布局物流、仓储、码头等供应链资产，为产业链上下游数千家企业提供供应链系统 " 一站式 " 服务。

- **收购新加坡知名化工企业**

作为广州民营企业代表，雪松控股一直积极响应“一带一路”建设，贡献相应力量。2018 年 6 月，雪松控股旗下上市公司齐翔腾达（见图 3–11）全资企业齐翔腾达供应链香港有限公司，正式完成对 Integra Holdings 持有的 Granite Capital SA51% 股权的收购。

Integra Holdings 总部位于新加坡(见图3–12)，是成立于1989年的石化类大宗商品贸易商，在化工行业细分产品市场中的贸易规模和市场占有率具有较高地位。该公司在比利时布鲁塞尔、

图 3–11　雪松控股旗下企业齐翔腾达厂区设备

图 3–12　新加坡公司办公场景

美国休斯敦、中国北京、韩国首尔、沙特利雅得以及巴西阿雷格里港均设有办事处。

该公司丁烯 –1 产品在美国市场排名首位，裂解汽油在亚洲市场位列前两名，丙烯在欧洲和亚洲市场位列前三名。该公司在北美、中东和东南亚地区具有稳定的原料供应来源渠道，与 Shell、BASF、SABIC、ENOC 等国际石化巨头常年合作，熟悉国际化工物流资源，拥有成熟的贸易、运营、物流、融资及风控团队。

在供应链领域，该公司通过专业团队，可以为不同规模和需求的客户提供“一站式”服务，尤其是对中小企业而言，由于中小企业没有独自运营国际市场的规模和能力，Integra 的服务能够为它们达到降低成本和降低参与国际市场运营门槛的目的，帮助中小企业获得成本效益。

● **形成协同与互补效应**

本次收购是雪松控股海外业务发展的重要一步，将为旗下上市公司建立起海外发展的重要平台，为先进技术引进和全球市场拓展发挥桥头堡的作用。

本次收购使雪松控股全面进入国际化工供应链领域，新增以标的公司为主要平台的国际化工供应链板块，使公司业务进一步向上游原材料领域、海外市场延伸，与公司现有业务形成协同与互补。

主要表现为以下几个方面：一是布局国际化工供应链。通过收购标的公司，雪松控股可以在国内布局供应链业务基础上，借助标的公司国际化的经营团队、货源、渠道优势及低廉的融资成本，进一步拓展国际市场的供应链业务，充分发挥供应链业务板块和生产经营业务板块的业务协同效应，形成多业态的综合平衡产业布局。

二是构建多元化原材料供应渠道。齐翔腾达作为国内龙头碳四深加工企业，原材料的稳定供应是未来发展的重要保障，标的公司拥有国际化的成熟运营团队和渠道优势，收购标的公司可以为齐翔腾达进一步发展所需原材料的采购提供较为直接的来源保证，构建多元化原料供应渠道，进一步巩固上市公司在碳四综合利用行业的龙头地位。

三是拓展国际市场。借助标的公司国际视野、国际团队和贸易渠道，雪松控股可以进一步拓展海外市场和国际业务，为齐翔腾达的产品进行海外布局提供桥梁，进一步扩大齐翔腾达的业务规模。

四是拓展标的公司国内业务。借助雪松控股在中国化工市场强大的本土优势，标的公司可以捕获国内化工产品价格波动的机遇，大力布局和拓展中国市场缺口较大的化工原料业务，如乙二醇、苯乙烯、乙烯等，创造新的利润增长点，进一步提高盈利能力。

新兴产业开展“技术回流型”投资。北美创新资源高度集聚，技术密集型产业发达。广东生物医药、生物检测、医疗器械龙头企业，以及新能源领域、新材料、智能制造等产业企业在北美通过企业并购，设立研发中心、生产基地等方式，获取技术、品牌、供应链、销售网络等资源，并将技术资源引入国内，辐射对接投资到“一带一路”沿线国家，提高了中国与“一带一路”沿线国家产业链的技术水平。

房地产行业实现延伸。当前，广东房地产企业经过多年的发展，拥有了较强的经济实力和专业能力，在部分发达国家开展投资，以城市综合运营商模式进驻当地，或发展以商业地产与建材批发零售业相结合的高端商业开发模式。“一带一路”沿线国家多为发展中国家，房地产市场开发潜力较大，印度、斯里兰卡等国家均邀请广东企业参与智慧城市建设。

二、积极构建完善产业价值链

充分发挥出口带动作用。广东企业积极开拓国际市场，通过在“一带一路”沿线国家设立销售网点，扩大产品对东道国出口，带动出口贸易增长，提升企业在全球价值链中的地位，促进企业稳健发展。

案例十一：迈迪加助力“一带一路”合作商打造智能睡眠系统

深圳市迈迪加科技发展有限公司（以下简称“迈迪加”）成立于 2011 年，专注睡眠健康监测产品的研发和服务，是全球最早做睡眠监测技术的企业，是全球非穿戴睡眠监测市场的定义者和开拓者。Sleepace 享睡是迈迪加智能睡眠硬件品牌。作为全球顶尖的睡眠解决方案供应商、夜间物联网控制核心技术提供商，Sleepace 享睡致力于提供非穿戴式生理参数监测技术与智能睡眠场景解决方案。目前，其产品和服务已经拓展至 30 多个国家，超过 500 家客户，其中不乏像华为、LG U+ 等世界 500 强客户。

- **助力土耳其 YATAS 打造未来睡眠系统**

2017 年，Sleepace 享睡携手土耳其最大的综合家具制造公司 YATAS（见图 3–13），共同打造“YATAS 未来全球睡眠系统”。

YATAS 创立于 20 世纪 70 年代，拥有 40 年床垫生产经验，现为土耳其最大的综合家具制造公司，是土耳其家居行业的领导者，年产床垫 60 万张。YATAS 产品是土耳其政府定下的“国家拳头产品打造项目”，YATAS 在匈牙利、保加利亚、俄罗斯、罗马尼亚等欧洲国家以及利比亚、叙利亚、摩洛哥、格鲁吉亚、伊拉克、沙特阿拉伯、伊朗、阿尔及利亚、阿塞拜疆、哈萨克斯坦等中东国家开设有 600 家品牌专卖店，产品覆盖东欧和西亚、中亚地区。

图 3–13 YATAS 线下门店

在全球物联网浪潮下，随着智能家居产品迅猛发展，以综合家居馆为代表的新型门店对 YATAS 原有的传统门店造成了极大的冲击。另外，随着科技的进步和时代发展，消费者对睡眠的需求，已不仅仅体现在舒适度上，健康和便利需求也驱使更多的床具品牌寻求传统与科技的融合发展与突破。作为一家全球性企业，YATAS 也在寻求智能科技大数据与睡眠智能化服务的发展之道。

作为“YATAS 未来全球睡眠系统”的技术支持方，Sleepace 享睡提供给 YATAS 的床垫智能睡眠监测模块，能够完美地嵌入到现有 YATAS 床垫产品中，不仅保持了用户良好的体验舒适度，还能够记录用户睡眠中的翻身体动、呼吸率和心率等数据，准确追踪睡眠状态，为用户创造优质的睡眠环境。

这是中国专业睡眠监测品牌首次进入土耳其最大床品企业。Sleepace 享睡拥有全球约100 万用户的睡眠大数据，对用户睡眠行为习惯和卧室氛围偏好的判定有着丰富的数据模型。通过 Sleepace 享睡的数据支持，YATAS 可以更加直观地了解东欧及中西亚人群的睡眠习惯，从而更好地对旗下产品进行智能化升级与改造。

依靠强大的自主知识产权技术储备，Sleepace 享睡率先打通智能卧室的“最后一公里”，使智能家居生态链更趋于闭环化。未来，Sleepace 享睡还将继续加大在智能卧室系统的研发投入，让中国制造和中国创造造福更多“一带一路”国家。

- **联合 Askona 引领俄罗斯床品行业革新**

Askona 是俄罗斯最大的床品企业，有 800 多家线下销售门店（见图 3–14）。

图 3–14　Askona 线下门店

作为俄罗斯最大且成立时间较久的床品巨头，Askona 的产品主要以传统床品为主，近年来，行业创新不足以及同质化严重等难题严重阻碍了 Askona 的进一步发展。综观近几年的俄罗斯床垫市场，看似新产品、新技术、新概念层出不穷，实则仍是围绕着弹簧、内芯、面料这三种核心材质进行各种名目的“包装”，相比前代或同类竞品没有足够的差异性，这也让俄罗斯消费者因“同质化”产生了大量的审美疲劳。

另外，“80 后”“90 后”逐渐成为俄罗斯社会消费主体，加之互联网技术的快速崛起，俄罗斯消费者的消费方式与消费需求也开始发生转变，互联网化、移动化的消费方式逐渐形成，同时，科技化、智能化等多元化需求特点也渐趋显著。此外，单一的功能使得 Askona 产品在销售出去后，无法对俄罗斯用户睡眠数据进行后续追踪与进一步挖掘。

作为目前俄罗斯最大的床品企业，Askona 也在不断寻求智能化升级与转型。之所以选择 Sleepace 享睡，Askona 主要是看重了 Sleepace 享睡在夜间睡眠场景的长期探索及积累的多方面优势。

一方面，Sleepace 享睡是一家技术创新驱动型企业，作为最早从事睡眠监测的企业，Sleepace 享睡从创立之初就坚持核心技术的自主研发。在非穿戴睡眠监测领域有深厚的算法和技术积累，目前已在软件、算法方面取得 50 多项专利。此外，Sleepace 享睡还拥有全球约 100 万用户的睡眠大数据，可帮助 Askona 更好地满足俄罗斯消费者的需求。

另一方面，Sleepace 享睡经过不断完善发展，现已搭建出一整套的 DreamLife 智能卧室生态体系，可为 Askona 和俄罗斯消费者提供睡眠场景下的智能解决方案。

在引入 Sleepace 享睡智能睡眠监测技术后，Askona 智能床品受到了俄罗斯年轻消费群体的广泛关注，智能床品销售呈现快速增长，在俄罗斯引发了智能床品热，引领了俄罗斯床品行业的智能化革新。

未来，Sleepace 享睡还将继续专注睡眠场景下产品的研发及推广，加大在智能卧室系统的研发投入，让更多“一带一路”沿线国家人民通过中国创造享受到更加优质的睡眠。

提升传统产业价值链。近年来，广东传统产业比较优势逐步降低。广东企业积极应对，加大在互补性强的“一带一路”沿线国家和地区投资力度，充分利用当地较廉价的生产要素，获得规模经济优势，实现传统产业的价值提升。

实现知识产权全球化布局。近年来，广东企业以高端技术为抓手，积极参与全球价值链合作，实现知识产权全球化布局，提高生产效率和产品质量，助力中国制造在海外市场健康发展，提升企业的创新和国际竞争力。2017 年，广东省技术进出口总额 98.32 亿美元，比 2016 年的 110.68 亿美元下降 11.18%。签订引进技术和进口设备合同项目 538 个，合同金额 67.13 亿美元，比 2016 年的 91.69 亿美元下降 26.79%；签订技术出口合同项目 802 个，合同金额 31.19 亿美元，比 2016 年的 19 亿美元增长 64.19%。

三、提升沿线国家互利共赢水平

广东紧抓“一带一路”倡议带来的机遇，积极构建开放型经济新体制，加快发展高层次开放型经济，构建与国际投资和贸易通行规则相衔接的制度体系，以扩大开放带动创新、推动改革、促进与“一带一路”沿线国家互利共赢。

以扩大对外开放提升互利共赢。近年来，“一带一路”建设与企业国际合作促进广东更高层次的经济开放，提升了“一带一路”沿线国家的互利共赢水平。广东提高开放质量，实现服务贸易开放、投资双向开放、全局性开放和制度性开放，贸易规模、吸引外资规模、对外投资规模、国际经济合作规模不断扩大，贸易结构、国际投资结构和区域开放结构等持续优化。广东鼓励企业“走出去”参与更高水平的国际分工，通过“一带一路”建设，将本地经济与各国经济相融合，实现互利共赢、包容共享。

担当全球竞争合作主力军。广东加快构建开放型经济新体制，紧抓“一带一路”建设、广东自贸试验区（见图 3-15）、粤港澳大湾区建设等重大机遇，提高把握国际国内两个大局的自觉性和能力。广东商务系统正加快出台《广东为全国构建开放型经济新体制提供支撑行动方案》，该方案将打造全方位、多层次、宽领域、高水平的对外开放新格局，积极培育国际合作竞争新优势，当好中国参与国际竞争与合作的主力军。进一步加强国际产能合作，推动富余优势产能对外输出，共建国际经济合作走廊和境外产业集聚区，打造广东制造品牌。落实深化泛珠三角区域合作指导意见，共同推动泛珠三角区域合作与“一带一路”建设、京津冀协同发展和长江经济带发展等形成“3+1”的区域发展战略格局，携手港澳共同打造粤港澳大湾区。

图 3–15 横琴自贸区

第三节 国际产业合作结构布局不断优化

一、国际产业合作结构进一步优化

加快外贸产业结构转型升级。广东坚持稳份额、调结构、增效益，推进外贸强省建设。促进加工贸易企业创新发展，打造一批加工贸易创新发展及梯度转移承接示范园区。开展构建开放型经济新体制综合试点试验，大力发展跨境电商、外贸综合服务、市场采购贸易等外贸新业态。加快发展服务贸易，推进广州、深圳服务贸易创新发展试点。

积极拓展“一带一路”合作空间。广州加强与沿线国家产能合作，参与沙特吉赞经济城、非洲吉布提自贸区等海外园区建设，创新海铁空联运模式，推进铁路国际货运班列发展，建设跨境电商综合试验区。东莞积极办好海丝博览会，进一步提升展会的国际化、专业化和市场化水平，推动跨境班列双向对开常态运作，积极申报多式联运监管中心，加强与内蒙古、新疆等沿边地区的口岸通关协作，举办“迈向新丝路”“走出去”系列活动。

构建“一带一路”交流合作新载体。广东完善境外综合服务平台，聚焦重点地区、重点国别、重点项目，支持企业开展国际产能合作和海外并购，引导对外投资健康有序发展。深圳拓展与“一带一路”沿线国家和地区经贸合作，完善企业“走出去”服务体系，启动总规模100亿元的丝路发展基金，推动深越海防合作区、中白物流园的建设发展。珠海制订开放引领发展、“一带一路”倡议支点建设实施方案，成功举办中以科技创新投资大会、中拉国际博览会，中以加速器启动建设，中拉经贸合作园开园。佛山拓展对外贸易，在非洲等地建设3个以上佛山泛家居品牌产品海外展示体验馆，构建完善自主营销网络，扩大自主品牌产品出口，鼓励企业参与“一带一路”建设。

案例十二：东南亚电信在柬埔寨提供移动通信和移动互联网服务

东南亚电信集团（以下简称“东南亚电信”）于2014年在新加坡成立，是广东中泰实业集团有限公司等机构和个人共同出资设立的境外企业，主营业务为提供跨国移动通信和移动互联网服务。集团已在柬埔寨、缅甸、孟加拉国、尼泊尔、老挝成立全资子公司，并在柬埔寨进行商业运营。

东南亚电信柬埔寨项目是在“一带一路”倡议指引下跨出国门并全面投入建设和运营的电信项目，是2016年10月，在习近平主席与洪森总理共同见证下，中柬两国政府签订的中柬产能与投资合作11个重点项目之一，也是广东省和国家“一带一路”重点项目。目前项目建设及运营进展顺利。

- **基础设施建设完备**

东南亚电信取得柬埔寨政府颁发的电信业务运营全牌照、独立支付牌照和国家数据中心牌照，在柬埔寨铺设了12000千米光纤网络，建设了2000余个4G基站；建设完成了能容纳100万移动用户的核心网和IT支撑网；建设完成了占地面积2万余平方米、建筑面积6500平方米的云计算中心（见图3–16）；建设了3000余个WLAN AP，搭建了能容纳300

图 3–16　云计算中心园区

万互联网用户的服务支撑平台，建设了 30 余个自有营业厅，2000 余个社会销售点。

- **业务布局全面展开**

东南亚电信以基础通信网络和平台能力为依托，实现移动通信业务与移动互联网业务相互促进、互为拉动。移动通信业务主要包括 4G 移动业务、ISP 专线业务、WLAN 业务等。移动互联网业务主要包括电子商务、数字化媒体与娱乐、独立支付与互联网金融业务、DC 云计算与物联网大数据业务等。

东南亚电信建设了基于分销的英文版电子商务平台，目前已有超过 28 万个注册会员，分销商 2000 多户。旗下的 Mpay 综合金融解决方案平台，向用户和商户提供消费、充值、投资、理财、转账、生活缴费、贷款等全面的金融解决方案。

- **市场竞争优势明显**

东南亚电信在柬埔寨拥有上万千米光缆，建成覆盖全境的全 4G 移动通信网络和东南亚地区设计容量最大、技术最先进、设施最完善的云计算中心，庞大的基础设施网络为业务运营奠定了强大的物质基础。

东南亚电信直接建设在柬埔寨乃至东南亚领先的 100% 4G VOLTE 网络。同时，采用 850M 频率，具有低成本、广覆盖、高话质的优势。上网速率高，视频流畅、无时滞，提升了用户移动互联网的体验。

东南亚电信构建了覆盖柬埔寨全国的 IPRAN 传输网络，具有业务调度灵活、效率高的特点。建设的云计算数据中心，具有业务快速布放、成本低、效率高的优势，除公司使用之外，还可向政府和企业等提供基于云的信息化整体解决方案。

- **开创柬埔寨互联网应用新局面**

东南亚电信在良好 4G 网络基础上广泛布局 WLAN 热点，为用户提供快速上网需求。同时，推出了电子商务、电子支付、无线视频、游戏、娱乐等丰富的互联网服务产品，有效地推动了柬埔寨互联网普及率的快速提高和互联网应用的拓展。"上网快、服务好、内容丰富"已成为柬埔寨民众对东南亚电信的普遍评价。

- **促进柬埔寨移动通信及信息技术发展**

东南亚电信是全球第一个率先提供 4G VOLTE 高清语音服务的电信运营商，是柬埔寨唯一的全光纤网络电信运营商，建设了柬埔寨第一个和唯一一个高标准的云计算中心。这些都有力地推动了柬埔寨通信信息技术的发展。柬埔寨前邮电部长巴素坤在东南亚电信柬埔寨公司开业典礼致辞中指出，东南亚电信运用了当今世界上最先进的移动通信技术，实现了柬埔寨的全境覆盖，使柬埔寨跨入了世界先进电信国家行列。

- **带动中柬两国产能合作**

东南亚电信目前已在柬埔寨投资 2.5 亿美元，其中设备和技术，包括光纤、基站和核心网设备及配件、计费信息系统和各项互联网技术，甚至办公设备和用品，都是从中国进口和引进，员工主要从当地聘用，现有员工 1000 多名，其中柬籍员工占比 86%，实现了中国工业产能和柬埔寨劳动力资源的良性合作。

- **惠及柬埔寨社会和人民**

东南亚电信在柬埔寨第一个倡导“清清楚楚通话，明明白白消费”的服务理念，实行流量不清零，流量可转赠，逐步改变了以往消费者反映强烈的“通话不清，消费不明”的局面，切实维护了消费者的利益。东南亚电信利用充足的光纤资源和先进的云平台，积极帮助当地政府、企业低成本、高效率地进行信息化建设。目前，已与柬埔寨多个部委签订了信息化建设服务协议，给 200 余户企业建设了宽带信息服务专线。柬埔寨首相府致函东南亚电信柬埔寨公司称：“洪森首相对东南亚电信参与促进柬埔寨经济发展所开展的各项工作，给予了高度的肯定和赞扬”。

国际产业合作园区建设稳步推进。广东积极培育具有战略或示范意义的境外产业园区，通过建立综合性产业园区充分发挥产业集群效应。2017 年，广东加强与重点境外园区所在国有关部门的沟通磋商，协调解决入园企业遇到的困难和问题。推动省内企业在埃塞俄比亚、尼日利亚、肯尼亚、乌干达等沿线国家的境外园区建设取得实质进展。2018 年上半年，尼日利亚广东经贸合作区、中国越南（深圳—海防）经贸合作区、埃塞俄比亚华坚轻工业城、中国（广东）—乌干达国际产能合作工业园、“一带一路”产业园（尼日利亚）等 5 个园区已纳入统计范围。惠州按照广东自贸实验区的标准，全力推进中韩（惠州）产业园建设各项工作。

二、国际产业合作布局进一步拓展

广东“一带一路”产能合作取得重大进展，重点国家和区域在产能、投资、数字丝绸之路等多方面合作取得丰硕成果，战略对接不断深入。

扩大国际产业合作广度。广东务实推进对外交流合作，开展多种经贸活动。一是扩大工商合作广度。2017 年，广东省贸促会分别与吉尔吉斯斯坦、哈萨克斯坦、以色列、越南、瓦努阿图、坦桑尼亚等 7 个沿线国家的工商机构签订友好合作协议；按照工作计划积极筹备与斐济、马来西亚和印度尼西亚等国工商组织双边企业家理事会会议相关工作；迄今已与“一带一路”沿线国家的 60 多个工商组织签订了长期合作协议，其中包括 19 个双边企业家理事会合作协议，为企业开展国际化经营构建了良好的民间交往平台。二是组织开展经贸活动。2017 年以来，与“一带一路”沿线国家驻穗总领馆和工商组织等机构合作，在境内外主办和承办 40 余场大型经贸交流促进活动，共吸引 3000 多家（次）企业参加，为企业创造贸易投资机会并积极宣传推介广东，取得良好效果。

完善境外经贸平台网络。广东着力拓展全省自主的外经贸网络。目前，广东省贸促会已在 20 个国家和地区成立广东省驻境外经贸代表处（或联络办公室）22 个，推动成立境外广东商会 19 个。在“一带一路”沿线国家设立了广东驻以色列经贸代表处、驻新西兰经贸代表处。至此，“一带一路”沿线国家和地区经贸代表处已达 11 个。同时，在阿根廷、西澳、乌干达推动成立了境外广东商会。这些境外平台较好地发挥了“窗口、平台、桥梁、纽带”作用，做了大量扎实有效的工作。

深化高端制造业合作。广州打造特色产能合作项目，启动建设中欧国际创新合作（新材料）示范基地、中欧产业发展中心等中欧合作示范园区建设。惠州依托潼湖生态智慧区建设，引进比利时微电子研究中心、韩国 SK 科技城等多个来自“一带一路”沿线国家和地区的 30 多个项目，着力打造“广东硅谷”。揭阳加强中德（欧）经贸往来，与德方共建国际产业孵化器和德国先进技术推广中心，承建中国首个驻德“中国中心”。

第四章 广东文化产业“一带一路”走出去取得丰硕成果

近年来，广东作为文化大省和文化产业国际交流合作的排头兵，坚持社会主义核心价值观，坚定文化自信，广泛弘扬中华优秀文化，文化市场规范有序，艺术创作持续繁荣，公共文化服务水平不断提高。广东文化产业持续快速发展，结构布局不断优化，质量效益显著提升，秉持开放包容的精神，密切开展与“一带一路”沿线国家和地区的文化交流，不断跃上新的台阶。

第一节 广东文化产业优势明显

近年来，广东推动现代文化产业与传统文化产业的融合，促进文化产业的转型升级，文化产业实现快速发展。

一、广东文化产业特色鲜明

广东文化丰富而独特。广东文化又称岭南文化（见图 4–1），植根于广东独特的自然地理与历史人文环境，背依五岭、面向大海，融会贯通百越土著文化、闽南文化及其他区域文化，近代以来又大量吸收西方等外来文化，逐步形成了大陆性与海洋性交融的文化品格。岭南文化内容丰富、形态各异，以广府文化、潮汕文化、客家文化最为著名，包含了教育、艺术、民间工艺、民俗文化、饮食文化、建筑文化、宗教文化、商业文化等。丰富而独特的岭南文化，为广东特色文化发展提供了充足的文化资源，在新岭南文化建设中具有巨大发展潜力，也是广东大力发展现代文化产业创意的资源。优越的区位优势和得天独厚的粤侨商脉，成为广东文化“走出去”独特的地缘和人文优势。

图 4–1　岭南文化之水上飞狮

分别以粤语、潮汕方言、客家话为核心的广府文化、潮汕文化、客家文化形成了广东文化的主体。以粤语为载体的粤剧是广东流行最广、影响最大的地方戏曲剧种。自 19 世纪 60 年代起，严老烈等代表性人物，运用带规律性的旋律发展法创作改编出《旱天雷》《倒垂帘》《连环扣》等有独特风格和地方色彩的著名乐曲，标志着广东音乐作为乐种的形成，广东音乐与粤剧、岭南画派被誉为广东文化的“三张名片”。

多领域多行业协调并行发展。广东市场环境成熟，创业文化悠久，文化产业市场需求反应灵敏。广东文化产业多年来实现了高速发展，形成了包括现代传媒出版业、数字内容业、文化产品制造业、影视娱乐业、创意设计业、文化会展业等文化产业体系，呈现出地方特色多样化、市场化程度深、国际化水平高、文化兼容广泛化、大众化色彩浓、发展模式多元化等特点。文化产业的投资主体呈现多元化发展态势，多种经济成分共同发展，文化企业的规模日渐扩大。

企业集群发展带动作用明显。近年来，广东利用科技及信息化的优势，在新闻出版、广播影视、动漫游戏、文化娱乐、文化产品生产等领域应用高科技，培育了一大批具有示范带头作用的文化领军企业。广东大力发展文化创意产业，推动新媒体、资讯等产业发展，加快发展时尚设计、创意设计、工业设计，打造成为设计师乐园和时尚创意中心。

二、广东文化产业规模效益突出

广东由于得改革开放之先机，文化产业起步较早，实力在全国居于领先地位。2016 年，广东文化及相关产业增加值 4256.63 亿元，同比大幅增长 16.67%，高出全省 GDP 增速约 9 个百分点，占全省 GDP 比重大幅上升到 5.26%，约占全国文化产业总量的 1/7，连续 15 年居全国各省市首位，成为广东国民经济的重要支柱性产业（见表 4–1）。

文化产业结构布局不断优化，质量效益显著提升。广东编制《“十三五”广东省文化发展改革规划》以及《广东省电影发展规划（2015~2020 年）》等系列专项规划来强化规划引导、优化结构

表 4–1　中国各地区文化产业增加值情况

地区	项目	2013 年	2014 年	2015 年	2016 年
北京	文化创意产业增加值（亿元）	2406.7	2794.3	3072.3	3570.5
	占 GDP 比重（%）	—	13.1	13.4	14.3
上海	文化创意产业增加值（亿元）	2500	2833.08	3020	—
	占 GDP 比重（%）	11.5	12	12.1	—
广东	文化产业增加值（亿元）	3011	3552.3	3648.8	4256.63
	占 GDP 比重（%）	4.84	5.24	5.01	5.26
江苏	文化产业增加值（亿元）	2701	3001	3167	3488
	占 GDP 比重（%）	>5	—	>5	—
浙江	文化产业增加值（亿元）	1880.4	2187.8	2490	3200
	占 GDP 比重（%）	5	5.45	5.81	5.8

资料来源：中国经济网。

布局，全省文化产业结构持续优化，高附加值的创意文化产业快速增长。广州做大做强国际演艺交易会，壮大演艺市场，争取更多国内外高水平的文艺院团来穗演出，推进文化展演及文化交易市场的繁荣。广东支持粤传媒等文化企业做大做强，鼓励文化企业兼并重组和上市融资，建立健全出版物、影视音像、动漫游戏等产品交易市场，扩大文化市场的交易规模。深圳大力发展文化产业，2017 年，3 部作品荣获中宣部“五个一工程”奖，深圳蛇口改革开放主题博物馆、海上世界文化艺术中心建成开放，成功举办读书月、“一带一路”国际音乐季等活动。

国家级文化和科技融合示范基地建设加速，发展了一批全国领先的文化新型业态。广东互联网文化产业发展迅猛，涌现一批行业巨头。2016 年，广东网络音乐市场规模为 32.4 亿元，占全国的 60.4%。2017 年，全省演艺设备行业总产值 238 亿元，约占全国 70% 的市场份额。2017 年，全省游戏游艺机营收总额为 154.7 亿元，同比增长 22.3%，占全国市场的 98.5%。

三、广东文化产业创新能力较强

广东推进文化体制改革和现代文化市场建设，做大做强广播影视、演艺娱乐、文化装备制造等文化产业，组建南方财经全媒体集团，媒体融合发展取得新突破。发展数字出版、财经信息、动漫游戏、网络音乐等新兴产业，加强网络版权保护，建设创意文化产业强省。文艺精品创作生产取得新成果，舞剧《沙湾往事》荣获国家文华大奖。

形成以创新为主要引领和支撑的文化产业发展模式。广东创新文化产业发展模式，就是围绕文化产业，抓好以下结合：一是抓好文化产业和资本的结合。产业资本的进入，助力广东文化产业构建起创新的市场体系。二是抓好文化产业和高新技术的结合，给消费者提供更多全新体验的文化产品。珠三角已经成为全球最大的游戏游艺设备生产基地和全球最大的演艺设备生产基地。三是抓好文化品牌和人才的结合。广东鼓励和扶植文化名人打造个人文化品牌，三年时间里先后成立了近 50 个文化名人工作室，对文化人才的成长，起到了很好的推动和示范作用。

加快发展“文化 +”和“互联网 +”推动产业转型升级。广东组建全国首家全媒体集团——南方财经全媒体集团，发展“媒体、数据、交易”三大核心业务，全力建设“中国自贸区信息港”等重大创新项目，打造实力和传播力、影响力强大的财经媒体集团与金融资讯综合服务商。以传统媒体和新兴媒体深度融合重塑产业新格局，“南方 +”客户端 2016 年实现下载量和营业收入“两个 1000 万”，南方财经全媒体集团所属 21 财经 APP 下载量超过 4000 万，稳居全国财经媒体客户端前列。

创新“文化＋金融”。近年来，广东相继组建3只百亿元量级的广东新媒体产业基金、广东南方媒体融合发展投资基金和全媒体文化产业基金以及总规模50亿元的珠影越秀影视文化产业发展投资基金等，为文化产业发展注入强大动能。广东省委宣传部与上海浦发银行签署500亿元投融资额度的《“文化＋金融”战略合作协议》，并在多个领域深度合作。持续推进文化金融合作发展，促成金融机构对全省文化企业累计授信超过2000亿元。

第二节　广东大力推动“一带一路”国际人文交流

在“一带一路”的新形势下，广东文化企业“走出去”取得了显著成效，初步形成了各种所有制文化企业竞相参与的文化出口新局面。广东文化产业实力壮大，外向型发展实现新突破，成为广东财政税收的新增长源以及进出口贸易增长的生力军。广东文化产品和服务出口连续多年居全国首位，约占全国的40%。广东文化贸易出口市场覆盖150多个国家和地区，打造了一批国家级重点文化出口企业和文化品牌。

一、国际文化交流活动异彩纷呈

国际人文交流资源丰富。广东是各国在华设立总领事馆最多的省份，有50多个国家在广州设立了总领事馆。广东已与“一带一路”沿线国家设立了21对友好省州或城市。广东积极推进人文交流合作，促进民心相通。广东省人民政府发布《广东省人民政府关于加快发展体育产业促进体育消费的实施意见》，与“一带一路”沿线国家合作举办“海上丝绸之路大学生体育节”“海上丝绸之路马拉松邀请赛”等赛事和围棋、羽毛球、武术、瑜珈、泰拳等体育交流活动。广东省人民政府发布《广东省人民政府关于促进旅游业改革发展的实施意见》，制定广东与“一带一路”沿线国家和地区旅游交流合作中长期规划。

深化中外文化交流互鉴。广东积极搭建文化交流沟通桥梁，推动文化“走出去”，增进外国民众对广东的认知和了解，深化中外文化的交流和互鉴。广东各地市依托本地文化特色，积极进行国际文化交流与沟通。广东多所高校与国外大学合作成立孔子学院，中山大学分别与菲律宾亚典耀大学、墨西哥尤卡坦自治大学等多所国外大学合办孔子学院，华南师范大学与外方合办孔子学院和孔子课堂，即法国留尼汪大学孔子学院、加拿大高贵林市孔子课堂。

2018 年，广州组织 29 个团组 195 人次赴国外和港澳台开展对外文化交流，重点打造“广州文化周”“我们，广州”等对外文化交流品牌。赴英国、新西兰、墨西哥、德国举办 4 场“广州文化周”活动。以“同根，同源，同发展”为主题，开启系列文化交流活动，举办“2018 穗港澳青少年文化交流季”启动仪式及“‘同根同源同发展’粤港澳大湾区中小学生故事大会”等活动。深化中国（广州）国际纪录片节品牌建设，入选国家文化出口重点项目，成为广东省内唯一一个连续三届获此殊荣的国家文化出口重点项目。

2018 年 3 月，深圳“一带一路”国际音乐季开幕音乐会举行，来自匈牙利、捷克等 14 个“一带一路”沿线国家和地区的音乐家与深圳交响乐团组成的“一带一路”节日乐团，共谱中国人民与海外友人和谐共生、和睦共融的华章，开启了一场跨越 37 天的音乐艺术盛宴，来自近 40 个国家和地区 16 个艺术团体的 700 多位中外艺术家，为深圳观众带来富有多元特色的国际精品演出。

2018 年以来，汕头共实施“走出去”文化交流 22 批次，“请进来”文化交流 4 批次，其中，组织广东（汕头）艺术团在泰国举行了六场巡演，在当地引起热烈反响。广东潮剧院等潮剧团体赴泰国和中国香港地区进行潮剧专场演出，为华人华侨带来原汁原味的潮剧、潮乐、潮艺。举办中国（汕头）—东盟青年华侨经济文化交流营活动，来自泰国等 9 个东盟国家的 14 个代表团参加，加强汕头与东盟潮籍华侨青年领袖、青年企业家的交流，增强海内外潮籍青年华侨对家乡经济、文化等领域的认识和情感认同，推介汕头城市形象、寻找合作发展机遇。

2017 年 4 月和 2018 年 4 月，茂名主办“冼夫人文化海外行”活动，到访马来西亚、新加坡及越南等地，开展冼夫人文化交流展览活动。冼夫人是中国南朝梁、陈至隋朝期间岭南地区的俚族首领，致力于维护国家统一，坚持民族团结，促进汉俚融合，推动俚人社会的文明进程，对于促进岭南社会、经济、文化的发展起到了重要作用。据历史记载，冼夫人管辖范围包括今两广、海南、越南北部、老挝北部、缅甸北部在内的广袤地区，涵盖了“一带一路”的许多地域。

拓展对欧国际文化传播。广东加强与欧洲国家的文化交流，拓展对欧国际文化交流合作。2017 年 7 月，广东省委宣传部主要领导带队赴俄罗斯莫斯科、德国柏林和汉堡、比利时林堡省和布鲁塞尔成功举办“感知中国—广东文化欧洲行”、“一带一路中国（广东）品牌世界行”及“一带一路”中国—欧盟地区形象塑造论坛等大型活动，顺利签订系列协议，推动政府、企业与对象国的全面合作，有效拓展对欧国际传播工作网络。

推进与东南亚国家文化往来。广东密切与东南亚国家在文化、体育、旅游等领域的人文交流合作，积极组织和参与国际文化交流，在新加坡、马来西亚、缅甸、泰国举办“东盟—中国广东文化周”活动。广东艺术团赴东盟国家进行“广东文化丝路行”品牌系列展演活动。珠海赴泰国曼谷举行旅游推介会，与马来西亚新山市开展两地青年的系列交流活动。东莞加强与东南亚国家的旅游合作，宣传推介特色文化旅游资源，积极举办体育交流活动，成功向亚洲田联申办 2017 年、2019 年两届亚洲马拉松锦标赛主办权。潮州支持泰国曼谷市图书馆建设，赴印度尼西亚参加国际潮团联谊年会，促进与东南亚国家旅游产业合作。

推动粤港澳文化交流合作向纵深化发展。作为国家唯一的对港澳文化交流基地，广东切实落实粤港、粤澳合作框架协议，主动与港澳签订《粤港澳文化交流合作发展规划（2009~2013）》《粤港澳文化交流合作发展规划（2014~2018）》，进一步夯实粤港澳文化交流合作机制，确保全面、深度、持续、创新合作，促进粤港澳公共文化服务一体化、服务贸易自由化发展。鼓励与支持文化艺术、文物博物、文化创意等领域的社会组织、行业机构与港澳相关团体和协会建立合作关系。

粤港澳地缘相近、人缘相亲、文化同宗，广东与港澳文化交流规模占据内地各省总量近一半。在对港澳文化交流合作工作稳步推进的整体框架下，广东对港澳文化交流呈现“百花齐放”的态势。利用国际博物馆日、世界读书日、香港艺术节、澳门国际艺术节等文化节庆活动，三地不断增强公共文化服务合作。面向不同受众，三地合力打造了多层次的品牌活动。以文化同源为主题，三地联合推出了大型舞蹈诗《清明上河图》、现代舞《情书》、粤港澳文物大展如“东西汇流”“海上瓷路”“岭南考古成果”等一批精品展览。

“粤港澳青年文化之旅”截至2018年已举办10届，文化交流的深度与广度得到不断拓展。“2018粤港澳青年文化之旅”于 7 月在澳门启动，活动以“侨韵新风　大美客家”为主题，强化创新策划，聚焦地域文化，注重深度体验，突出时代之旅。三地青年学生在 10 天的行程内先后走进澳门、香港特区和广东深圳、梅州、河源、惠州，通过实地考察、观看演出、现场互动、开展座谈等形式，近距离接触先进文创企业、学唱客家山歌、练习操作提线木偶、学习汉剧水袖基础知识等，深入感受客家文化，体会科技创新，相互学习借鉴，很好地促进了三地青年的文化交流，以文化艺术为媒介让三地青少年展现才情才智，增进了三地青少年对祖国传统文化的理解和对中华民族的认同。

二、文化产业国际知名度日益提升

近年来，中国国际影响力日益增强，特别是“一带一路”倡议重要理念得到国际社会广泛认同。“一带一路”已经成为当代中国最亮眼的国际合作文化符号，互联互通、合作共赢的“一带一路”文化精神获得广泛赞誉。广东作为“一带一路”“21世纪海上丝绸之路”建设排头兵，在文化产业方面的国际知名度也在不断提升。

精品文化品牌打响国际知名度。广东推动文化产业融合发展，精品文化品牌打响国际知名度。天河作为广东唯一国家文化出口基地，形成了以网游动漫、信息服务、创意设计等新兴文化创意产业引领发展，图书批零、印刷、演出、影视等传统文化娱乐业辅助发展，“文化＋金融”“文化＋科技”“文化＋商贸”等文化与其他产业融合发展的大格局，走向世界舞台。除了培育外向型文化企业外，天河还创新文化内容和文化“走出去”模式，把更多具有中国和广东特色的优秀文化产品推向世界。为了加快文化“走出去”，天河以一批精品文化交流品牌，在国际上打响了知名度。多年来，天河举办广州乞巧文化节，2011~2016年共吸引游客超过300万人次，国际国内媒体宣传覆盖人数过亿，在中国乃至东南亚地区形成了广泛影响。

外宣平台建设提升国际影响力。广东主要媒体开辟国际频道或海外版、英文网站，旨在向在粤外国人及国外受众宣传广东，用“世界语言”讲好广东故事，唱响广东声音。广东国际频道目前覆盖欧洲、北美洲、中南美洲、南非、亚洲以及大洋洲播出。珠江频道（香港版）在香港电讯盈科nowTV537台、香港有线29台播出，覆盖香港240万户电视用户。广东广播电视台除了制作英文广播节目之外，还出品视频、微信、H5等新媒体产品，节目通过英国Badbock Media Service（巴布克科媒体服务有限公司）、广东广播电视台下属广播及电视频道在国内外落地，率先开通英文网站及APP；栏目多年以“走出去”为目标，积极开拓与英国广播公司BBC、澳大利亚广播公司ABC、日本广播协会NHK等外国主流媒体的合作；与BBC联合制作反映广东中学生精神面貌的《我们下一代》特别节目，与ABC合办反映广东经济社会文化发展新变化的《直通广东》两台直播节目，《双语新闻》参与NHK亚洲新闻交换网等。

南方日报海外版着力加强国际传播能力建设，优化战略布局，已落地海外27家媒体，实现全球发行，遍布五大洲十多个国家各大主要城市，成功打造《今日广东》《南粤侨情》《中医养生》品牌，建成海外华文媒体合作落地版面、国际供稿中心等平台矩阵，打通线上线下，促进双向互动，提供多元优质服务，成为广东领先的外宣旗舰媒体。海外版生产了一大批脍炙人口的新闻作品，连续5年获得中国新闻奖，在业界和海内外广受好评。2016年3月，由广东省政府新闻办指导、南方报业传媒集团承建的“今日广东”国际供稿中心上线运行。这是中国第一家由省级媒体建设的国际供稿中心，重点面向海外媒体等提供多媒体新闻信息产品，多渠道扩大广东国际传播影响力。截至2018年5月，“今日广东”国际供稿中心共有60多家用户，覆盖海外主要媒体用户，数量还在不断增加之中。南方日报英文网于2003年10月正式开通上线，目前拥有一网、一刊、一微及三个海外媒体客户端组成的多个移动互联网传播平台，日均流量在20万左右，从登录的IP地址看，共有来自180个国家和地区的读者浏览过英文网。英文网已经成为中国十大英文新闻网站之一，是广东对外发声的第一渠道和世界了解广东的第一窗口。

第三节 广东文化产业国际合作成效显著

一、对外文化贸易

对外文化贸易是国际贸易的有机组成部分，是“一带一路”建设的重要纽带。近年来，广东文化“走出去”稳步增长，成绩突出，文化产品出口年均增长约20%，初步形成完备的文化出口体系，培育了一批重点文化企业和文化出口品牌。其中入选国家2017~2018年度文化出口重点企业31家，入选重点项目2个，广州天河区成功申报国家文化出口基地。2017年，广东文化产品进出口总额为437.6亿美元，其中，文化产品出口420.4亿美元，进口17.2亿美元。全省有出口业绩的文化企业共13257家，有进口业绩的文化企业有4235家。

文化出口产品较为完备。广东文化产品出口覆盖160多个国家和地区，前四位出口文化产品的贸易伙伴依次为美国、中国香港地区、欧盟、东盟，前四位出口贸易伙伴的贸易总和占比78.6%，其中，美国占比31.2%，中国香港地区占比23.3%。对“一带一路”沿线国家和地区出口66.94亿美元，同比增长28.5%，进口1.16亿美元。广东在出版、动漫游戏、创意设计、文化设备制造等领域培育了一批具有国际竞争力的重点出口企业和品牌，仅游戏业出口营收就达176亿元，出口100多个国家和地区。UC浏览器服务150多个国家和地区，海外用户超过1亿。YY着力开拓海外视频直播市场，旗下基于移动终端的音视频实时互动应用BIGO LIVE上线后成为泰国ISO免费下载总榜第一名。

文化会展交易平台逐步健全。2018年，第十四届中国（深圳）国际文化产业博览交易会在办展规模、质量效益和影响力等方面取得了明显成效，市场化、专业化和国际化水平进一步提升。本届文博会主展馆、分会场及相关活动总参观人数 733.26 万人次，比上届增长 10.08%。实质性成交 2338.15 亿元，比上届增长 4.43%，比 2004 年第一届文博会增长 7 倍。其中，合同成交 2238.57 亿元，零售及拍卖成交 99.58 亿元。出口交易金额 176.972 亿元，同比增长 7.35%。亿元以上出口交易项目 23 个，如深圳华夏动漫科技有限公司与日本世嘉株式会社签订 VR 游戏内容及设备出口合约 1.05 亿元。主要出口国家和地区除港澳台外，以新加坡、日本、韩国、德国、美国等为主，主要出口产品为陶瓷、家居饰品、装饰画等工艺美术品以及影视、动漫、游戏等内容产品。其中，“一带一路”沿线国家和地区出口总额为 137.38 亿元，占文博会出口总额的 77.63%，比上届增长 34.89%。

2017 年“南国书香节”仅主会场参展的图书、文创产品就高达 30 万种。2017 年广东国际旅游产业博览会总展览面积 9 万平方米，入场人次 50 多万，签约合同金额 789 亿元。

珠三角成为广东文化出口的主要地区。广东出口文化产品地区主要集中在珠三角地区。出口排前五的市分别是深圳、广州、东莞、佛山、珠海，五个市出口总量占比达 81%，进口文化产品地区也基本集中在深圳、广州、珠海、东莞、佛山，五个市进口总量占比高达 91.3%。

其中，广州是国家服务贸易创新发展试点城市、中国服务外包示范城市，文化底蕴深厚，文化服务、动漫创意设计、数字制作等文化产业国际化发展迅速。2016 年，全市文化产品出口 12.67 亿元，同比增长 10.62%。文化服务、计算机和信息服务出口 19.23 亿美元，占全市服务出口的 12.58%。文化类企业赴境外投资中方协议投资额 7.3 亿美元，占全市的 13.82%。广州天河区文化贸易发展基础扎实，文化产业创新驱动效应突出，具有较强的文化贸易集聚、引领和辐射力。2016 年，天河区文化创意产业实现增加值 283.5 亿元，占 GDP 比重的 7.46%，占全市文化创意产业增加值的 29.7%，居全市第一。全区文化创意企业近万家，规模以上文化创意企业共 344 家，从业人员 6.1 万人。

文化用品和出版物出口持续增长。广东文化用品和出版物出口呈现持续正增长。广东省出版集团有限公司是全国第一家成立集团的出版改革试点单位，自 2007 年起，连年被国家商务部、文化部、新闻出版广电总局等部委评为“国家文化出口重点企业”。该集团发挥广东毗邻港澳独特的地缘、人缘、语缘、商缘优势，倾力推进出版文化“走出去”工程，不断扩大出版粤军的海外影响力。10 年来，向全球 30 多个国家和地区输出图书版权 1500 多项。《少年文摘》连续 10 年夺得新加坡进口华文期刊发行量冠军，创造了中国期刊“走出去”的成功模式。2017 年，服务出口创汇 69.37 万美元，其中，集团所属出版社版权输出创汇 1.89 万美元，涉外光盘加工印制服务创汇 67.49 万美元，全年产品出口创汇 303.43 万美元。2017 年，集团所属出版单位正式签约版权输出项目共 235

种（不含港澳台地区），创历史新高。版权向欧美发达国家的输出总量迅速增长，占全年输出总量的 35%，同时，呈现出向“一带一路”国家转型的势头，俄罗斯、土耳其、泰国等“一带一路”国家占全年输出总量的 58%。

案例十三：广东教育出版社《我的家在中国》丛书实现多版本输出

广东教育出版社是南方出版传媒股份有限公司所属综合性出版社，是广东唯一一家一级出版社，中国百佳出版单位。近年来，广东教育出版社树立精品意识，着力加强内容建设，深化国际交流合作，努力实现高质量发展，服务“一带一路”国际合作，大力推动中国出版“走出去”，推出更多外国读者喜爱的图书精品。

- **出版全方位介绍中国读物**

广东教育出版社的《我的家在中国》（对外版权又名《美丽中国之旅》）于 2016 年出版（见图 4–2），是一套专门讲给孩子们听的“中国故事”，分山河、湖海、节日、民族、城市、道路六大系列，全方位介绍中国，展现真实、立体、全面的中国。丛书将“自然中国”“文化中国”“当代中国”三个方面作为维度，致力于为青少年呈现一个立体而厚重的中国。在物质层面，中国有壮阔的山川河流、秀丽的湖泊海洋。在精神维度，又有独特的语言文字、传统的习俗文化。中国之美，不止于地大物博、精彩纷呈之静止美，更有蕴含着数千年文明源远流长、奔腾不息的动态之美。

丛书是广东教育出版社的重点图书。广东教育出版社深耕的主线是为孩子的成长打上中华传统文化的底色，培养新时代爱阅读、具有探索和创新精神的青少年。

截至 2018 年 8 月，丛书已经输出了繁体字版、英文版、俄文版和老挝文版。目前，繁体字版和英文版已经出版，俄文版将在 2018 年 9 月的莫斯科国际书展上举行首发仪式。丛书引起西班牙出版机构的兴趣，西语版权将输出到西班牙和南美西语地区。

图 4–2　《我的家在中国》图书

- **入选广东文化欧洲行**

2017 年 7 月，“2017 感知中国·广东文化欧洲行”在比利时布鲁塞尔举行。来自欧洲议会、欧盟各国、中国驻欧盟使团的代表以及比利时各界人士会聚论坛。广东省出版集团特意向与会嘉宾介绍了由英国帕斯国际出版公司（Paths International Ltd）出版的《我的家在中国》英文版（见图 4–3）。

在“一带一路”中国—欧盟地区形象塑造论坛上，南方出版传媒的负责人设置了一个互动环节，观众可以从精品图书展中挑选自己喜欢的书带回，《我的家在中国》英文版受到了与会人员的欢迎。

此外，在 2017 年 7 月，在“2017 感知中国·广东文化欧洲行”活动的首站莫斯科中国文化中心，广东教育出版社与俄罗斯科学出版集团签署了丛书俄文版的合作出版意向书。

图 4-3 推介《我的家在中国》英文版

● **成功合作出版丛书老挝文版**

2017 年 10 月，老挝国家图书出版发行社社长一行到达广东，广东教育出版社接待了老挝的同行朋友。经过近半年的沟通，老挝国家图书出版发行社与广东教育出版社敲定了合作出版《我的家在中国》丛书老挝文版的事宜。老挝国家图书出版发行社为此专门与广东教育出版社探讨这套书的翻译和出版工作，双方组织了由中国和老挝两国的翻译者组成的团队来共同完成了丛书的翻译。

文化新型业态产品出口成为新亮点。近年来，广东以网络游戏、动漫等为代表的文化新型业态产品和服务成为出口市场的亮点。广东网络游戏企业通过成立海外运营部门，吸引海外开发、运营人才，开展自主研发。广州网易计算机系统有限公司、珠海金山软件公司、深圳中青宝互动网络股份有限公司、广州菲音信息科技有限公司、深圳第七大道科技有限公司等企业相继实现了网络游戏产品“走出去”。

重点企业和品牌项目不断涌现。广东培育了一批重点文化出口企业和文化品牌，文化出口产品科技含量和附加值不断提高。深圳华强文化科技集团股份有限公司向伊朗、南非、乌克兰等国家成套出口大型文化科技主题公园，公司研制的环幕 4D 电影系统输出到美国、加拿大等 40 多个国家和地区。广州市杂技艺术剧院有限责任公司创作的杂技剧《西游记》在国外签约演出达 150 场。

二、对外文化投资与服务

对外文化投资是广东文化产业“走出去”的客观要求。近年来，随着广东经济结构调整和转型升级，文化产业得到越来越多的重视，企业对外文化投资逐年增多。广东采取多种方式提供对外文化服务，帮助文化企业开拓国际市场，提升广东文化产业对外知名度。

完成多项规格高影响大的涉外文化项目。广东大力推动文化企业“走出去”，完成了多项规格高、影响大的涉外文化项目，文化产品及文化服务的竞争力显著增强。在改革开放不断深入推进的大背景下，借助“一带一路”整合海外市场的东风，广东文化企业积极开展境外并购。2017 年，奥飞娱乐以 1.06 亿元收购韩国动漫企业 FunnyFlux60.02% 的股权。

游戏产业对外投资蓬勃发展。广东游戏产业“走出去”势头逐年高涨，成为广东文化产业“走出去”主力军之一。目前，广东已有一批游戏企业在境外开发资源，设立分公司、研发中心和销售网络，充分利用境外资源，拓展国际市场，业务遍及东南亚、欧美等国家和地区。其中，华立科技是游戏机制造行业的龙头企业，业务范围遍布泰国、越南、马来西亚、印度尼西亚、缅甸、老挝、柬埔寨等众多“一带一路”沿线国家。

提供对外文化综合服务。深圳文化产权交易所以“文化对接资本、交易创造价值”为经营理念，与中国（深圳）国际文化产业博览交易会紧密结合深度互动，旨在打造面向全球的文化产权交易平台、文化产业投融资平台、文化企业孵化平台与文化产权登记托管平台，促进重大项目、创新型项目、“文化 + 科技”等项目的产权交易和文化进出口贸易。文产商城广东发展服务中心作为深圳文化产权交易所旗下国家级平台，致力于运用互联网技术推动文化和金融的融合，帮助中国文化企业开拓海外市场，促进文化产业海外投资，加快文化资产领域走向世界步伐。

充分发挥广东文化周品牌效应。“广州文化周”品牌自 2016 年底创立迄今，已十数次走出国门以文会友，数十次上演“广州时刻”。以开展粤剧、广东音乐曲艺等岭南文化精品剧目的巡演、组织“许鸿飞雕塑世界巡展”赴意大利、德国、哥伦比亚等国家开展系列雕塑展览等形式对外进行文化交流。

全力办好深圳文博会。2018 年 5 月，第十四届中国（深圳）国际文化产业博览交易会在深圳会展中心顺利召开，广东展团荣获“优秀展示奖”和“优秀组织奖”。广东团主展位以广东文化产业具有代表性、先进性、创新性和影响力的“走出去”文化产品和服务为基本元素，围绕“文化 + 创意”“文化 + 科技”“媒体融合发展”等主题，集中展示广东文化产业发展取得的重要成果及特色、亮点，全面呈现广东文化产业发展的新优势。本届文博会围绕庆祝改革开放 40 周年和“一带一路”倡议等内容，集中展示中国文化体制机制改革成果和文化产业发展成就。文博会参展单位 2308 个，全国 31 个省、区、市及港澳台地区全部参展。国外参展单位 130 个，来自 42 个国家和地区。文博会深化文化产业国际合作，推动“一带一路”文化产业繁荣发展。

举办“海上丝绸之路”相关展览。2017 年 6 月，由国家文物局主办，广东省博物馆与汉堡国际海事博物馆精心组织策划的《东西汇流——13 至 17 世纪的海上丝绸之路》展览在德国汉堡举办。展览作为庆祝中德建交 45 周年系列文化活动重点项目，于 2017 年 5 月“中德高级别人文交流机制第一次会议”签署展览协议，值汉堡 G20 峰会期间展出。展览会聚多家文博单位馆藏，向德国与欧洲民众再现古代海上丝绸之路的发展与繁荣，谱写海上丝绸之路新篇章，深化中德文化交流与合作，促进东西方文明交流互鉴。

促进青年学者与青少年文化交流。广东省文化厅承办文化和旅游部主办的“2018 青年汉学家研修计划”，通过集中授课、专业研修、现场考察、讨论交流等形式，让海外青年学者更加客观、深入、全面地了解中国、了解广东。为深入打造青少年文化交流品牌，创新青少年交流理念，近年来，广东省文化厅积极培育“广东国际青年音乐周”“广东现代舞周”“连州国际摄影年展”等对外文化交流品牌。

后 记

“一带一路”倡议提出 5 年来，“一带一路”建设逐渐从理念转化为行动，从倡议变为共识，从愿景成为现实，取得巨大成就，对世界格局产生了深远影响。

《广东企业“一带一路”走出去行动报告 2018》编写工作得到了各界支持。感谢广东省委宣传部（省人民政府新闻办）领导的关心指导，感谢广东省发改委、商务厅、国资委、经信委、科技厅、文化厅、旅游局、贸促会等省直部门，以及广东省 21 个地级以上市相关部门提供的有效协助。本报告中的数据均来自以上省直部门及各地市官方网站，在此一并致谢，不在报告中一一列出了。报告编写组本着严谨负责的精神，多方收集数据资料，精心挑选案例，进行广泛论证，历经多次修改，直至定稿。

虽然编写组做了大量工作和不懈努力，但由于时间和精力所限，报告可能仍有纰缪之处，期盼各界人士批评指正。

如果需要对报告进一步了解或探讨，请联系报告主编：张金城（国务院国资委研究中心研究员，zhangjincheng@sasac.gov.cn），副主编：傅帅雄（北京大学光华管理学院副研究员，fsx110@gsm.pku.edu.cn），郭周明（《国际贸易》杂志社社长，guozhoumingpku@hotmail.com）。

报告编写组

2018 年 9 月

声明：报告以中文和英文两种语言发布，报告编写组力求两个版本的高度一致。如果两个版本的个别内容出现不一致，则以中文版本发布的内容为准。

Chapter 1 The Belt and Road Initiative in a New International Environment

The launch of the Belt and Road Initiative (hereinafter referred to as "the Initiative") is an important strategic decision made by the Chinese government in facing the multilateral trends and economic globalisation, with an aim to balance the domestic and international development, as well as to promote the global free trade system and an open world economy.

The Initiative advocates peace, development, cooperation, and win-win trends of our times. It is a centennial blueprint that transcends the past and present, bridging the land with the sea routes with a global outlook. It has drawn great attention of the international community, and many countries have responded in a positive and active manner.

This year witnesses the fifth anniversary of the launch of the Initiative. In the past five years, the Initiative has transformed from a concept into action, from an initiative into consensus, and from vision into reality. It has not only reaped eye-catching achievements, but also exerted a great influence on world order.

The achievements of the Initiative include: greatly enhancing political communication between participating countries; upgrading connectivity of facilities; streamlining trade; easing financial integration, and helping people of different countries better understand each other.

By means of diversified approaches of cooperation, the Initiative has adapted to the political, economic, social and cultural differences among participating countries. The Initiative has benefited those countries greatly in the process. The international community has come to realise that the Initiative not only contributes to economic development and regional cooperation, but also strengthens cultural exchanges and promotes mutual development and world peace. It is a great undertaking that benefits people all over the world.

1.1 The Belt and Road Initiative has Embraced New Opportunities

The Initiative is in line with the trends of global development. It represents the common interests of different countries, and it is a forward-looking new consensus among co-operating international communities. It is a beautiful vision of the participating countries to build a community with a shared future for mankind. It is proven that the Initiative, which transcends time and space, past and present, embraces a brighter future.

1.1.1 World Economy in Urgent Need of New Growth Drivers

The world economy is still in depth of adjustment after the international financial crisis. The old development patterns have been broken, while a new momentum for growth and new patterns are yet to emerge. The recovery of the world economy still has a long way to go. Global economic growth still lacks momentum, while management remains stagnant, and development is imbalanced. The problems have become increasingly acute. International communities are calling for a more inclusive and equal governance system, and a model of international cooperation, in the global economy.

Although economic globalisation and regional economic integration are still the mainstream of the world, low expectations of the world economy have prompted populism and ultranationalism characterized by an opposition to globalisation, free trade and regional integration. This has created a great impact on the original world economic governance system. In want of market demand and for lack of the support of technological innovations, the world economy is in urgent need of a new growth momentum. As the biggest developing country in the world, China has transformed itself, from a participant in the economic globalization, to a contributor and also a leader. China has provided, and will be providing, more public products, while promoting the process of globalisation to be more energetic, more tolerant and more sustainable.

The Initiative has offered a new concept for world economy. It focuses on cooperation and understanding, as well as regional integration. It aims to protect the global free trade system and an open world economy. It has not only renovated the model of international economic cooperation, but also helped make economic globalisation more inclusive, open and mutually beneficial.

The Initiative is built on the principles of mutual consultation, construction and benefit. It aims to meet new challenges of the world economy, together with the international community. It is a win-win solution put forward by China to the world in building a community with shared benefits, future, and responsibilities, by offering mutual political trust, economic integration and cultural inclusiveness.

The Initiative advocates peace and development, cooperation and a win-win concept. It is based on the principals of sharing responsibilities and benefits, which fits the genuine wishes and pursuits of different peoples in the world. It puts forward five methods to realise the goals of mutual development and prosperity. These are: policy coordination, facilities connectivity, unimpeded trade, and financial integration. The Initiative promotes a healthy development of economic globalisation and offers a new concept for perfecting the management of global economy.

The Initiative provides the world economy with a new momentum. It accelerates the flow of production factors by facilities connectivity and capacity cooperation. It boosts the rejuvenation of world economy by upgrading the quality of production factors. It helps the world economy to regain its balance by optimising the allocation of resources in the global sphere. It helps the economic globalisation to become more balanced, more inclusive and mutual beneficial.

China's production capacity and high-end equipment are complementary to the industrial demand of countries and regions along the Belt and Road. It not only provides efficient supply, but also promotes the industrialisation and technological development of developing countries. By way of facilities connectivity, the Initiative has paved easier paths for trade and investment. Those developing countries along the Belt and Road are given opportunities to participate in the distribution of world economy and upgrade their industrialisation. In this way, global industrial chain, value chain, supply chain will be operating in a more efficient fashion, making development equal, efficient and synergistic.

In the past five years, China's direct investment in the countries along the Belt and Road (the Silk Road Economic Belt and the 21st Century Maritime Silk Road) has exceeded 70 billion US dollars, with an annual growth rate of 7.2%. The total value of newly signed contracts with those countries has reached more than 500 billion US dollars, with an annual growth rate at 19.2%. The total trade volume of China with those countries is registered above 5 trillion US dollars, with an annual growth rate of 1.1%. This is a remarkable achievement made at a time when the world trade is on the down slope, with a negative growth rate.

The Initiative offers the world economy a new mechanism. It means opportunities and a new platform, where developing countries can equally participate in regional economic cooperation, which helps to form a fair and rational international economic order. At present, reforms of the global governance system, trade and investment regulations and the financial governance system are stagnant. They are slow in reacting to new demands and new challenges, thus impeding economic globalisation to develop in a healthy way.

Although many regional cooperation mechanism claim they are open, their high standards and thresholds have kept developing countries outside their regional cooperation systems. Actually, they are not open in nature. The Initiative does not set any rigorous threshold rules. Instead, it is based on the principals of mutual consultation, mutual construction and mutual benefits. It puts developed countries and developing countries on an equal basis, encouraging all parties to participate based on their free will. This is an open system in a real sense.

The Initiative is complementary to the current global economic governance system. It provides more opportunities for the emerging markets and developing countries to participate in managing the global economy, pushing the international order to become fairer and more rational. In this way, the emerging markets and developing countries will have a better say and can be better represented. The Initiative sticks to the principles of multilateralism, openness and development, and opposition to protectionism in any form. It promotes the prosperity of global economy by strengthening international trade and investment in countries along the Belt and Road.

1.1.2 Expanding Regional Cooperation by Building a Free Trade Zone Network Along the Belt and Road

The Initiative aims to enlarge the open markets of participating countries, while facilitating trade and investment. This will enable policy making on international economic and trade regulations to be fairer and more rational.

A free trade zone network has been established in a preliminary form. Since the Initiative was put forward, China has sped up in building free trade zones in countries along the Belt and Road. This facilitates trade and investment, while deepening economic and trade cooperation in a more extensive scope and to a higher level. A network of high-standard free trade zones has emerged, whose roots grow deep in China's neighbouring countries, which covers countries along the Belt and Road, and which stays open to the whole world.

At present, China has signed free trade agreements with the Republic of Korea, Australia, Pakistan, ASEAN, Singapore, and Georgia. The protocol for the upgrading of the free trade area with the ASEAN has taken effect and is now in implementation.

China is actively pushing for an agreement on Regional Comprehensive Economic Partnership (RCEP). Meanwhile, negotiations on free trade zones are being carried out among China, the Republic of Korea and Japan. China is also negotiating with Israel, Maldives, Sri Lanka, and Gulf Cooperation Council on free trade. Many other countries and regions are doing feasibility studies on free trade, together with China. The trade volume, investment and cooperation between China and countries along the Belt and Road have been scaling up, with a win-win situation shaping up for all. In the first half of 2018, the volume of import and export between China and countries along the Belt and Road had reached 605.02 billion US dollars, an increase of 18.8% over the same period last year.

Overseas economic and cooperation zones are prospering. They are important platforms for international cooperation in the areas of production capacity and equipment manufacturing. In the past five years, Chinese enterprises, by following the market-oriented operation mode, have established a total of 82 overseas economic and cooperation zones in countries along the Belt and Road. This has been achieved based on self-development needs of Chinese enterprises, while taking into account of the developing strategies, resources, and market demands of the participating countries. A total of 28.9 billion US dollars has been invested in those overseas economic and cooperation zones. Approxiamately 4,000 companies have moved into the zones, turning over a total of 2.01 billion US dollars in taxes to the host countries, with 244,000 jobs created.

Those cooperation zones have different focuses and priorities, such as processing and manufacturing, resource utilisation, agricultural industry, business logistics, scientific research and comprehensive development. This has played an important role in helping Chinese enterprises develop themselves overseas as a group. It has not only helped upgrade industries of participating countries, accelerate their industrialisation, but also exerted a positive influence on their economic and social development. The group advantages of overseas economic and cooperation zones have made the Belt and Road one of the most active regions in global economic cooperation.

Key projects are pushing ahead aggressively. Facilities connectivity is a priority in the implementation of the Initiative. In the past five years, construction of efficient and smooth international passageways has been accelerated.

In terms of railways, the constructon of many railways overseas has been completed so far, such as Mombasa - Nairobi Standard Gauge Railway and Addis Ababa–Djibouti Railway. Those under construction include China–Laos Railway, China–Thailand Railway, and Hungary–Serbia Railway. Construction for the high–speed rail in Indonesia connecting Jakarta and Bandung has now started in an all–round way.

In terms of highways, endeavors have been made to start the construction of key projects such as two major highways in the China and Pakistan economic corridor, and the highway bridge on the border between Heihe City in China and Blagoveshchensk in Russia.

In terms of sea transportation, there has been participation in both construction and operation of 42 sea ports in 34 countries, such as Port of Piraeus in Greece, Port of Hambantota in Sri Lanka, and Gwadar Port in Pakistan. Among them, the second phase of the project of Port of Hambantota has been accomplished; more than half of construction of the Colombo Port, Sri Lanka is already half completed, and Port of Piraeus has been built into an important hub for transshipment.

The China–Myanmar crude oil pipeline has already been put into use. This has made it possible for crude oil to be transported from the Indian Ocean into China. The compound China–Russia crude oil pipelines are under construction as scheduled.

By the end of August in 2018, China–Europe freight trains have made over 10,000 trips, reaching 42 cities in 14 countries. A total of 356 international passenger and cargo transportation routes have been newly established. An additional 403 international air routes have been created, making direct flights possible to 43 countries along the Belt and Road, with some 4,500 scheduled direct flights every week.

1.1.3 The Mechanism for Supporting International Cooperation is Maturing

The Initiative accords with the theme of our times—world peace and development. It meets the actual demand of countries along the Belt and Road to enhance cooperation. Therefore the Initiative has become one of the most popular of its kind in terms of international cooperation.

The concept of cooperation has won people's support. With international cooperation as its essence, the Initiative has created a favorable atmosphere in the international communities to make joint efforts in the Initiative projects. The Initiative and its essential concepts have been incorporated into documents of such important international organisations as the United Nations, G20, Asia-Pacific Economic Cooperation (APEC), and the Shanghai Cooperation Organisation (SCO). The UN A/71/9 Resolution has for the first time had the Belt and Road Initiative written into its report, urging all parties to strengthen Afghan and regional economic development by way of the Initiative and others, appealing to the international community to provide a secure environment for the development of the Initiative. This resolution has won unanimous support of the 193 countries attending the meeting, which shows widespread support from the international community.

Strategic alignment continuously strengthening. The Initiative has aligned with Russian Eurasian Economic Union, Indonesia's Global Marine Fulcrum Development Plan, Kazakhstan's Bright Road Economic Development Strategy, Mongolian Grassland Road Initiative, the European Commission's Investment Plan for Europe, Egypt Suez Canal Corridor Development Plan, and other development strategies. They have either reached, or are about to reach the consensus among each other. The Initiative has been promoting on a full scale six economic corridors, including the China-Mongolia-Russia economic corridor; the New Eurasian Continental Bridge; economic corridors connecting China-Central Asia-West Asia; China-Indochina; China-Pakistan; and Bangladesh-China-India-Myanmar.

Meanwhile, China has drafted strategic plans with relevant countries, including Greater Mekong Subregion Transportation Strategy (2030), Central Asia Regional Economic Cooperation Railway Development Strategy (2030), China-ASEAN Transportation Cooperation Strategic Planning, China-Pakistan Economic Corridor Transportation Infrastructure Planning. More than 100 countries and international organisations have signed agreements with China in jointly building the Belt and Road.

Financial support systems continue to improve. China has created a stable financing environment for the Belt and Road Initiative, by strengthening financial cooperation, and facilitating currency circulation and finance intermediation. A total of 87 countries have now become members of Asian Infrastructure Investment Bank. It is determined to develop in the direction of a new type of multilateral development bank, which is professional, efficient and clean. It is useful and complementary to the current international finance system.

By June 2018, Asian Infrastructure Investment Bank has launched 28 projects in 13 countries, and has received the highest credit ratings by three international rating services. The Silk Road Fund, of 40 billion US dollars, has financially supported relevant countries in terms of infrastructure, resources development, and industrial and financial cooperation and. By June 2018, China has established payment and settlement systems in seven countries along the Belt and Road. Altogether 11 Chinese banks have set up a total of 71 primary institutions in 27 countries along the Belt and Road.

The connection between people steadily intensifies. China has set up "Silk Road" Chinese Government Scholarship, and put forward the green development international association initiative. The Belt and Road Initiative has opened its own official website, offering content in all six UN official languages.

Such comprehensive expos as China–ASEAN Expo, China–South Asia Expo, China–Eurasia Expo, Canton Fair, and Xiamen Investment and Exchange Conference have continuously expanded their influence. Cultural exchanges and cooperation in multiple tiers and areas have brought opportunities for people along the Belt and Road in terms of communications, trade and business, culture, education, and travel, promoting cultural integration and innovation, as well as mutual learning among different countries.

1.1.4 The Guangdong–Hong Kong–Macao Greater Bay Area Construction Elevated to National Strategy

In July 2017, Guangdong provincial government signed a framework agreement with the National Development and Reform Commission, and Hong Kong SAR Government and Macau SAR Governments, promoting the development of the Guangdong–Hong Kong–Macao Greater Bay Area (hereafter referred to as the Greater Bay Area). The Greater Bay Area comprises of Guangzhou, Shenzhen, Zhuhai, Foshan, Zhongshan, Zhaoqing, Dongguan, Huizhou, Jiangmen, Hong Kong SAR and Macao SAR. It covers an area of 56,500 square kilometers, with a population close to 70 million and a total economic volume of 1.4 trillion US dollars. The construction of the Greater Bay Area was written into the Report of the 19th National Congress of the Communist Party of China, and thus rose to national strategy. The above shows that the Party and the state have high expectations for its leadership in a new round of reform and opening up. This has provided unprecedented historic opportunities for the Greater Bay Area in terms of opening up, innovation and development.

Developing the Greater Bay Area has significant importance in coordinating the development among Hong Kong, Macao and Chinese mainland, as well as regions in East, Central and West China. In the east, the Greater Bay Area is connected to Western Taiwan Straits Economic Zone; in the west, Beibu Gulf Economic Zone; in the south, Southeast and South Asian countries; and in the north, the Yangtze River Economic Belt. The Greater Bay Area is a key point of the 21st–Century Maritime Silk Road, which will play an important role in the strategic pattern of China's opening up to the outside world. The Area has outstanding advantages in scientific and technological innovations, financial resources and human resources. It will have a positive impact on the neighbouring Pearl River and Xijiang River Economic Belt, and further influence regions in Central South China and Southwest China, coordinating the economic development in regions of Central and Western China.

In the governments of Guangdong Province, Hong Kong SAR and Macao SAR have actively carried out explorations as to how to renovate the systems in order to facilitate the flow of human resources, logistics, finance and information in an orderly fashion, within the framework of the "One Country, Two Systems" principle and in the context of three different tariff regions. With the integration of markets in the Greater Bay Area, it may eventually become an international hub of scientific and technological innovation, finance and shipping, exerting a global influence.

Included in the development plans of the Greater Bay Area is the acceleration of facilities connectivity. In other words, when Guangzhou–Shenzhen–Hong Kong High Speed Rail is completed for operation, and Liantang / Xiangyuanwei Port is opened, major cities in the Greater Bay Area can be reached within one hour. The plans aim to enable people living in the Area to enjoy a high quality of life, with comfortable housing, satisfactory jobs and attractive tourism.

The plans aim to renovate the Customs clearance mode for the ports. Based on the *Co–operation Arrangement* signed between the Mainland and the Hong Kong SAR, Guangzhou–Shenzhen–Hong Kong express rail link houses a facility for Hong Kong and mainland Chinese authorities to carry out immigration and customs procedures. A new Customs clearance mode has been implemented, for example, clearance for such items as frequent cargo and fresh fruit can be declared in advance.

With policies facilitating easier flow of people, Hong Kong talents in the fields of accounting, taxation, architecture, and finance, are able to work in the Guangdong Pilot Free Trade Zone. Start-up incubators, such as Guangdong, Hong Kong and Macau International Youth Innovation Workshop in Nansha, Shenzhen-Hong Kong Youth Dream Studio in Qianhai and Macau Youth Innovation Valley in Hengqin, have attracted close to 300 start-ups and over 7,000 talents from home and abroad. Other policies include streamlining customs checks for yachts from Hong Kong and Macao. Motor vehicles from Macao are allowed to enter and exit Hengqin Island in Zhuhai.

The plans also aim at free service trade. HSBC Hong Kong Branch, Bank of East Asia and Hang Seng Bank has respectively set up Hong Kong-owned securities companies and fund companies. A total of 11 law firms jointly run by Guangzhou, Hong Kong and Macao law firms have been approved and established. The Kerry Foreshore Project will be run under the Hong Kong model for the first time. The Greater Bay Area has brought vigour and vitality into the Belt and Road Initiative, becoming an indispensable component in its development.

1.2 The Belt and Road Initiative has Met New Challenges

The Initiative has offered Chinese enterprises new opportunities in their overseas development. On the other hand, it has also met many challenges, because there are huge differences among the countries along the Belt and Road in terms of their politics, economy, culture, laws and regulations. Chinese enterprises must fully recognise the risks and take adequate precautions, so that they can improve their abilities to support overseas investment, making it possible for them to integrate with the local economic, social, and cultural systems.

1.2.1 Constraints from Trade Protectionism are Clearly Felt

Currently, the world economy is recovering slowly, and economic globalisation has met impediment. On the other hand, new growth momentum has not yet materialized, but trade protectionism is gaining ground. In face of the weak recovery of world economy and the downturn of international trade and investment, in contrast developing countries, growing with emerging markets. Under such circumstances, certain countries have turned to raising trade and investment thresholds. On top of it all, some even adopted trade protectionism, impeding the process of economic globalisation. The trend running in opposition to globalisation starts to prevail.

1.2.2 Risks Remaining International Production Capacity

The political, economic and social environment in countries and regions along the Belt and Road are diversified. Compared with China, there exist huge differences in language, culture, business regulations, legal systems and trade standards. Therefore, it requires enterprise to have better adaptabilities and higher skills of management, if they want to survive overseas. Chinese enterprises are latecomers in foreign investment. Therefore, they lack experiences in foreign investment and human resources capable of managing international business. There is much room for improvement in terms of Chinese enterprises awareness of risk assessment and risk management.

There are a lot of uncertainties for Chinese enterprises to work in some of the countries along the Belt and Road. The reasons are manifold. For example, it is extremely difficult to explore the natural resources in some countries. They might have a fragile ecological environment, sensitive geopolitics, and complex local forces. In addition, the political environments in some countries are unstable.

1.2.3 The Capital Bottleneck Remains to be Solved

Some projects of the Belt and Road Initiative have a huge financial demand. Countries along the Belt and Road differ from each other, encountering different risks. Contained by their levels of development, some countries still have uncertainties in their ability to continuously invest financially, in their actual operational management capabilities, and in their repayment performance. Therefore, political coordinations among governments need to be strengthened, and an investor protection mechanism should be set up and improved for international investors. Cooperation should be deepened in the field of finance. Policy finance, development finance, commercial finance, and international multilateral financial institutions should play their respective roles in the coordination and support of the system.

Enterprises should make good use of financing channels such as foreign investment funds and bond markets to establish a market-based risk-sharing mechanism. Only in this way can they achieve a diversified financing system shared by domestic and international markets, while direct and indirect financing co-exist.

There aren't enough financial services for the Belt and Road Initiative development right now. Support and services for foreign investment need to be improved. Various financial institutions have to optimise their deployment and increase outlets in countries and regions along the Belt and Road. Other solutions would involve extending their services via the Internet or agencies. In this way, they can provide long-term financial support for Chinese enterprises overseas, and guide all types of funds to jointly serve the Initiative.

1.2.4 Inadequacy of Insurance Services

Sound provision of insurance services can establish a risk diversification mechanism for the Belt and Road investment projects. However, at present, insurance product types and cross-border insurance coverage for countries along the Belt and Road are insufficient, and it is difficult to fully meet the needs of overseas investment. There aren't enough innovations in insurance products, nor enough R&D investment to develop insurance products for the countries along the Belt and Road.

1.2.5 The Intercultural Communication Capacity Needs to be Strengthened

Many Chinese companies have invested heavily in countries along the Belt and Road, and have contributed to local economic and social development. However, they are accustomed to the Chinese tradition of "doing it instead of talking about it" and "doing more but talking less". As a result, their host countries as well as the international community do not know enough to appreciate their contributions.

In the countries along the Belt and Road, many NGOs have strong organisational and mobilising capabilities. They have become a third force after governments and enterprises. Chinese companies need to interact with local organisations and NGOs. In addition, Chinese companies must learn to adopt the concept of localisation and further enhance their awarenss of this. Some companies are still not good at integration in local society via cultural exchanges.

1.3 The Belt and Road Initiative has Made New Requirements to Enterprises in Guangdong Province

In recent years, Guangdong provincial government has encouraged enterprises to actively participate in the Belt and Road Initiative development in an all-round and multi-level fashion. The enterprises have strengthened in-depth cooperation with countries and regions along the route. Facing new opportunities and challenges of the Belt and Road Initiative development, Guangdong enterprises need to internationalise their management and bring it to a higher level. They need to build an international brand, and enhance their cross-cultural integration capacity. They are also expected to strengthen communication and interaction with stakeholders, and be ready to prevent and manage various types of risks. In that way, they will be continuously improving their international competitiveness.

1.3.1 Improving the Level of International Operations

Enterprises need to have an international vision. In international competitions, enterprises must have an international perspective to be able to allocate resources in global markets.They need to actively study and analyse new situations of the world political and economic development. They need to understand new trends of global technological and industrial transformations. They need to deepen their understanding of different cultures, and improve their international communication capabilities. In the context of economic globalisation, international business environment has become more complicated, and information dissemination has become more transparent. When making decisions, enterprises should fully understand these new features. They need to make use of global resources and markets from a global perspective. In this way, they can enhance their core competitiveness and international innovation capabilities, leading the enterprises to stay open and develop.

Enterprises should implement international operations. Guangdong enterprises should coordinate international and domestic markets and resources, actively explore overseas business, and increase their overseas market share. They should focus on optimising the international industrial chain and global value chain. They should participate in global allocation of capital, and tap into talents, technology and other resources. Gradually will they realise an internationalization of their strategies, operations, management and culture.

They should actively participate in international divisions of labor, and accumulate external resources with their comparative advantages in a market-oriented mode. They should actively explore new approaches to develop overseas. Apart from acquiring a reasonable return on investment, they should also help create employment and economic benefits for host countries in order to achieve sustainable development. They should adhere to the principle of localization, and root their operations deeply in local markets by employing local talents, showing respect for local culture, and integrating with the local economy. They should implement localization, i.e. localise their products, and enhance their visibility and build better images of their enterprises among local peoples.

Enterprises should participate in international competition. In today's economic globalisation, a country's competitive advantage is no longer reflected in a particular industry or product, but mainly in the link or position they occupy in the international division of labor chain. In this new round of international competition, Guangdong enterprises need to seize opportunities and strive for innovation advantages. They should take an innovation-driven development path and enhance their positions in the division of labor in the global industrial value chain. They should become the organisers and integrators of global resources. They should compete with first-class products in the markets, with excellent services on a global scale. They should create value for customers, winning the customers' trust as well as development space for themselves.

Enterprises should comply with international rules. Fulfilling social responsibilities is an important basis for the international communities to evaluate enterprises, and it is also an inevitable requirement for Chinese enterprises to accelerate the pace of developing overseas. Creating a good image by fulfilling social responsibilities is of great importance to the development of Chinese companies in overseas markets.

Guangdong enterprises operating in countries along the Belt and Road need to aim for mutual benefit and win-win models in their overseas investment. They should become role models in fulfilling the responsibilities of a good global corporate and citizen. They should consciously abide by laws and regulations, social norms, business ethics and industry rules. They should strengthen environmental protection, and actively participate in social welfare undertakings. They need to focus on cultivating business personnel with international horizons and proficiency in international business rules. They should cultivate a group of inter–disciplinary talents with international perspectives and visions, who can adapt themselves to both Chinese and Western cultures.

1.3.2 Strengthening Overseas Brand Building

The goal of China's brand building is to promote an image of China turning from "Made in China" to "Created in China", from "China Quantity" to "China Quality", from "Chinese Products" to "Chinese Brands".

At present, the competitiveness of Chinese corporate brands has yet to be strengthened. There are a number of world–class companies in China, but only a few have become international brands. On the World Brand Top 500 list published by the World Brand Lab in 2017, only 37 brands were from China, which does not fit China's status as the second largest world economy and the largest manufacturing country in the world. During the development of the Belt and Road Initiative, Guangdong enterprises should pay attention to the transformation from product marketing to brand marketing, and vigorously cultivate their own international brands.

Enterprises should establish brand awareness. Brand reflects comprehensive strengths of an enterprise in terms of technology, management, and talents. Brand building is essential for a company to explore the markets and occupy more market shares, and it is one of the most important indicators to measure the international influence of a company.

Brand competition is high–level competition, and high–quality development calls for high–quality brands. When participating in the Belt and Road Initiative development, Guangdong enterprises need to focus on building their brands and images. They should have brands to help with their influence. They should create brands of quality, efficiency and influence. They should continuously enrich the meanings of their brands, while upgrading the images of Chinese manufacturing and services. In this way, the international influence of Chinese companies will be extended.

Enterprises should strengthen quality assurance. Quality is the cornerstone of business development and the foundation of brand building. Carrying forward the craftsman spirit and creating quality Chinese products is an inevitable step for Chinese brands to move towards the high–end of international industrial chain. Guangdong enterprises should take innovation as their core value, supported by advanced science and technology. They should invest more in product R&D and quality management to increase added value of products. They should continuously increase the supply of high-quality products and services, aiming at frontier areas, key components, and core technologies. They should attach great importance to the key links and focus on details. They should strive for breakthroughs through pioneering technological, management, business, and model innovation. In this way, as they move to the high-end of the industrial value chain, they should win the recognition and trust of consumers and the public with their quality and innovation. Exquisite craftsmanship and excellent quality products will enhance the popularity of Guangdong brands.

Enterprises should cultivate the cultural meanings of brands. Only by acquiring a cultural meaning to a brand, can the brand have lasting influence. Brand building is about culture. For enterprises, it is necessary to establish a market reputation, but it is more important to tell a brand story. In this way, more customers willconnect the brand to a cultural identity, and join in shaping and sharing the brand. Guangdong enterprises should connect their brands to a cultural background, refine it and communicate the best Chinese cultural values with a solid foundation for Chinese brands in the new era. Meanwhile, our enterprises should also understand and respect the differences in various cultures. Then they will be able to enrich cross-cultural communications with the help of Chinese brands and win a wider share of the global market.

1.3.3 Improving Cross-cultural Integration

Enterprises should strengthen the connection between people. The connection between people is an important part of the Belt and Road Initiative. "The relationship of two countries lies in the friendships of its peoples, and people's friendships lie in the bond of their hearts." "A culture becomes more colourful when it communicates with others, and it is enriched by mutual learning." The Belt and Road Initiative has built new platforms of cultural exchanges and interactions for the peoples of different countries, and it has helped people understand each other better by setting up dialogues.

For thousands of years, the ancient Silk Road was not only routes of trade, but also channels of peace and friendship, and passageways of cultural exchanges and mutual learning. The Silk Road spirit has been passed on from generation to generation. It has promoted the progress of human civilisations, and symbolises communication and cooperation between the East and the West.

The Belt and Road Initiative requires the connection and communicotion between people. The most extensive and popular communication of people lies in such areas as history, languages, religions and customs. The intersection and consensus of the history and cultures among the countries along the Belt and Road are becoming one of the important pivots for the connection between people.

Under the new historic circumstances, deepening cultural exchanges can enable people of all countries to have more common language and mutual trust, which will eventually enhance the social foundation and basis for public opinion of the Belt and Road Initiative.

The connection between people lies in mutual understanding and mutual respect of each other's culture. Guangdong enterprises should inherit the cultural traditions of the ancient Silk Road, promote mutual understanding and development of different cultures, and share the principles of "Friendship, Good Faith, Mutual Benefit, and Inclusiveness" as common values in the life and work of people in different countries .

Enterprises should balance righteousness and benefits. Balancing righteousness and benefits is an important moral basis for the Belt and Road Initiative. Only by taking into account both objectives of "righteousness" and "benefits" can the Initiative advance soundly.

It is important to balance "give" and "take" . Generally speaking, "give" and "take" should be balanced in economic cooperations between countries. However, for some relatively under-developed countries, more should be "given" . The Initiative should take China's development as an opportunity to promote mutual development for all countries. When Guangdong enterprises participate in the Initiative, They should not be eager for quick success and get instant benefits, but should take into account of both righteousness and benefits, and put righteousness before benefits. They should coordinate long-term and short-term goals.

Enterprises should deepen cultural exchanges. There exist greatcultural differences among the countries and regions along the Belt and Road. Cultural integration is the most important ingredient. The Initiative is about cultural exchanges and cooperation. Culture can serve as a bridge for different countries to better cooperate and exchange.

Guangdong enterprises should meet the new requirements of the Initiative, and tell the stories of China satisfactorily. They should spread the voice of China, which is the soft power that should be carried through the whole process of the Initiative. Our enterprises should actively promote cultural exchanges in various forms with countries along the Belt and Road, passing on the Silk Road spirit and establishing a solid public opinion basis for cooperation.

1.3.4 Strengthening Collaboration among Concerned Stakeholders

Enterprises should strengthen strategic alignment. Development strategies are designed with long-term goals. They are comprehensive and forward-looking. The foundation of cooperation with different parties lies in sound policy coordination and development strategy alignment. That is the key to expanding common interests of the countries participating in the Initiative. It also guarantees mutual development. By aligning development strategies of different countries under the principle of seeking common ground while accommodating differences, it helps all parities to build political mutual trust, reach a consensus on cooperation, deepen the integration of interests, while seeking the greatest common denominator of cooperation from a macro point of view. Guangdong enterprises should align the Initiative with the development strategies of the countries along the Belt and Road, reaching a win-win solution for all parities.

Enterprises should strengthen planning and alignment. Development planning is thecretization of development strategies. It is forward-looking, systematic and coordinated. It facilitates the integration of development plans among countries and regions. It defines the visions of a development strategy with a concrete timetable and a road map. Guangdong enterprises should combine the Belt and Road Initiative development plans with those of the countries along the Belt and Road, in order to identify mutual interests and determine the entry points for cooperation. They should align their projects with markets and industry. They should play the strengths of their comparative advantages, and foster new pillars of cooperation. They should find new highlights for their business and build new platforms for cooperation to achieve the goals of mutual benefit and common development with complementary advantages.

The economic development levels of the countries along the Belt and Road vary from one another. They have different political ecologies. Their interests are diverse, and also the relations among those countries are complicated. It is necessary to adhere to the principle of communication first. We should identify the common ground between development and planning, and endeavour to maintain policy alignment. We should learn from each other, and work together to find a solution for cooperation, integration, and benefit sharing.

Enterprises should strengthen mechanism alignment. In order to align development strategy with planning, it is necessary to construct smooth communication and consultation channels, and to set up rules that are mutually inclusive, and establish policy coordination mechanisms among governments of participating countries. There are huge differences among countries along the Belt and Road and they are at different levels of economic development. During their own efforts to achieve their due profits, the enterprises should taking into account interests of other countries. They should learn to make overall plans for the common interests of China with countries along the Belt and Road, bearing in mind each other's concerns.

In order to prevent investment risks and enhance the effectiveness of the cooperation, Guangdong enterprises investing in Initiative projects should follow international rules and comply with the laws and regulations of the host countries. They should attach importance to exchanges and cooperation with local governments, enterprises and NGOs. In this way they can establish and improve cooperation mechanisms, and create more opportunities for cooperation at the same time.

1.3.5 Maintain Overseas Risk Management

Enterprises should strengthen project risk assessment. When participating in the Initiative, Guangdong enterprises must conduct risk assessment before carrying out foreign investment and cooperation, and fully consider multiple risks in terms of politics, economy, credit, market, law, environment, and exchange rates. They should make correct judgments based on their assessment, and try their best to avoid potential risks.

Enterprises should improve their risk management. Sound risk management is one of the core competitiveness of modern enterprises. Enterprises operating overseasare facing enormous challenges; therefore, a top priority for them is to reform and reshape their risk management system. Guangdong enterprises need to understand what risks there are, while institutionalising and standardising their comprehensive risk management system. They should cultivate a team of talents in risk management, whileat the same time improving their level of comprehensive risk management competence.

Enterprises should build a risk prevention and control system. Guangdong enterprises should carry out comprehensive research on global economic situations and prospects, industry development trends, and changes in international rules. They should strengthen exchanges and cooperation with international investment institutions and the enterprises in the host countries of their projects. They should establish information collection and sharing mechanisms, and systematically analyse the actual situation of the countries and regions along the Belt and Road, including their politics, economy, law, and culture. They should set up risk warning systems and contingency response plans. This may help them properly prevent and resolve various risks.

Chapter 2 Guangdong Enterprises Participating in the Belt and Road Initiative have Entered a High-quality Development Stage

Guangdong Province has always been strong in economic performance. It has ranked first in the country for 29 consecutive years in terms of gross domestic product (GDP), and has made great achievements in economic development and opening up to the outside world. Since 2017, Guangdong provincial government has actively planned and implemented the Belt and Road Initiative deployment made by the State.

Guangdong has achieved positive results, and enterprises participated in the Initiative have entered a new stage of high-quality development. According to the Big Data Report on the Belt and Road Initiative (2017) issued by the State Information Center, Guangdong has ranked first in the Initiative participation index for two consecutive years.

2.1 Momentum of Guangdong's Open Economy Continues to Grow

In order to carry out the supply-side structural reform, Guangdong provincial government has upgraded its economic transformation. Both the scale and quality of its open economy have gained good momentum, laying a solid foundation in terms of macroeconomy for enterprises to contribute to the Belt and Road Initiative.

2.1.1 Total Economic Volume and Foreign Trade Volume Continue to Grow

In 2017, Guangdong achieved a regional GDP of 8.9879 trillion RMB (See Table 2-1, Figure 2-1, Figure 2-2), a year-on-year increase of 7.5%. The per capita GDP reached 81,089 RMB, which is 1.36 times that of the national average. It is equivalent to more than 12,000 US dollars. According to the definition by the World Bank, Guangdong is considered as a high-income economy, and it continues to move to a higher level.

Table 2-1 GDP of Guangdong Province

Year	Guangdong GDP (100 million RMB)	National GDP (100 million RMB)	Ratio of Guangdong GDP to National GDP (%)
2013	62474.79	595244.4	10.50
2014	67809.85	643974	10.53
2015	72812.55	689052.1	10.57
2016	80854.91	743585.5	10.87
2017	89879.23	827122.0	10.87

Source: National Bureau of Statistics.

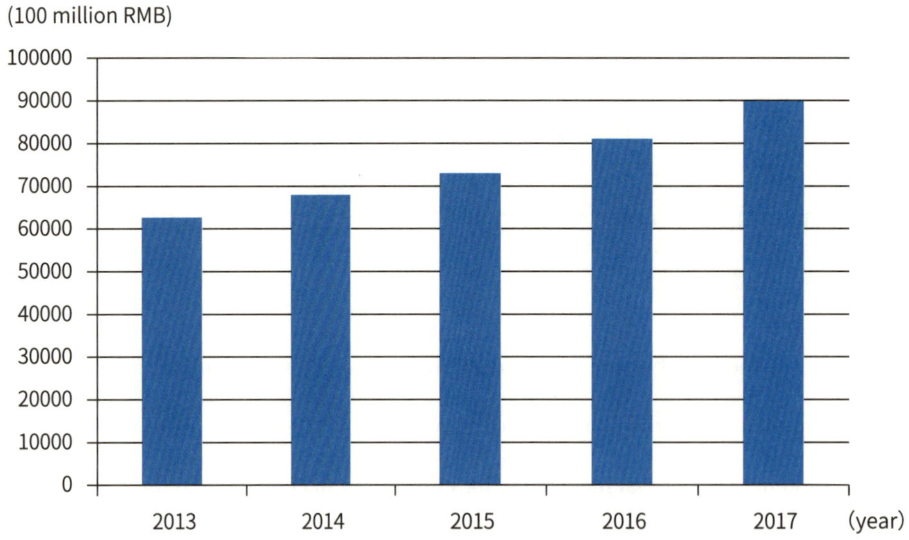

Figure 2-1 GDP of Guangdong Province

Source: Guangdong Provincial Bureau of Statistics.

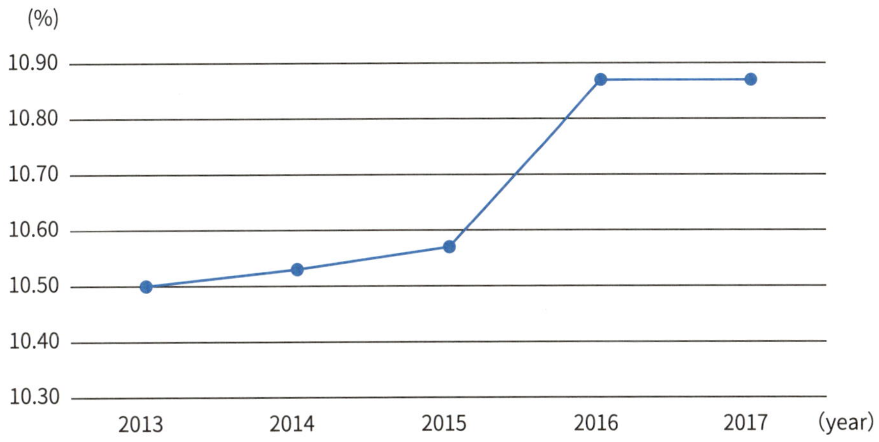

Figure 2-2 Ratio of Guangdong GDP to national GDP

Source: Guangdong Provincial Bureau of Statistics.

Guangdong's economic growth has a steady rise in recent years, and its economic outlook is encouraging. By introducing new technologies, new industries and new business models, Guangdong has seen its economy develop with higher quality and more efficiency. Guangdong's import and export volumes have maintained at a stable growth rate (See Table 2-2, Figure 2-3, Table 2-3, Figure 2-4).

Table 2-2 Guangdong's export volume and its growth rate

Year	Export Volume (100 million US dollars)	Growth Rate (%)
2015	6435.6	-0.4
2016	5975.6	-7.1
2017	6227.8	4.0

Source: According to Customs Statistics.

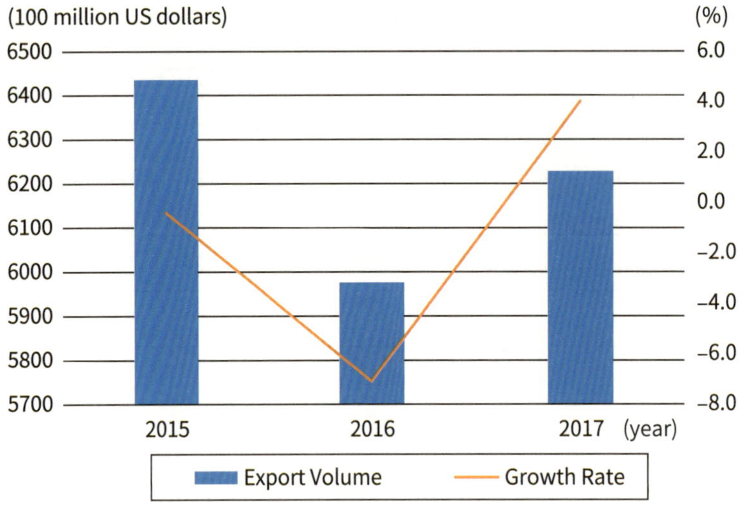

Figure 2-3 Guangdong's export volume and its growth rate

Source: According to Customs Statistics.

Table 2-3 Guangdong' s import volume and its growth rate

Year	Import Volume (100 million US dollars)	Growth Rate (%)
2015	3793.9	-11.9
2016	3566.6	-6.0
2017	3837.0	7.6

Source: According to Customs Statistics.

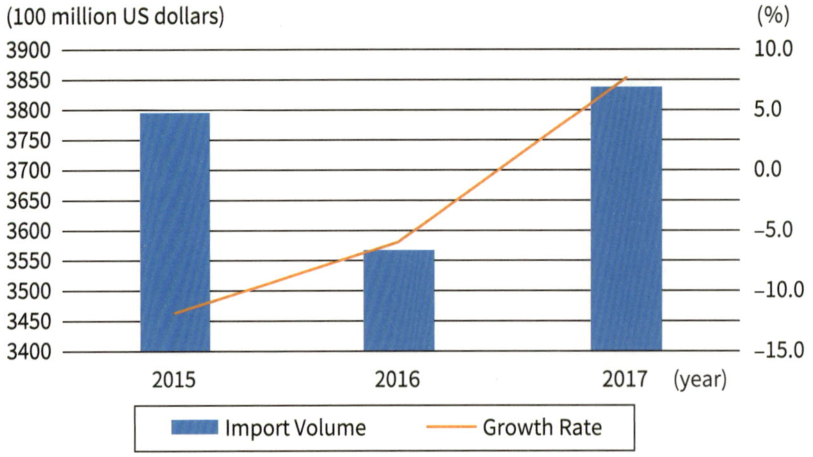

Figure 2-4 Guangdong' s import volume and its growth rate

Source: According to Customs Statistics.

In 2017, Guangdong's total import and export volume reached 1.11 trillion US Dollars, registering a growth rate of 8.13% compared with that in the same period of last year. It has staying at the first place in the country for 32 consecutive years (See Figure 2-5 to Figure 2-12, Table 2-5 to Table 2-8). The total exports volume was 6,872.94 billion US Dollars, up by 6.7%, compared with that of last year. Total import volume was 4,229.86 billion US Dollars, up by 10.16% (See Table 2-9).

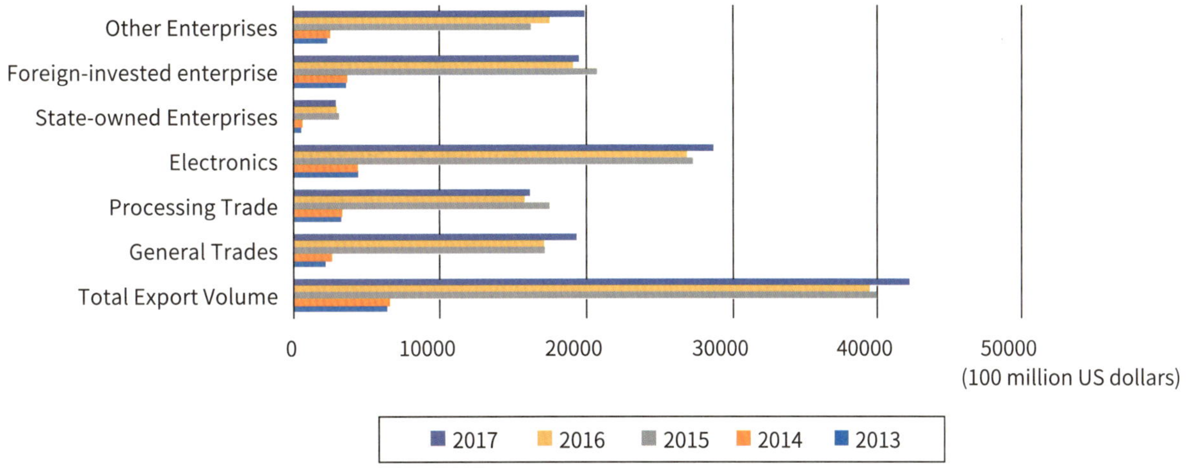

Figure 2-5 Guangdong' s total export volume in 2017 by company types

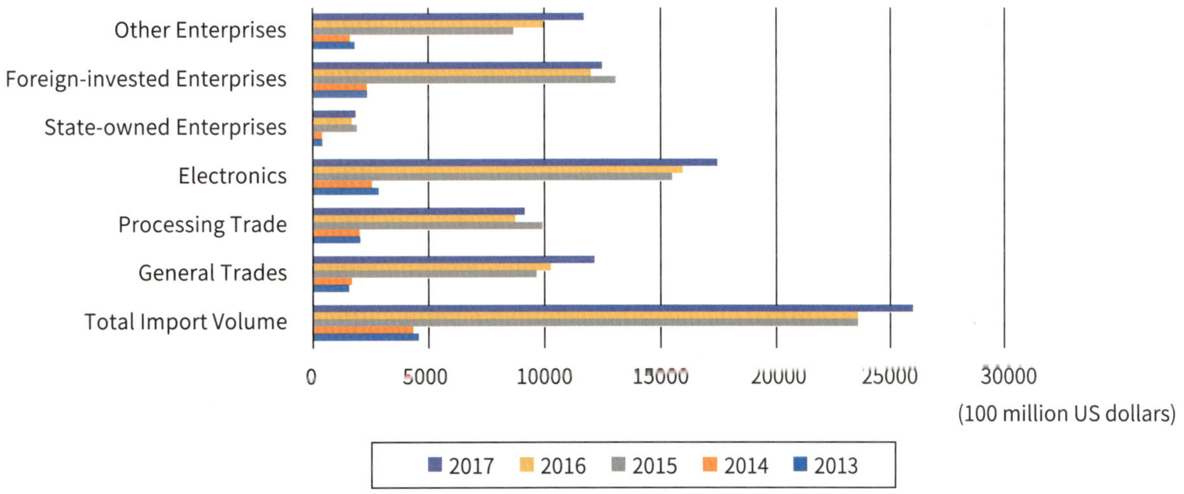

Figure 2-6 Guangdong' s total import volume in 2017 by company types

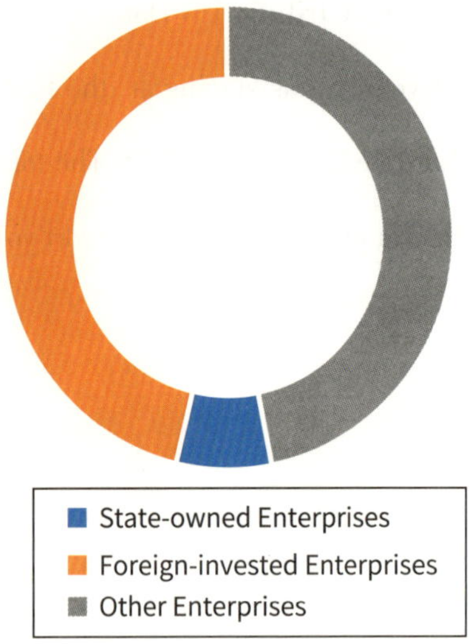

Figure 2-7 Guangdong's total export volume in 2017 by company types

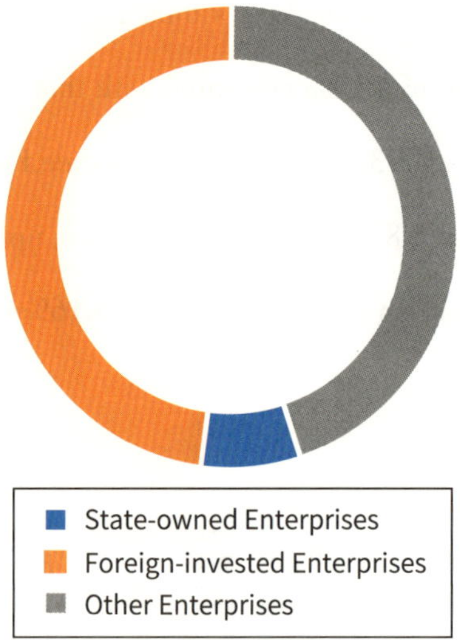

Figure 2-8 Guangdong's total import volume in 2017 by company types

Table 2-4 Guangdong's major trade countries and regions in 2017 and the growth rate of their total cargo volumes

Countries & Regions	Export Volume (100 million RMB)	Increase over Last Year (%)	Import Volume (100 million RMB)	Increase over Last Year (%)
Hong Kong SAR, China	11342.4	–5.4	284.0	1.5
U.S.	7320.8	11.6	1303.9	4.1
EU (28 countries)	5924.6	10.8	1772.5	16.8
ASEAN	4294.0	11.2	4379.8	15.6
Japan	1682.2	7.6	2578.4	5.6
Republic of Korea	1504.5	10.7	3016.5	10.9
Taiwan, China	513.2	9.0	3899.9	12.1
Russia	468.4	35.8	29.3	5.6

Source: Guangdong Provincial Bureau of Statistics.

Table 2-5 Guangdong's exported goods of over 10 Billion US dollars in 2017

Amount Classification	Product Name	Export Volume (100 million US dollars)	Percentage of Total Export Volume (%)
over US $20 billion	Telephone	460.0	7.4
	Clothing and accessories	366.4	5.9

Continued

Amount Classification	Product Name	Export Volume (100 million US dollars)	Percentage of Total Export Volume (%)
	Automatic data processing equipment and its components	364.7	5.9
US $10 - 20 billion	Furniture and parts	197.9	3.2
	Shoes	146.2	2.3
	Lamps, lighting fixtures and parts	145.9	2.3
	Toys	130.4	2.1
	Textile yarns, fabrics and products	125.0	2.0
	Plastic products	121.0	1.9
	Luggage and similar containers	109.9	1.8
	LCD panels	107.1	1.7
	Static converters	106.2	1.7
Sum		2380.8	38.2

Source: Guangdong Business Yearbook.

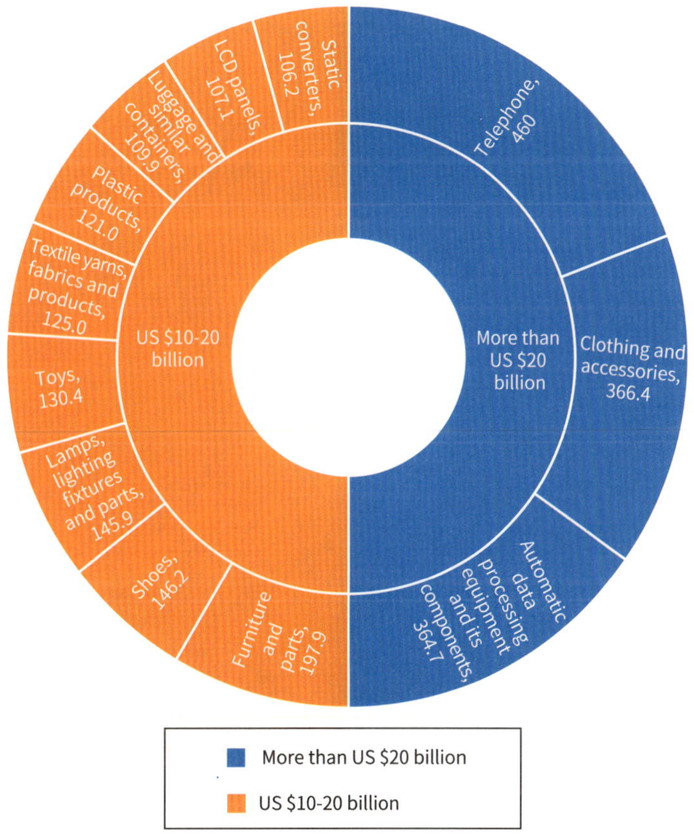

Figure 2-9 Proportions of goods with an export volume of more than 10 billion US dollars in Guangdong in 2017

Table 2-6 Guangdong's imported goods of more than 5 billion US dollars in 2017

Amount Classification	Product Name	Import Volume (100 million US dollars)	Percentage of Total Import Volume (%)
over US $10 billion	Integrated circuit	1010.4	26.3
	Plastics in crude forms	149.9	3.9
	LCD panels	128.4	3.3
	Diodes and similar semiconductor devices	113.6	3.0
	Automatic data processing equipment and its components	103.7	2.7
Between US $5-10 billion	On-off protection circuit device and parts	78.3	2.0
	Automatic data processing equipment parts	68.9	1.8
	Scrap metal	57.1	1.5
	Textile yarns, fabrics and products	52.7	1.4
Sum		1763.1	45.9

Source: Guangdong Business Yearbook.

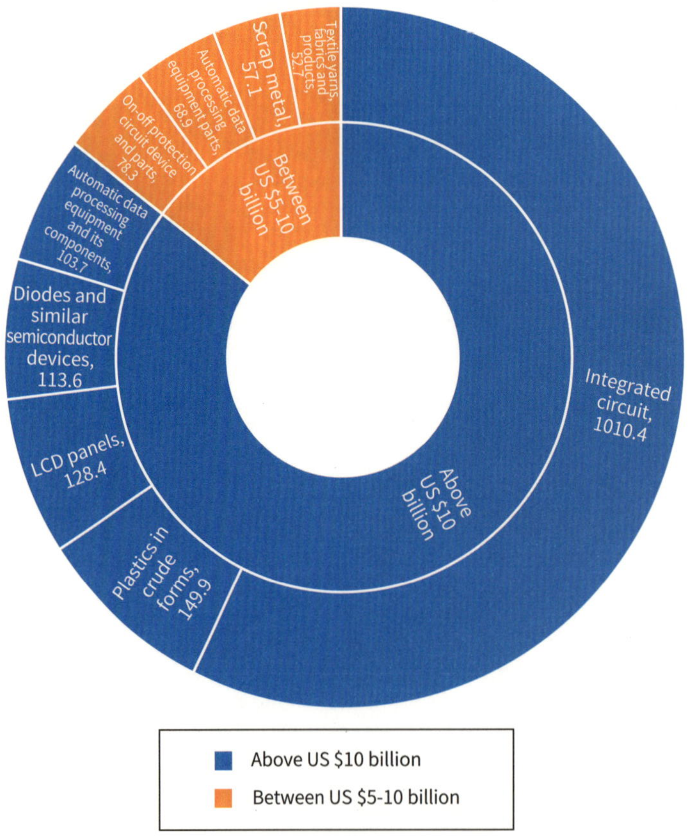

Figure 2-10 Proportions of goods with an import volume of more than 5 billion US dollars in Guangdong in 2017

Table 2-7 Major Guangdong export markets in 2017

Countries & Regions	Export Volume (100 million US dollars)	Percentage of Total Export Volume (%)
Hong Kong, China	1676.1	26.9
U.S.	1080.7	17.4
EU	874.4	14.0
ASEAN	633.7	10.2
Japan	248.3	4.0
Republic of Korea	221.8	3.6
India	187.3	3.0
Mexico	94.8	1.5
Australia	93.7	1.5
Canada	78.2	1.3
Sum	5189.0	83.3

Source: Guangdong Business Yearbook.

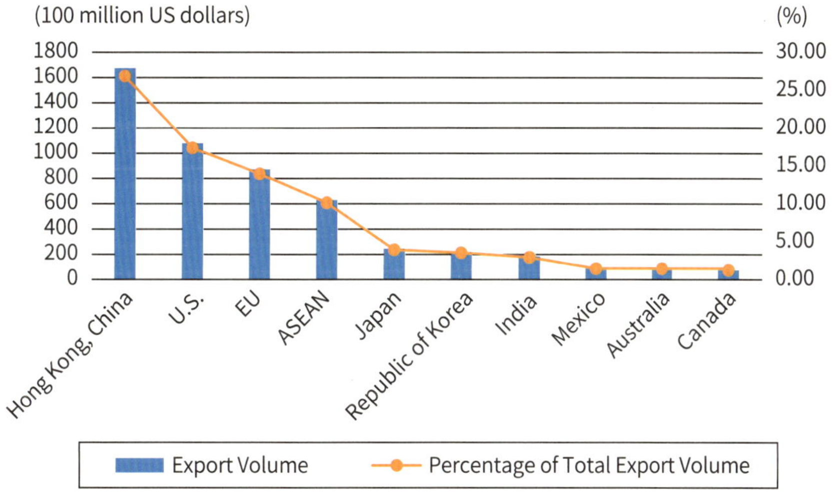

Figure 2-11 Major Guangdong export markets in 2017

Table 2-8 Major Guangdong import markets in 2017

Countries & Regions	Import Volume (100 million US dollars)	Percentage of Total Import Volume (%)
ASEAN	648.2	16.9
Taiwan, China	576.2	15.0

Continued

Countries & Regions	Import Volume (100 million US dollars)	Percentage of Total Import Volume (%)
Republic of Korea	445.3	11.6
Japan	380.7	9.9
EU	261.9	6.8
U.S.	192.7	5.0
South Africa	88.3	2.3
Australia	69.5	1.8
France	43.6	1.1
Hong Kong, China	41.9	1.1
Sum	2748.3	71.6

Source: Guangdong Business Yearbook.

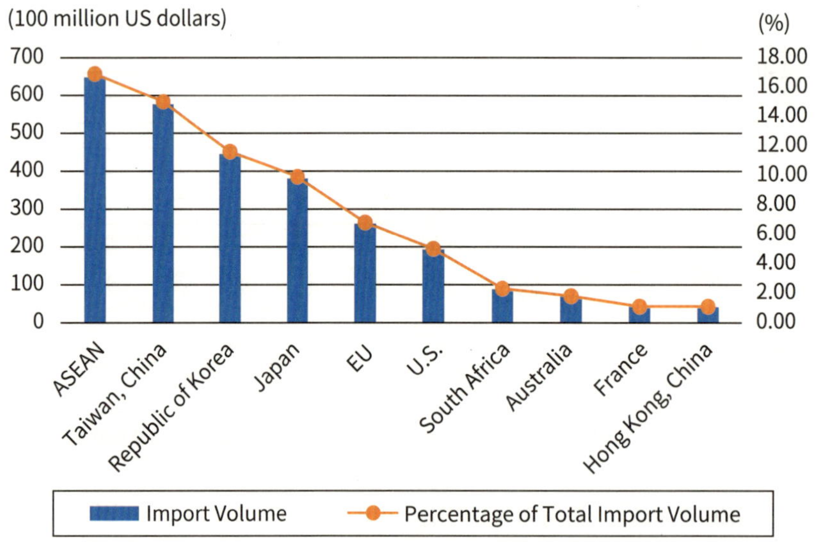

Figure 2-12 Major Guangdong import markets in 2017

Table 2-9 Total import and export cargo volumes of Guangdong in 2017 and its growth rate

Index	Absolute Number (100 million US dollars)	Growth Rate (%)
Total Cargo Volumes	11095.67	8.13
Total Export Volume	6872.94	6.92
General Trades	3141.31	12.86
Processing Trade	2626.91	2.42
Electronics	4657.41	6.75
Data Breakdown: State-owned Enterprises	467.11	-1.34
Foreign-invested Enterprise	3170.26	2.19
Other Enterprises	3233.47	13.44
Total Import Volume	4229.86	10.16
Data Breakdown: General Trades	1971.96	18.24
Processing Trade	1485.17	4.75
Data Breakdown: Electronics	2833.53	9.35
Data Breakdown: State-owned Enterprises	299.94	10.97
Foreign-invested enterprise	2026.88	4.07
Other Enterprises	1899.71	17.35
Trade Surplus	2644.03	2.12

Source: Guangdong Provincial Bureau of Statistics.

In the first half of 2018, Guangdong's total import and export volume reached 3.24 trillion RMB, a year-on-year increase of 2.7%. The total export volume was 1.91 trillion RMB, down by 3.3% year-on-year. The total import volume were 1.33 trillion RMB, up by 12.6%. Trade surplus was 574.48 billion RMB, a decrease of 27.2% compared to that of last year. Foreign trade in Guangdong is becoming more balanced. The total import and export volume of its general trades has increased by 9.9% year-on-year, further optimising its trade structure.

In 2017, total import and export volume of Guangdong with countries along the Belt and Road reached 1503.69 billion RMB, a year-on-year increase of 14.9%, accounting for 22.1% of the provincial total. Total import and export volume of the 14 key countries along the Maritime Silk Road increased by 14.6% year-on-year, and total import and export volume of ASEAN countries increased by 13.4%, higher than the 8% provincial import and export growth rate. Guangdong has established 118 overseas enterprises and institutions in the countries along the Belt and Road, with an actual investment of 290 million US dollars.

In the first six months of 2018, Guangdong's total import and export volume with the countries along the Belt and Road reached 728.95 billion RMB, a year-on-year increase of 1.7%, accounting for 22.5% of the provincial total. Guangdong has established 90 enterprises and institutions in the countries along the Belt and Road, with an actual investment of 220 million US dollars, a year-on-year increase of 21.7%.

2.1.2 Guangdong has Continuously Optimised its Economic and Foreign Trade Structures

As the supply-side structural reform goes deeper, Guangdong has optimised and upgraded its economic structure by adopting new technologies, new innovations and new business models. Its economy developing mode has changed from total expansion to structural optimisation. Its development momentum has shifted from relying on resources and low-cost labour to innovation-driven factors. For example, Guangdong's digital economy index ranks the first in the country. Its biomedicine is also leading in the country. Gross value of its marine products has ranked the first in the country for 23 consecutive years.

In 2017, total retail sales of consumer goods in Guangdong reached 3.82 trillion RMB, an increase of 10% compared to the same period last year. Guangdong continues to optimise its industrial structure.Its added value of advanced manufacturing in 2017 registered at 1,759.7 billion RMB, increased by 10.3%. Its added value of high-tech manufacturing was 951.692 billion RMB, increased by 13.2%. Its added value of advanced manufacturing and high-tech manufacturing industries accounted for 53.2% and 28.8% of the above-scale industries, respectively increased by 1.6 and 1.2 percentage points over the previous year. Added value of equipment manufacturing industries on the West Bank of the Pearl River increased by 12.5% compared to that in the last year. A new generation of information technology, high-end equipment manufacturing, biomedicine, digital economy, new materials, and marine economy are strategic emerging industries, which have become pillars of Guangdong's industrial system.

Private economy accounts for half of Guangdong's total. Added value of its private economy accounted for 53.8% of the regional GDP in 2017, an increase of 0.2 percentage points over the previous year. Added value of private enterprises accounted for 51.2% of that of above-scale industrial enterprises. Private investment accounted for 61.8% of fixed assets investment.

Guangdong has initiated supply-side structural reform in the infrastructure sector. An infrastructure investment fund has been set up with a scale of 550 billion RMB. The provincial infrastructure investment has increased by 24.3%, the highest growth rate since 2010.

Guangdong continues to optimise its foreign economic and trade structure. Its trade with ASEAN and EU countries, as well as emerging markets has been growing vigorously. Its added value of export commodities has been increasing steadily. Its service trade is developing at a fast pace. Technology, brand, quality and service have become the new competitive advantages of Guangdong's foreign trade, whose quality is moving to next higher level.

Guangdong has optimised its business environment and made better use of its foreign capital. In 2017, Guangdong was all in to develop its foreign trade with efficiency and high quality.

The first was to optimise its foreign trade structure. Great importance has been attached to general trades. Guangdong held commodity exhibitions in many counties such as Italy and Indonesia. Its enterprises participated in a total number of 265 overseas exhibitions in one year. Tremendous amount of orders were also made in domestic exhibitions such as the Canton Fair.

Catalogues of Technology and Product Import Encouraged by Guangdong Provincial Government was revised, with focus on advanced technology equipment and key components.

Guangdong strives to renovate its processing trade, having set up ten bases for processing trade innovations, development, technology transfer and demonstrations. More than 200 foreign-invested processing and manufacturing companies have settled in eastern, western and northern parts of Guangdong. Some 21,000 processing trade companies have adopted a production mode of "commissioned design + independent brand", and their products accounted for around 72% of the total export volume in 2017.

The second was to upgrade its foreign trade quality and improve its efficiency. Guangdong has established an evaluation system for its famous brands. In the first round, a total of 147 companies have been recognised as the provincial famous brands for export.

An exhibition center of Guangdong's famous products was opened up in Australia, the first of its kind on foreign soil. Pilot projects on service trade innovation and development have been complete in Guangzhou and Shenzhen. Besides, great importance has also been attached to Business Process Outsourcing (BPO) services. Eight BPO companies were recognised as models in the fourth batch of its kind. Another 32 companions were on the list for key cultivation.

The third was to cultivate and encourage new models and new businesses of foreign trade. Guangzhou and Shenzhen cross-border e-commerce comprehensive pilot zones have made breakthroughs in facilitating customs clearance and foreign exchange payment methods, which are key aspects in foreign trade.

The fourth was to provide enterprises with more policy support and business guidance. Guangdong provincial government has taken measures to help increase foreign trade, optimise its structures and improve efficiency. A number of policies and regulations have also been introduced to prevent and manage international trade frictions.

In 2017, actual foreign investment in Guangdong reached 138.35 billion RMB, a year-on-year increase of 6.4%. Many factors have contributed to the success.

First of all, the provincial government issued a number of policies conducive to foreign investment, as indicated in a document entitled "Policies And Measures For Guangdong's Further Opening Up To The Outside World And Active Use of Foreign Capital". They were referred to as golden policies, covering such aspects as foreign capital access, financial incentives, land allowance, talent support and etc. For example, for foreign investors, Guangdong has adopted a management model of pre-establishment national treatment with a negative list that meets the standards of international capital market.

The provincial government has organised presentations and lectures to more than 800 companions and institutions including foreign-funded enterprises, Hong Kong, Macao and Taiwan-funded enterprises as well as officers from foreign consulates in Guangzhou, helping them to understand local policies.

In order to attract foreign investment of high quality, incentive policies have been issued in cities, counties and districts including Guangzhou, Shenzhen, Foshan, Dongguan, Huizhou, Zhongshan, Jiangmen, Yangjiang and etc.

The second was to build a platform for investment cooperation with Europe and the United States. Guangdong has intensified its efforts in attracting fund, technology and talents from the USA and developed countries in Europe. It held for the first time China (Guangdong)-US, China (Guangdong)-European Investment Cooperation and Exchange Conference. The Governor of Guangdong province attended round table conferences with CEOs of leading companies from Europe and America in the fields of biomedicine and foreign-invested new energy automobile. All these efforts have helped increase investment by advanced manufacturing companies from Europe and the United States.

The third was to help high-quality foreign investment projects settle in Guangdong. The provincial government has called for an alliance of industrial merchants, working together to attract investment in advanced manufacturing and strategic emerging industries, including new energy and smart cars, robots, energy conservation and environmental protection, chemical and new materials, and biomedicine. Guangdong has succeeded in bringing in a number of high-end foreign investment projects. The list includes French Airbus (China) Innovation Center, Apple Shenzhen R&D Center, Intel China Southern Innovation Center, Cisco (Guangzhou) Smart City, Hitachi Automotive Motors, Toray High-tech Polymerisation Material, Thermo Fisher Scientific, Emerson Energy, and Siemens Smart Energy.

Guangdong Economic and Trade Office in foreign countries are responsible for collecting information of potential investment and tapping into projects overseas. For example, a number of Fortune 500 companies and other industry-leading companies such as Wal-Mart (US), Exxon Mobil (US) and BASF (Germany) have either invested in Guangdong or expressed investment intentions.

The fourth was to build platforms or incubators for innovation and development. Comprehensive evaluation and assessment in economic development zones have been carried out province wide.

Some province-level economic development zones have either relocated or expanded their space, in order to integrate themselves with special Customs supervision zones for optimised development.

The provincial government guided Huizhou municipal officials in planning China-Korea (Huizhou) Industrial Park, which has been approved by the State Council.

Structural proportion of foreign direct investment in industries is becoming balanced, and foreign capital has played an important role in local development. In 2017, there were a total of 15,528 new foreign direct investment projects (enterprises) in Guangdong, a year-on-year increase of 90.3%. The value of actual foreign investment reached 138.35 billion Yuan, increased by 6.4%. The ratio of actual use of foreign capital among primary, secondary and tertiary industries was 0.3:29:70.7. The secondary industry attracted total actual foreign capital valued at 40.11 billion RMB, a year–on–year increase of 22.9%, which was 3.9 percentage points higher than the increase of last year. Actual foreign investment in manufacturing industry increased by 19.1%. In conclusion, the role played by foreign capital in the real economy has become increasingly important.

Guangdong has stable foreign direct investment and companies directly invested by foreign capital are running well (See Table 2-10 to Table 2-13, Figure 2-13 to Figure 2-16). In 2017, the top ten countries or regions on the list of actual foreign investment were: Hong Kong, British Virgin Islands, Macau, the Netherlands, Singapore, Republic of Korea, Japan, the United States, the Cayman Islands, and the United Kingdom. The total sum of actual foreign investment from developed countries such as the United States and European countries reached 16.27 billion Yuan, a year–on–year increase of 27.5%. The actual foreign investment from the United States increased by 62.4%.

Total import and export volume by foreign–funded enterprises in Guangdong registered at 3,192.13 billion RMB in 2017, accounting for 46.8% of the province's total. Their total export volume was 1,946.75 billion RMB, accounting for 46.1% of that of the province's total. Their total import volume was 1,243.58 billion RMB, accounting for 48% of that of the province's total.

Table 2-10 Value of contractual foreign direct investment in Guangdong by industry (100 million US dollars)

Item	2013	2014	2015	2016	2017
Sum	363.13	430.59	561.1	866.75	695.11
Manufacturing	194.36	176.98	138.59	104.99	80.85
Electricity, gas and water production and supply	5.54	8.83	7.09	29.46	11.48
Information transmission, computer services and software industry	3.36	12.64	26.15	52.64	48.64
Wholesale and retail	46	51.14	53.74	61.91	94.42
Financial industry	23.15	76.68	141.18	419.79	183.09
Real estate industry	37.3	48.65	74.16	35.49	34.77
Leasing and business services	26.02	24.77	80.62	91.08	154.92

Source: Statistical Communiqué of Guangdong National Economic and Social Development.

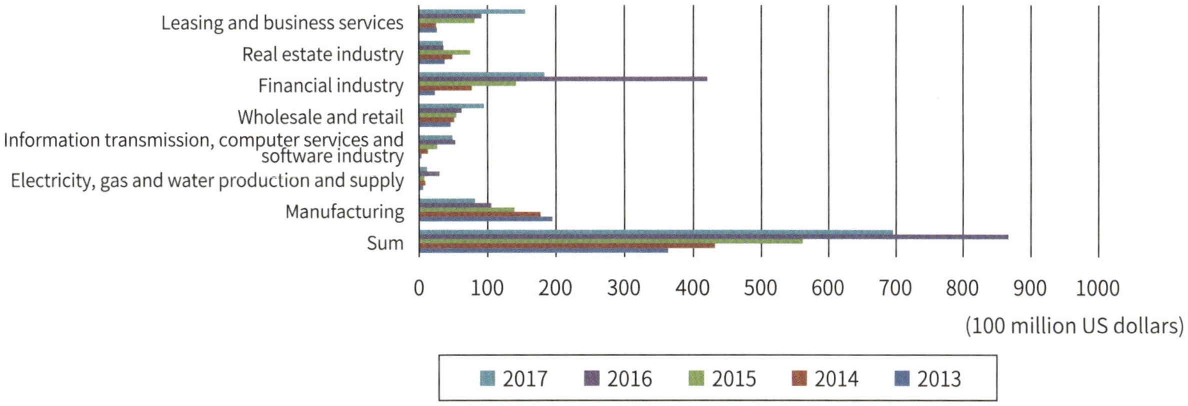

Figure 2-13 Value of contractual foreign direct investment in Guangdong by industry

Table 2-11 Growth rate of contractual foreign direct investment in Guangdong by industry (%)

Item/Year	2013	2014	2015	2016	2017
Sum	3.8	18.6	30.3	54.5	-17.1
Manufacturing	-6.5	-8.9	-21.7	-24.2	-14.7
Electricity, gas and water production and supply	69.3	59.2	-19.7	315.5	-51.2
Information transmission, computer services and software industry	-38.3	276.3	106.9	101.3	-6.8
Wholesale and retail	45.5	11.2	5.1	15.2	60.8
Financial industry	107.0	231.2	84.1	197.3	-56.6
Real estate industry	10.3	30.4	52.4	-52.1	4.0
Leasing and business services	39.6	-4.8	225.5	13.0	75.7

Source: Statistical Communiqué of Guangdong National Economic and Social Development.

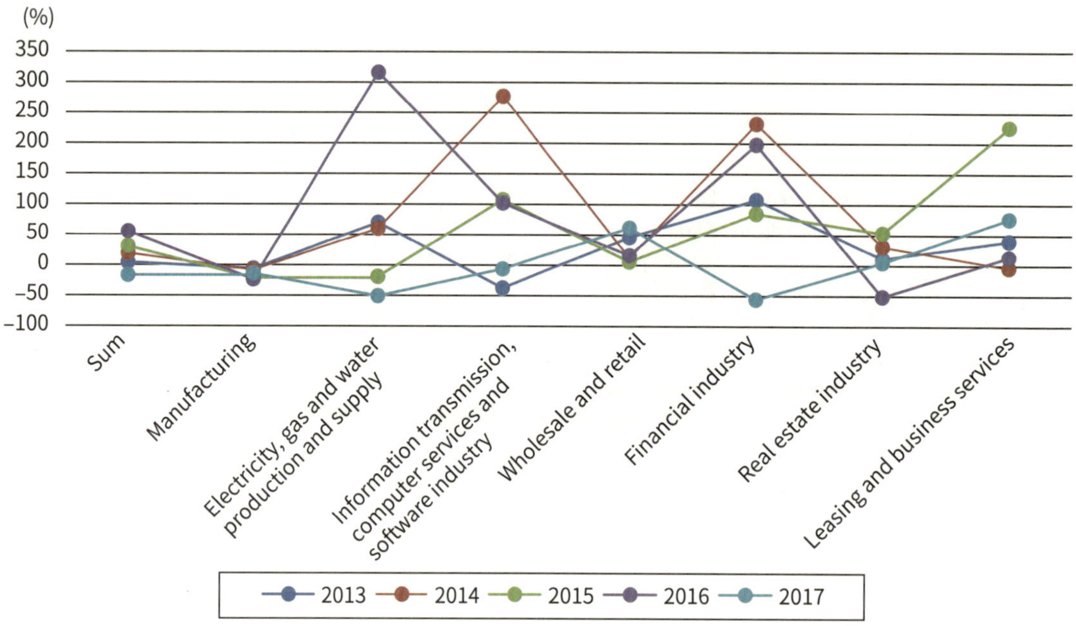

Figure 2-14 Growth rate of contractual foreign direct investment in Guangdong by industry

Table 2-12 Guangdong foreign direct investment (non-contract funding)

Year	Sum (100 million US dollars)	Growth Rate (%)
2013	363.13	3.80
2014	430.59	18.60
2015	561.1	30.31
2016	866.75	54.50
2017	695.11	-17.10

Source: Guangdong Statistical Yearbook.

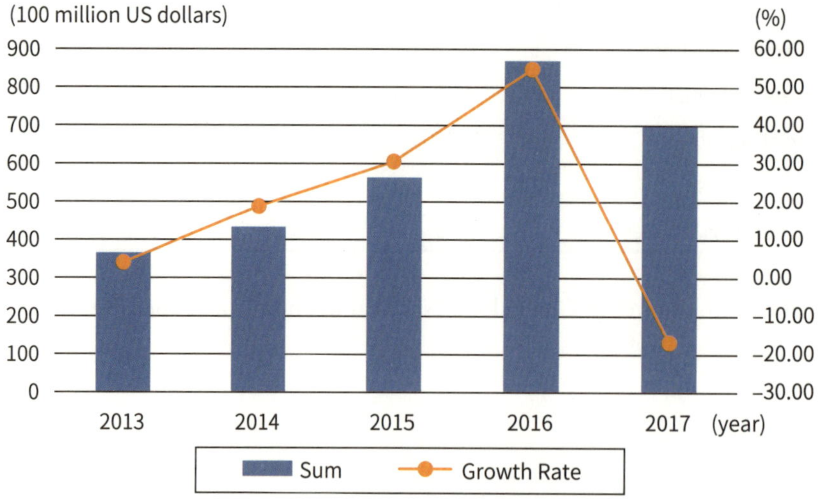

Figure 2-15 Guangdong foreign direct investment (non-contract funding)

Table 2-13 Foreign direct investment in Guangdong (actual amount used)

Year	Sum (100 million US dollars)	Growth Rate
2013	249.52	6.00
2014	268.71	7.70
2015	268.75	0.01
2016	233.49	-13.10
2017	248.433	6.40

Source: Guangdong Statistical Yearbook.

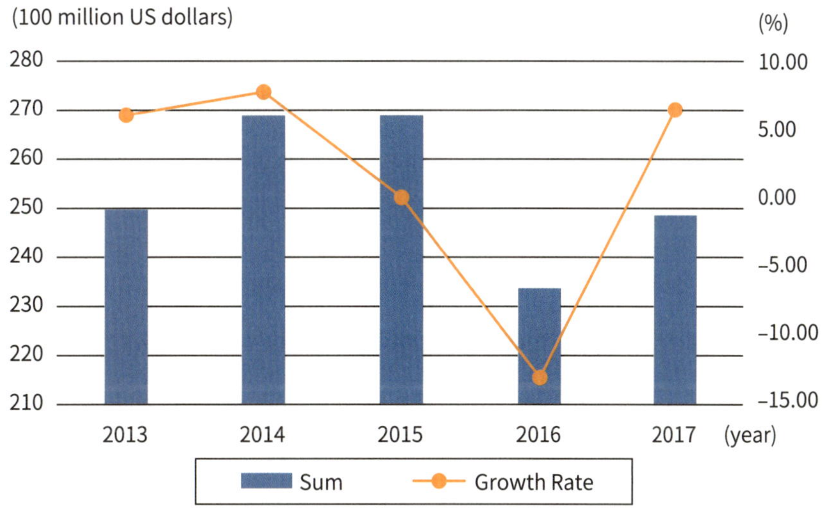

Figure 2-16 Foreign direct investment in Guangdong (actual amount used)

Guangdong's foreign trade develops with higher quality, with its structure optimised. A new foreign trade pattern in Guangdong has now come into being, with general trades and private enterprises being the major players.

With an increase of 14.3% year-on-year, the total import and export volume of Guangdong's general trades in 2017 accounted for 46.1% of the province's total, which was 9 percentage points more than the that of the processing trade.

Total export volume of private enterprises increased by 13.1%, accounting for 47% of the province's total. The private sector has for the first time surpassed other exporters in Guangdong.

In the first half of 2018, total import and export volume of general trades hit 1.58 trillion RMB, a year–on–year increase of 9.9%, accounting for 48.7% of Guangdong's total, an increase of 3.2 percentage points over the same period of last year. Total import and export volume of processing trade was 1.14 trillion RMB, a year–on–year increase of 0.7%, accounting for 35.2% of the province's total. The export volume of electronics was 1.33 trillion RMB, a year–on–year increase of 1.6%, accounting for 73.2% of the province's total export volume. Total export volume of labor–intensive products registered at 329.87 billion RMB, down by 17.9% year–on–year.

New modes and new business of foreign trade are constantly emerging. In 2017, total import and export volume of cross–border E–commerce hit 44.19 billion RMB, up by 93.8% compared with that of last year, maintaining its first place in the country. Pilot projects in market procurement trade kicked off in March 2017. Its total export volume reached 81.51 billion RMB. Guangdong has recognised 67 pilot companies in foreign trade comprehensive services. They are providing "one stop" services for over 60,000 small and medium enterprises.

Guangdong enterprises keep improving their capabilities of going global,and foreign investment structure has been continuously optimised. Guangdong has deepened reforms in its investment management system, perfected its investment preferential policies, and has been actively seeking inter–governmental investment cooperations in order to create a favourable policy environment for foreign investment and cooperation.

With overseas project contracting as trail–blazer, Guangdong prepares to let its equipment products, technologies, standards and services go global. To make this happen, support from financial services is essential.

Guangdong enterprises have made huge investment in countries along the Belt and Road, their cooperation covering infrastructure, energy resources, processing and manufacturing, logistics and transportation, agriculture, forestry development, and etc. Cooperation methods have expanded from traditional goods and services to commodities, services, and capital export.

In 2017, Guangdong registered (approved) 703 enterprises (including institutions) for overseas investment. Chinese companies agreed to invest 12.24 billion US dollars overseas. The actual investment was 8.75 billion US dollars, decreased by 56.7% and 57.7% respectively. The structure of overseas investment market is getting optimised.

Guangdong enterprises' actual investment in Asia was 5.34 billion US dollars, accounting for 61.0% of the total overseas investment. The total actual investment in Latin America was 8.0 million US dollars, North America was 5.7 million US dollars and EU was 240 million dollars, accounting for 9.1%, 6.5% and 2.8% of the total amount respectively. The total actual investment in Oceania countries was 140 million US dollarsand Africa 64.92 million US dollars, accounting for 1.6% and 0.7% of the total respectively (See Table 2-14, Figure 2-17).

Table 2-14 Guangdong enterprises' direct overseas investment by industry in 2017 and its growth rate

Industry Name	Value of Direct Overseas Investment (100 million US dollars)	Year-on-year Growth Rate (%)
Sum	87.5	-57.7
Agriculture, forestry, animal husbandry and fishery	0.2	-70.2
Mining industry	0.9	-64.3
Manufacturing	11.7	-56.7
Electricity, gas and water production and supply	0.04	34.1
Construction industry	0.5	-73.9
Transportation, warehousing and postal services	0.5	-60.9
Information transmission, computer services and software industry	11.5	76.3
Wholesale and retail	11.1	-74.9
Accommodation and catering industry	0.2	-43.6
Financial industry	0.8	49.0
Real estate industry	3.5	-74.9
Leasing and business services	26.0	-54.2

Source: Guangdong Statistical Yearbook.

The industrial structure of the foreign investment has been continuously optimised. Investment in rental and business services industry was 2.60 billion US dollars, accounting for 29.8% of the total. Investment in manufacturing industry was 1.17 billion US dollars, accounting for 13.4% of the total; and investment in information transmission, software and information technology services industry was 1.15 billion US dollars, accounting for 13.2% of the total. And finally, the investment in wholesale and retail trade 1.11 billion US dollars, accounting for 12.7% of the total (See Table 2-15, Figure 2-18).

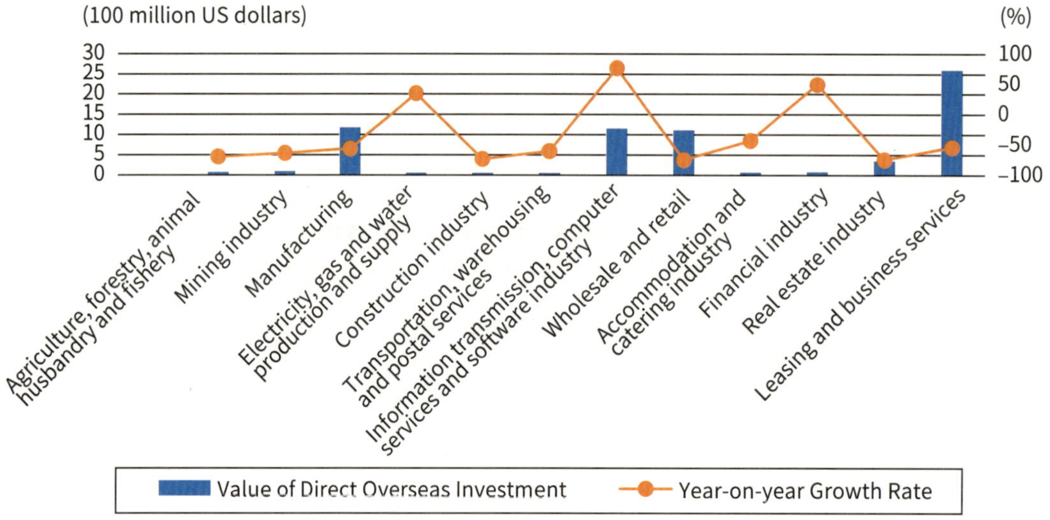

Figure 2-17 Guangdong enterprises' direct overseas investment by industry in 2017

Table 2-15 Guangdong's overseas investment market structure

Regions	Overseas Investment Market Structure (Value of Actual Investment 100 million US dollars)	Percentage of Total Investment (%)
Asia	53.40	61.00
Latin America	8.00	9.10
North America	5.70	6.50
EU	2.40	2.80
Oceania	1.40	1.60
Africa	0.65	0.70

Source: Guangdong Business Yearbook.

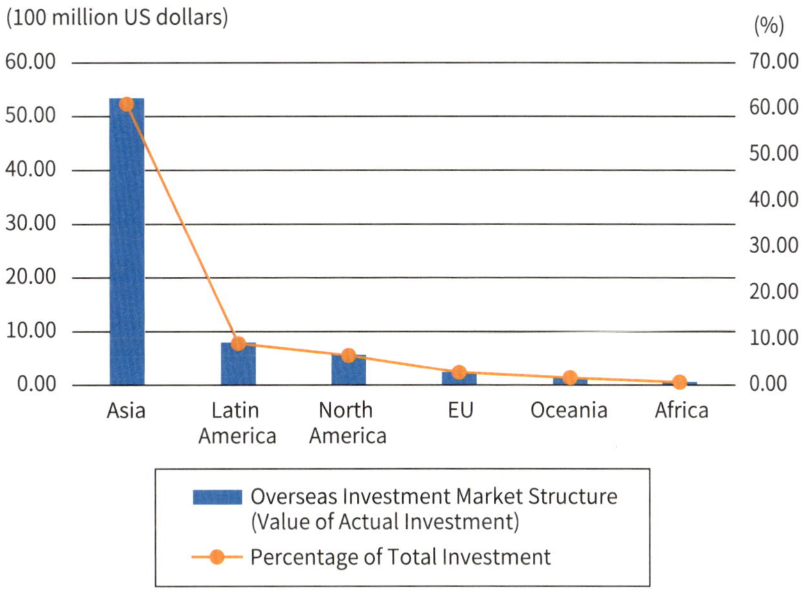

Figure 2-18 Guangdong's overseas investment market structure

2.1.3 The Level of Guangdong's Foreign Cooperation Development has been Considerably Upgraded

Guangdong carries out in–depth policy coordination with foreign countries and strengthens its cooperation matching mechanism. In 2017, Guangdong provincial leaders led 16 delegations to visit countries in Europe, South Pacific, and Southeast Asia.On the other hand, they received a total of 89 delegations of sub–provincial level and above. Further more, seven new consulates settled in Guangzhou, making the total number 60.

Guangdong provincial government also held a number of meetings with countries along the Belt and Road, including the 5th Thailand–Guangdong Cooperation Coordination Meeting, the 6th Vietnam–Guangdong Cooperative Coordination Meeting and the 8th meeting with Singapore Cooperation Council.

Guangdong has officially established 187 sister cities relationship now. There are 22 economic and trade representative offices overseas and 12 Guangdong chambers of commerce abroad. The province has established long–term cooperative relations with more than 60 industrial and commercial organisations along the Belt and Road.

Guangdong successfully held several expos, for example, 2017 Guangdong 21st Century Maritime Silk Road International Expo, 2017 China Processing Trade Products Expo, the first China–Latin America

International Expo. In addition, Guangdong also held exhibitions in countries along the Belt and Road, for example, Guangdong–Polish Commodities Exhibition, Guangdong–Indonesian Commodities Exhibition, Guangdong and Macao Famous Products Trade Fairs, and etc.

Guangdong vigorously promotes facilities connectivity and builds a high–level integrated transportation system. Guangdong has made significant progress in building international aviation hubs and world–class port groups, further connecting countries along the Belt and Road (See Figure 2-19). By the end of 2017, Guangdong has opened 350 international container liner routes, connecting more than 230 ports and cities in more than 80 countries (regions).

Figure 2-19 Zhanjiang Port

Guangzhou Baiyun Airport has extended its network to 212 destinations around the world and has become one of the world's major integrated aviation hubs.

Guangdong has completed layout of three national hub nodes: Dongguan Shilong, Guangzhou Dalang and Shenzhen South Pinghu, reaching out to international cargo stations in many countries including Kazakhstan, Kyrgyzstan, Tajikistan, Turkmenistan, Uzbekistan, Russia, Germany and Belarus.

In 2017, a total of 227 freight trains were running from Guangdong to Central European and Central Asian countries, transporting total cargo worth of 76.66 million US dollars, a year-on-year increase of 111%.

Total cargo volume shippedviaports in Guangdong hit 470 million tons, up by 10.7%. The total number of containers for import and export hit 28.421 million, a year-on year increase of 3.5%. The number of inbound and outbound transportation vehicles and personnel increased by 1.2% and 2.1% respectively.

Guangdong promotes unimpeded trade and intensifies international production capacity cooperation. Guangdong's foreign trade has a steady growth (See Table 2-16, Figure 2-20 to Figure 2-23). Both its foreign investment and overseas investment have maintained a good momentum, while cooperation in international production capacity continues to intensify.

BYD Group signed cooperation agreement with Iloilo City in the Philippines and Alexandria, Egypt to build a straddle-type monorail urban transportation system (dubbed as "Cloud-Track") with a total mileage of about 150 kilometers overseas. This is a good example of exporting high-end manufacturing products from China to countries along the Belt and Road.

Midea Group invested 840 million RMB in a new home appliance manufacturing plant in Pune, a city in western Indian. It is expected to be put into operation by the end of 2018, creating 500 local jobs. Xinghui Precision Co., Ltd. successfully acquired CMI Group, a leading Italian manufacturer of home appliance connectors. These will help Chinese companies to upgrade their mid-to-high end industrial lines, while paving way for their entry into international markets in Europe and America.

Table 2-16 Import and export volume among Guangdong and countries along the Belt and Road (64 countries) (100 million US dollars)

Item / Year	2013	2014	2015	2016	2017
Total Import and Export Volume	1791.1	2035.6	1969.6	1981	2219.5
Export	997.3	1181.9	1252.2	1279	1423.9
Import	793.8	853.8	717.4	710.9	795.7
Percentage of Export Volume (%)	55.68	58.06	63.58	64.56	64.15
Percentage of Import Volume (%)	44.32	41.94	36.42	35.89	35.85

Source: According to Customs Statistics.

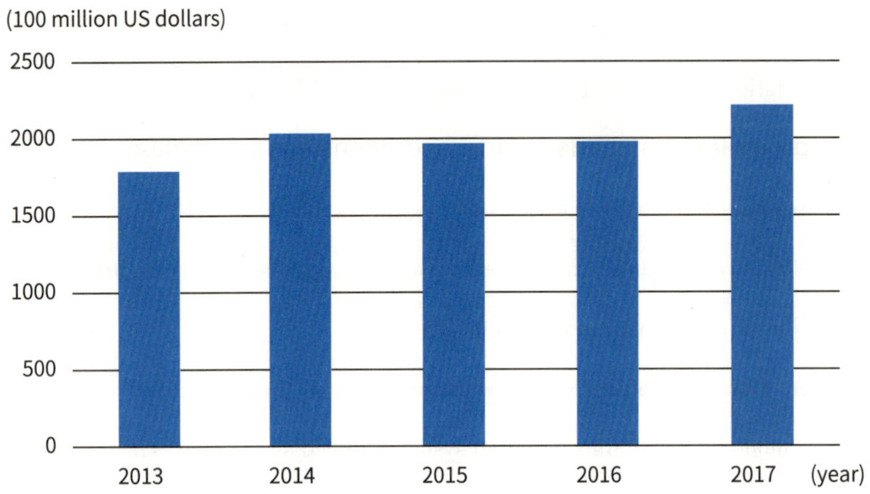

Figure 2-20 Import and export volume among Guangdong and countries along the Belt and Road (64 countries)

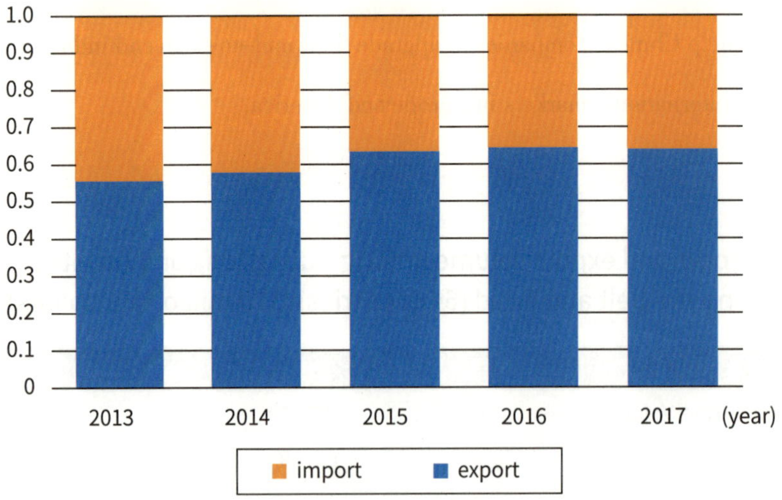

Figure 2-21 Ratio of import to export volume among Guangdong and countries along the Belt and Road (64 countries)

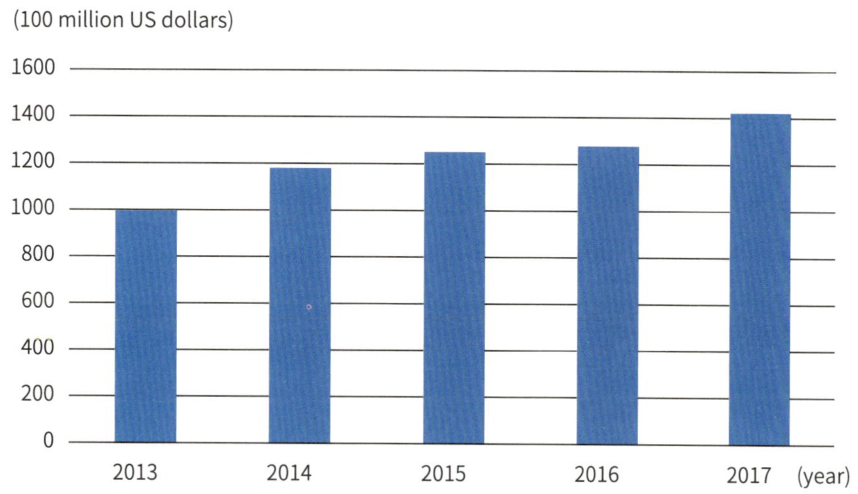

Figure 2-22 Export volume among Guangdong and countries along the Belt and Road (64 countries)

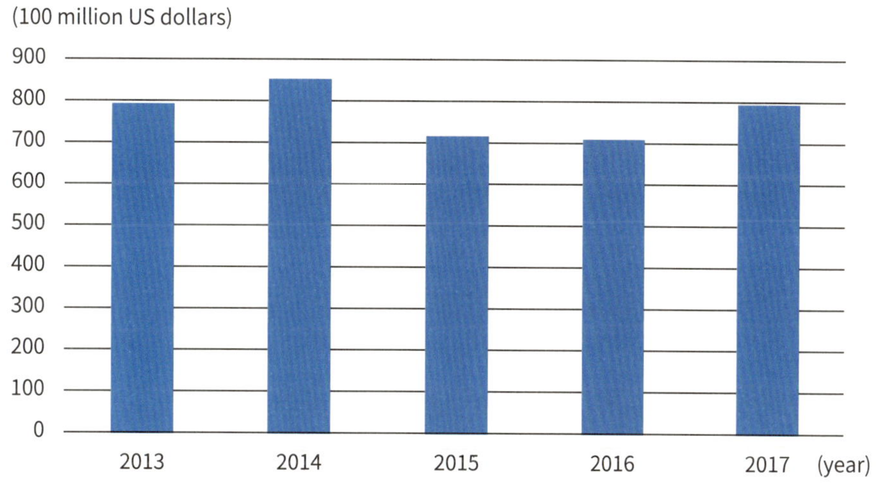

Figure 2-23 Import volume among Guangdong and countries along the Belt and Road (64 countries)

Guangdong has been actively seeking financial integration to better support services. Guangdong has closely followed the country's financial policy and seized the opportunities to broaden its overseas financing channels.

Approved by the State, Guangdong issued 5.44 billion US dollars foreign debt quota in 2017 to help its enterprises reduce capital costs and ease operational pressure.

The Belt and Road Initiative Office in Guangdong has established strategic partnerships with policy-oriented financial institutions, developmental and commercial banks such as Export-Import Bank, PICC, CITIC Insurance, HSBC, and Ernst & Young. Together they provide specialised services such as loans and risk management for key projects and enterprises in Guangdong.

Case 1: Guangdong Branch of Export-Import Bank supports financial integration for the Belt and Road Initiative

The Export-Import Bank of China is a policy bank that supports the development of an open economy in China. It takes the responsibility to support the Initiative development. In recent years, the bank's Guangdong Branch (hereinafter referred to as China Exim Bank Guangdong Branch) has fully exerted its policy-based financial advantages to serve the Initiative with great endeavour,and has become a major contributor to the Initiative in the financial sector of Guangdong.

- **China Exim Bank strives for excellent financing services**

In terms of financing services, China Exim Bank has a set of complete financing service products, including loans, trade financing, international settlement, and investment funds. China Exim Bank Guangdong Branch mainly uses these products to provide a full range of financing services for Guangdong enterprises to participate in the Belt and Road Initiative.

First, credit financing services include both policy loans and self-operated loans. Policy loans mainly include preferential interest rate loans and PSL loans with targeted support. Types of self-operated loans are usually accompanied by policy loans.

The second is finance services for trade. Its types include letters of credit, letters of guarantee, forfaiting, and interest rate exchange swaps. They are to meet the needs to trade financing and to avoid risks in the Initiative projects.

The third is international settlement services. By way of international settlement network, it makes business transfer easier for Guangdong enterprises overseas.

The fourth is a combination of investment and loan services. China Exim Bank has more than a dozen foreign investment funds, including China-ASEAN Investment Fund, and Fund for China-Latin America, China-Central and Eastern Europe, and China-Africa capacity cooperations. It is also one of the major shareholders of Silk Road Fund. China Exim Bank Guangdong Branch uses these funds and cooperates with loan types to provide multi-faceted financing services for Guangdong enterprises participating in the Initiative.

- **China Exim Bank provides professional fusion financial services**

In terms of fusion financial services, China Exim Bank functions as China' s international economic cooperation bank. It is responsible for international negotiations on China' s official export credit rules. It also has close contacts and cooperation with international peers and corresponding government departments.

The Export-Import Bank of China has established a multi-level branch network abroad, maintaining good cooperative relations with local governments and relevant parties, and has a wide range of information sources.

After more than 20 years of development, China Exim Bank has accumulated a large number of international professionals who are familiar with the rules of international markets, and have done in-depth researches on country risks as well as laws and regulations of the host country.

The bank provides multi-faceted fusion services for the Initiative with their extensive international networks, professional information collection and long-term accumulated international financing experience.

As projects enter their initial stage of developmentas well as the so-called pre-credit investigation period, China Exim Bank Guangdong Branch will sort out all the legal and policy risks involved in the project before providing their customers with legal advice to avoid risks. For example, in the early stage of a project, the bank will provide customers with information on political, economic, cultural, legal, and policy risks in different countries, as well as tips and information on country risks and overseas investment risks. When the project is in operation, the bank will provide customers with country risks reports on a regular basis, as well as timely information and risk warnings of politics, economy, culture, legal and investment environment in the region.

- **China Exim Bank covers a wide range of countries**

The bank's Guangdong Branch provides loan services in 18 countries along the Belt and Road, including Indonesia, Vietnam, India, Laos, Qatar, Thailand, Singapore, Bangladesh, United Arab Emirates, Malaysia, Saudi Arabia, Poland, Cambodia, Hungary, Jordan, Uzbekistan, Turkey, and Russia. Among these above, Indonesia, Vietnam and India are the top three countries with the biggest amount of loans.

- **China Exim Bank supports international economic and trade cooperation in all aspects**

China Exim Bank Guangdong Branch has a wide range of professional credit products and special preferential funds to support Guangdong enterprises in the Initiative (See Figure 2-24, Figure 2-25). The bank focuses on such fields as foreign trade, foreign investment, and international cooperation, encouraging domestic enterprises to open up to the outside world.

The bank has professional as well as differentiated credit business products. It has rich experience in trade finance and financial market businesses. It can meet the needs of Guangdong enterprises participated in the Initiative with high-quality, high-efficiency and low-cost credit products in terms of medium and long-term loans on overseas equity investment, resource development, project contracting, product export, raw materials and import of technical equipment. In addition, it can also meet the demand of enterprises on short-term loans and settlement by providing such services as financing for export orders and Forfaiting. In summary, China Exim Bank Guangdong Branch can support Guangdong enterprises in all aspects of international economic and trade cooperation.

Figure 2-24 Guangdong Branch of Export-Import Bank signed a strategic cooperation agreement with Guangdong Development and Reform Commission

● **China Exim Bank supports the Initiative's major and model projects**

The bank's Guangdong Branch has supported such major and model projects as China-Europe freight trains, Vietnam Yongxing coal-fired power plant project, nickel-iron smelter in Qingshan Industrial Park in Indonesia, Laos 1A Highway project, and power plant project in Jordan. The list continues with the main project of Hong Kong-Zhuhai-Macao Bridge, Zhuhai Connection Line Project, Baiyun Airport expansion project, Zhanjiang Airport relocation project, China Southern Airlines International Aviation Hub Construction, Guangzhou International Shipping Center and the Nansha Port Construction.

Those major and model projects mentioned above will encourage more Guangdong enterprises to better perform in the Initiative, especially in the field of facilities connectivity.

Figure 2-25 China Exim Bank Guangdong Branch signed a strategic cooperation agreement with Department of Commerce of Guangdong Province

Guangdong strengthens connection between people and expands exchanges and cooperation in all fields. Guangdong has extensively carried out cultural exchanges with countries along the Belt and Road. For example, Sun Yat-sen University has enrolled 234 undergraduate students from countries along the Initiative routes. Jinan University offered Chinese training classes for international students in countries along the Belt and Road.

Governments in Guangdong, Hong Kong and Macao signed a letter of intent on jointly promoting cultural exchange and cooperation for the Belt and Road Initiative.

Guangdong has organised a delegation of doctors to South Pacific Island countries and gives local citizens free health checks. Guangdong-Macao Traditional Chinese Medicine Technology Industrial Park is also under construction.

Guangdong has set up 15 overseas tourism promotion centers. The "Self-Driving Tour" program for Guangdong, Hong Kong and Macau yachts in the Guangdong Free Trade Zone has been approved by the state. Guangdong has also successfully held a number of the Belt and Road Initiative cultural exchange events, for example, the Eastern Guangdong Overseas Chinese Expo, the World Hakka Merchants Conference, and overseas Chinese as part of the Initiative cultural exchange programs.

2.2 Guangdong Moves Up the Global Value Chain

Guangdong invests heavily in R&D and innovation, in order to help enterprises overseas to strengthen their brand recognition and improve their marketing. The ultimate aim is to help Guangdong enterprises move up in the global value chain, expanding the space and depth of their involvement in the Initiative.

2.2.1 Guangdong has Significantly Improved Its R&D and Innovation Capabilities

Guangdong adheres to the core strategy of having innovation as the driving force for its development. It promotes multi-level collaboration and innovation among production, education and research. This is to turn scientific and technological innovations into industrial development, accelerating the formation of an economic system and development model that is guided and supported by innovation. These measures have proven to be effective.

Innovation continues to make contributions to Guangdong's economy. Guangdong focuses on the development of artificial intelligence, genetic editing, Internet of Things, quantum communications, energy technology and other frontier areas. It also strengthens application-oriented technology R&D in the fields of green development, environmental protection and health. A lot of innovative enterprises with independent intellectual property rights and core competitiveness have emerged (See Figure 2-26).

In 2017, the province's R&D expenditure exceeded 230 billion RMB, ranking the first in the country, accounting for 2.65% of the regional GDP. The number of national-level high-tech enterprises reached 33,073, jumping to the first place in the country. In the first half of 2018, Guangdong incubators recruited another 3,380 high-tech enterprises, housing a total numberof 20,000 start-ups.

The number of Guangdong's effective invention patents, PCT international patent applications as well as the comprehensive strength of patents have ranked the first in the country for many years.

Figure 2-26 Shenzhen National Bio-Industry Base

The ratios of technology self-sufficiency and contributions of scientific and technological researches are registered at 72.5% and 58% respectively.

Guangdong also puts emphasis on high quality. Its total number of national-level quality supervision and inspection centers as well standards alliances ranks in the first place of the country. Guangdong has also been awarded the highest grade A for three consecutive years in the national quality work assessment.

Guangdong accelerates the construction of its innovation platforms. The National Science and Technology Industrial Innovation Center in Guangdong and the national-level Independent Innovation Demonstration Zone in the Pearl River Delta are under construction. Plannings of Guangzhou-Shenzhen Science and Technology Innovation Corridor has also been released. Guangdong's regional innovation capability ranks the first in the country.

Guangdong makes great effort in cultivating high-tech enterprises. It builds major innovation platforms, and helps to upgrade key provincial laboratories to the national level. For example, Guangdong attaches great importance to scientific installation projects such as China (Dongguan) spallation neutron source, and Huizhou heavy current and heavy ion accelerator. These are the core of Guangdong's National Grand Science Center. The provincial government also supports the construction of new research and development institutions, specialised incubators and community-operated maker space, turning them into role models.

In 2017, there were 219 new R&D institutions in Guangdong, and 690 incubators for technology enterprises. There are R&D centers in all the industrial enterprises with business income of more than 500 million RMB.

Guangdong boasts of high-level universities, universities of science and engineering, and key disciplines. Two universities and 18 disciplines are in the top tier of the country.

New progress has been made in setting up international venture capital centers. In 2017, the scale of Guangdong's equity investment funds reached 1.1 trillion RMB. Guangdong accelerates its pace in establishing a technological innovation center system. In order to develop an industrial and technological innovation alliance, Guangdong has established several provincial level technological innovation centers and manufacturing innovation centers. Guangdong continues to improve its public innovation service platforms for small and medium-sized enterprises, in a way to perfect its science and technology service systems.

Case 2: Huafa Group builds an international platform for innovation and entrepreneurship cooperation

Founded in 1980, Zhuhai Huafa Group (hereinafter referred to as Huafa Group) is the largest integrated enterprise group in Zhuhai. In recent years, it has continuously entered the lists of top 500 Chinese enterprises and the top 500 Chinese service enterprises.

As an important node country along the Belt and Road, Israel' s uniqueness lies in its geographic location, advanced science and technology, a stable social environment and strong economic strengths. In June 2015, Huafa Group became an important strategic partner of Israel Infinity Group by acquiring Hong Kong Infinity Capital Management Co., Ltd.

Huafa Group and Infinity Group organized China-Israel Science and Technology Innovation Investment Conference to help build an international platform of innovation and entrepreneurship. Their projects include China-Israel accelerator industrial park, China-Israel innovation-driven enterprise alliance, and China-Israel science and technology innovative intellectual property rights trading platform. These efforts will help build a solid foundation for Zhuhai' s economic development and for China-Israel cooperation.

- **China-Israel Science and Technology Innovation Investment Conference**

In March 2017, President Xi Jinping met with Israeli Prime Minister Benjamin Netanyahu and announced that China and Israel established an "innovative and comprehensive partnership". The two parties signed a document entitled "Three-Year Action Plan for China-Israel Economic and Technical Cooperation Mechanism."

As an important platform for China and Israel to promote scientific and technological innovation exchanges and cooperation, China-Israel Science and Technology Innovation Investment Conference (hereinafter referred to as the "China-Israel Conference") was included in the "Three-Year Action Plan for the Intergovernmental Economic and Technical Cooperation Mechanism". Huafa Group and Infinity Group are the organisers of the China-Israel Conference. The first conference was held in Beijing, China in January 2016. The second was in Tel Aviv, Israel, in September of the same year. From the third conference on, it has been settled in Zhuhai.

The third China-Israel Conference was successfully held at Zhuhai International Convention and Exhibition Center from June 27th to 28th in 2017 (See Figure 2-27). A total of 2,759 enterprises participated in the conference, and nearly 3,000 people attended the opening ceremony, including 255 famous innovative enterprises from Jerusalem, Tel Aviv and Haifa. Leaders from 25 cities in 8 provinces, including Guangdong and Jiangsu, led more than 500 delegates to the conference. It was the largest Sino-Israeli innovation exchange event since China and Israel established diplomatic relations. The fourth China-Israel Conference was held from July 2nd to 3rd, 2018. More than 2,400 companies and 5,800 guests attended the conference, attracting some 11,000 visitors.

China-Israel conferences have compact agenda, rich content and remarkable

Figure 2-27 The Third China-Israel Science and Technology Innovation Investment Conference

results. Events of the conferences included opening ceremonies, keynote speeches, roundtable forums, B2B matchmaking, Israeli corporate roadshows, demos of China-Israel cooperation cities, China-Israel urban cooperation dialogue forum, China-Israel patent technology exhibitions and auctions, China-Israel cooperation achievements exhibition, Zhuhai investment environment surveys, and so on and so forth.

A total of 29 projects kicked off and contracts were signed with a total value of more than 3 billion US dollars. China-Israel B2B matchmaking has seen 1819 projects with preliminary cooperation intentions.

Huafa Group has seized the opportunities of China-Israel conferences and helped Zhuhai build a number of innovative and entrepreneurial cooperation platforms (See Figure 2-28). China-Israel Innovation-driven Enterprise Alliance, open to the whole

Figure 2-28 Launching ceremony of the technology innovation and intellectual property rights trading platform

country, promotes Sino-Israeli scientific and technological innovation cooperation. It is a good communication platform for scientific and technological innovation cooperation among Sino-Israeli enterprises. Huafa Group has established a China-Israel science and technology innovative intellectual property rights trading platform, introducing high-quality intellectual property assets from Israeli enterprises, universities, and research institutes.

- **China-Israel Accelerator Project attracts global innovation resources**

In July 2018, China-Israel Accelerator Project, which was jointly established by Huafa Group and Israel Infinity Group, officially kicked off. It is an important achievement of the third China-Israel Science and Technology Innovation Investment Conference. It is also an important platform for innovative resources allocation, attracting innovative talents and industries.

The accelerator project covers an area of 74,000 square meters, with a total construction area of about 300,000 square meters and a total investment of about 2 billion RMB. After the project is completed, it will help gather global innovation resources, and seek strategic partners such as accelerators, incubators and industrial parks in Israel. And its ripple effect is expected to attract more innovative science and technology projects from Israel to settle in Zhuhai.

It is expected that the China-Israel accelerator project will cultivate more innovative entities, helping Zhuhai to develop and strengthen its economy. It is also an important step for Zhuhai to be able to participate in the Belt and Road Initiative, becoming a hub of innovation in the Greater Bay Area of Guangdong, Hong Kong and Macau. It will be a powerful engine for Zhuhai to become a national-level innovative city.

The China-Israel accelerator project will help attract international capital, and bring more opportunities to Chinese enterprises in terms of capital operation, financing, listing and M&A. It will also contribute to the Belt and Road Initiative development.

● Huafa Group has established an international resource integration platform to assist enterprises going global

Huafa Group is seeking opportunities to set up a branch in Israel, and an Israel innovation center in Zhuhai. This is a platform to tap into Israeli innovation resources, gathering the latest information on innovation from Israel as well as from the world. Zhuhai enterprises going global can also use it as an international platform for resource integration.

The innovation center will connect Zhuhai Innovation-driven Enterprise Alliance with Israeli innovative resources, providing shared office spaces for alliance companies going to Israel.

With the help from Zhuhai-Israel Economic and Trade Representative Office and the Zhuhai (Israel) Overseas Innovation Center, Huafa Group will try to establish a friendly relationship with Israeli research institutes, incubators, accelerators and key enterprises to exchange information on economic and trade cooperation. By integrating Israeli innovation resources, Huafa Group seeks to speed up the accelerator project, introducing new energy into Zhuhai's modern economy.

Guangdong attracts more and more innovative talents. Guangdong is committed to building a talent highland. It has implemented major projects such as the "Pearl River Talent Plan", "Guangdong Special Support Plan" and "Talent Sailing Plan". It stresses importance on cultivating doctoral and postdoctoral talents. The provincial government are researching on more effective policies to attract innovative talents. It has increased efforts to attract talents in science and technology and teams of high-quality innovation. It supports enterprises to set up overseas technology research and development centers, implementing a policy of attracting talents with flexibility.

Guangdong has implemented policies to innovate education and trainings of skilled workers and craftsmen. It plans to upgrade technician schools to a higher and internationalised level. It will better serve the talents by carrying out reforms on the system of professional and technician titles and issue preferential and flexible policies to attract talents and make them stay.

Guangdong has significantly improved its environment for innovation. Guangdong has systematically carried out reforms in order to create a good environment for innovation. It is also implementing incentive policies regarding the ownership and transformation of scientific findings and technological achievements, as well as the rights of disposal, and income distribution.

Great efforts have been made in building the National South Center for Technology Transfer and the South China Technology Transfer Center. Guangdong strives to become a national model in this field. Stresses have also been made on creation, protection and application of intellectual property rights. Guangdong has vigorously promoted patent pledge financing, in an effort to become the national center for intellectual property rights transaction, and a province leading in intellectual property rights.

Guangdong has strengthened its innovation capabilities. Guangdong strives to improve the intrinsic quality of its enterprises going global by strengthening their innovation capabilities, standard systems and intellectual property rights protection.

Guangdong enterprises have actively expanded their international marketshare. They have engaged themselves in new businesses such as virtual design, intelligent manufacturing, and smart services. Equipment industries with international competitive advantages are encouraged to go global, transforming Chinese manufacturing from low value-added to high value-added industries.

2.2.2 Guangdong Perfects Its Institutional Mechanisms to Support Opening-up and Innovation Cooperation

Guangdong is developing a global economic and trade exchange platform and network. It has pooled the resources of provincial representative offices overseas and drafted Interim Measures for Coordinating Guangdong Provincial Representative Offices Overseas.

At present, Guangdong has successfully set up three economic and trade offices directly under the provincial government. They are located in Los Angeles (US), Munich (Germany), and Kuala Lumpur (Malaysia). The three economic and trade offices have established contacts with local government departments, business associations and enterprises. Further more, they are actively searching for projects that match with those in Guangdong.

In the first half of 2018, Guangdong North American Economic and Trade Office organised several events, including Guangdong–California Economic and Trade Summit, 35th Anniversary Celebration of Guangdong–Massachusetts as Sister Province/State and Guangdong Economic and Trade Promotion Conference, and 2018 China–US Clean Technology Summit.

Guangdong European Economic and Trade Office helped enterprises from such cities as Shenzhen, Zhuhai and Jieyang to participate in the 2018 Hannover Industrial Fair. It also assisted the Provincial Water Resources Department, Free Trade Office, as well aseconomic and trade groups from Maoming, Yunfu, Nansha District of Guangzhou, and Foshan Sanshui in economic and trade exchanges with their counterparts in Europe.

Guangdong Southeast Asia Economic and Trade Office did researches on such projects as extensive reclamation of rubber in Sarawak, Malaysia. It also assisted communications between Guangdong enterprises and Malaysian government. For example, it organised investors from Selangor, Malaysia to visit Guangdong as a group. And it co–hosted the Belt and Road Initiative Cross–border E–commerce Summit of Enterprises from Guangdong Province and Selangor, Malaysia.

Guangdong has set up exhibition and sales centers overseas to promote its famous and high–quality products. In 2017, Guangdong Famous Brands Exhibition Center was officially opened in Sydney. It was a joint effort by Guangdong Provincial Department of Commerce, Foshan Municipal Government and China Liansu Group.

This is the first Guangdong famous brand exhibition center on foreign soil. It is also Sydney's largest exhibition center for household products such as building materials. Companies stationed in the center come from such cities as Foshan, Jiangmen, Zhongshan, and Chaozhou.

Guangdong has established an evaluation system for products to enter those overseas exhibition centers of famous and high–quality commodities. Those centers overseas also serve the purpose of helping enterprise to develop key markets along the Belt and Road via integrated marketing.

In the first half of 2018, Guangdong has listed the following exhibition centers as its key projects. They are: the UAE Merchant Exhibition Center, Dongguan Commodity Exhibition Center in South Africa, Zhongshan Meiju Indoor Products and Trade Exhibition Center in South Africa, and Lingshang Direct Marketing Center of building materials in Australia.

Guangdong strives to improve its Customs clearance efficiency. Guangdong has streamlined customs clearance services. It is the first in the country to have implemented the national standard single-window system, which enables international (cross-border) traders to submit regulatory documents at a single location.

By the end of 2017, the total declared quantity at the single window service in Guangdong accounted for 36% of that of the country's total. Its daily average declared quantity, accumulative declared quantity, and declared quantity via on-line applications all ranked the first in the country.

Guangdong Customs has significantly reduced the time and cost of cargo clearance. An assessment system of clearance cost efficiency has been extensively used throughout the province.

By standardising all aspects of its operations and by putting time limits to port load and unload, warehousing and other procedures, Guangdong Customs has compressed cargo clearance time to only 1/3 of its original.

Guangdong Customs has expanded its pilot project, in which they exempt hoisting shift and storage fees for those foreign trade companies which have been cleared by inspections without any problems. In 2017, the total amount of fees exempted in Guangdong reached 101 million RMB, benefiting more than 43,000 foreign trade enterprises.

2.2.3 The Belt and Road Initiative Upgrades Guangdong Enterprises in the Global Value Chain

International production capacity cooperation on major projects is the key to the Belt and Road Initiative. More and more Guangdong's overseas investment flows to the real economy, in line with the Initiative's policy on international production capacity cooperation with countries along the Belt and Road.

Guangdong has improved its overseas investment cooperation information service system. It has set up a project bank of major overseas investment with a tracking service. For example, it coordinates with Midea Group's acquisition of the world's third largest robot manufacturer KUKA in Germany and Servotronix in Israel, as well as its other M&A projects in Belarus. Another case is the acquisition of US laser printer giant Lexmark by tech firm Apex in Zhuhai. It has been the largest acquisition in the global printer industry.

Science and technology exchange and cooperation is the source of innovation in the Belt and Road Initiative. Guangdong has made great efforts in promoting innovation cooperation as well as scientific and technological exchanges with countries along the Belt and Road. For example, two of Guangdong's research institutes have been approved as national-level based for international science and technology cooperation. They are China-Ukraine Barton Welding Research Institute affiliated to Guangdong Academy of Sciences, and International Science and Technology Cooperation Base for Tropical Health Food affiliated to South China University of Technology.

In June 2017, Guangdong Provincial Department of Science and Technology and the UK's Innovation Agency signed a Memorandum of Understanding on Industrial Technology R&D Cooperation in London, UK. Together they kicked off a bilateral joint funding program.

In 2017, Guangdong applied to the State altogether 36 national key R&D strategic projects and inter-governmental international science and technology innovation cooperation projects. The number of provincial-level international science and technology cooperation projects reached 68. There were also 14 projects funded by joint funding programs with countries such as the United Kingdom, Israel, the Netherlands, and Austria.

From 2017 to the first half of 2018, Guangdong has organised 11 matching-making events on international scientific and technological projects. Some 100 foreign and 400 Chinese enterprises, organisations and institutes participated in those meetings.

The meetings include: China-Israel Advanced Manufacturing Innovation Technology Matchmaking Conference, 2017 China (Guangdong) -Japan SME Forum, Guangdong Science and Technology Department-Netherlands National Science Foundation Committee Chemical Industry Seminar, Guangdong-Austria ICT Matchmaking Conference, China-UK City Innovation Project Cooperation Matchmaking Conference, Guangzhou-Ontario Medical Technology Cooperation Seminar, Sino-US 3D Printing Education and Research Innovation Seminar, Guangdong and Ontario Canada R&D Innovation and Technology Exchange, "German

Industry 4.0" Seminar, China-Dutch Seminar on smart and green transportation technology, and Guangdong-Alberta International Technology Match-making Conference.

Pilot Free Trade Zones are the forefront of the Belt and Road Initiative in opening up. Guangdong has continuously deepened its reform and innovation on pilot free trade zones to be in line with the Belt and Road Initiative.

Guangdong has applied to the State for approval of its three strategic plannings to facilitate free trade and investment: 1) Plans to further reform and open up of pilot free trade zones. 2) Development plans of Guangdong Free Trade Port. 3) Pilot innovationson local and foreign currency account management.

In 2017, Guangdong reduced items on the negative list for foreign investment from 122 to 95. For 138 administrative licensing items, Guangdong separated business license approvals from examination approvals. The provincial government released its management authorities on 223 items to local districts, implementing "one seal approval for all" business facilitation mechanism.

Guangdong has established the country's first ecological security demonstration port in its pilot free trade zone. New sanitation and quarantine methods have been put into practice, e.g. "no-disease pass" and "special berth quarantine". And a new administrative service model called "enterprise exclusive webpage" has been selected as one of the best service cases among pilot free trade zones nation wide.

Guangdong is also active in financial business innovation. One example is its pilot project on NRA+ account, a new way of managing local and foreign currency accounts.

Guangdong has drafted the Guidelines for Operations of Domestic Bank Settlement on Overseas Institutions' Accounts. It is the first of its kind in the country to run blockchain cross-border payment and blockchain cross-institutional financial application. It is also the first in the country to set up a national-level platform for financial innovation intellectual property rights transactions.

By the end of 2017, the world's top 500 enterprises had established 411 enterprises in Guangdong Pilot Free Trade Zone, while 178 leading enterprises of different industries based their headquarters there.

Guangdong Pilot Free Trade Zone has also cooperations with its counterparts in different countries, such as Iranian Qeshm Island Self-Funded Area, Dubai Airport Free Trade Zone, Irish Shannon Free Trade Zone and the ASEAN Small and Medium Enterprise Economic and Trade Development Committee. On the other hand, Guangdong is in negotiation with Kuwait, Malaysia, Indonesia, Cambodia, Belarus, Portugal and other countries on jointly developing free trade parks or industrial parks.

Guangdong has built a third-party testing platform, jointly run by Guangdong and Macao Traditional Chinese Medicine Science and Technology Industrial Park and Intertek Group, a world-renowned multinational inspection, product testing and certification company headquartered in London, UK. Guangdong also cooperates with medical and health institutions from Portuguese-speaking countries in the world, such as the Mozambican Ministry of Health and the Directorate-General of Health (DGS) in Portuguese.

In 2017, Guangdong successfully hosted the first World Free Trade Zone (Hengqin) Forum, attracting representatives from more than 30 countries and regions, as well as more than 1,000 cross-border investment institutions and multinational companies.

Cross-border cooperation parks are a broad platform for the Belt and Road Initiative. Guangdong is keen on cultivating overseas industrial cooperation parks. For example, China-Belarusian Industrial Park Guangdong Section has been listed as a key project by China's Ministry of Commerce. Three Guangdong lighting companies have already moved in. China-Saudi Jizan Industrial Cluster Zone has been listed as a key capacity demonstration zone on the national level.

By now, the PTA and its downstream industrial projects invested by Guangzhou Pan Asia Polyester Co., Ltd. have obtained the investment license by Saudi Arabia as its first foreign-owned petrochemical project. China-Vietnam (Shenzhen and Haiphong) Economic and Trade Cooperation Zone completed the equity restructuring of its investment entity. The Huajian Industrial Park in Ethiopia has developed 20 hectares of land and completed construction of 100,000 square meters of factory buildings. A total of 20 enterprises have either signed contract or letter of intent to move into the park,creating 3,500 jobs for the local people.

Substantial progress has been made by Guangdong enterprises in the construction of overseas parks in countries along the Belt and Road, such as Nigeria, Kenya and Uganda. By developing those major parks, Guangdong has transferred it surplus production capacity in such industries as LED, petrochemical, shipbuilding, high-tech industries, as well as textiles and garments.

The Guangdong-Hong Kong-Macao Greater Bay Area is an important fulcrum for the Belt and Road Initiative. Guangdong has actively cooperated with Hong Kong and Macao to participate in the Initiative. In 2017, joint business delegations from Guangdong and Hong Kong went to Thailand, Malaysia, Vietnam and other countries. They visited China-Vietnam (Shenzhen and Haiphong) Economic and Trade

Cooperation Zone.

In the first half of 2018, Guangdong, together with Hong Kong and Macao, held the Big Bay Area Investment and Business Environment Promotion Conference in Paris, France, attracting more than 400 well-known companies such as Schneider and Suez Group.

Together with Hong Kong, Guangdong held economic and trade cooperation exchange meetings in London, UK and Milan, Italy. Zhuhai held economic and trade cooperation exchange meeting in Madrid, Spain. Guangdong organised enterprises to participate in the 9th International Infrastructure Investment and Construction Summit in Macao, which has provided Guangdong enterprises with a communication platform for foreign contracting.

The 2018 Guangdong-Hong Kong Economic and Technical Trade Cooperation and Exchange Conference was held to build an online and offline platform for investment in the Greater Bay Area. Hong Kong Trade Development Council and local authorities of Guangzhou organised a forum entitled "Sieze New Opportunities in the Belt and Road Initiative and Join Our Efforts to Develop the Greater Bay Area". Guangdong delegates also went to Hong Kong for the 3rd Belt and Road Summit.

2.3 Guangdong has Expanded the Breadth and Depth of Opening Up Its Service Industry

In recent years, ratio of Guangdong's service industry in the three industries has continuously increased. And it has become an important force for Guangdong enterprises to go global and participate in the Belt and Road Initiative.

2.3.1 Guangdong has Made Significant Progress in Opening Up and Developing Its Service Industry

Guangdong's service industry has maintained a steady and rapid growth. In 2017, the added value of Guangdong's modern service industry reached 297.097 billion RMB, a year-on-year increase of 9.8%.

The proportion of added value in the service industry has continued to increase, accounting for 52.8% of Guangdong's GDP in 2017, an increase of 8.8 percentage points than that of 2008. The three industrial structures were adjusted from 4.6 : 43.4 : 52.0 in 2016 to 4.2 : 43.0 : 52.8. Contribution rate of the tertiary industry to Guangdong's GDP has reached 58.2%, becoming a main driving force for economic growth.

The proportion of modern service industry has increased. In 2017, the added value of modern service industry accounted for 62.6% of that of service industry's total, an increase of 1.0 percentage point over the previous year.

All the indicators of Guangdong's service industry have increased steadily, including the number of service enterprises above scale, the overall scale of operating income, and the average income per household. By the end of November 2017, the number of service enterprises above scale in Guangdong reached 17,208. And the overall scale of operating income exceeded 2 trillion RMB for the first time, reaching 202.162 billion RMB. The annual average operating income reached 117 million RMB, an increase of 4 million RMB over the same period in 2013.

There are a total of 15 large enterprises with annual revenues exceeding 10 billion RMB. In the first three quarters of 2017, the total import and export volume of service industry hit 949.76 billion RMB, a year-on-year increase of 25%. The proportion of service trade accounted for 16.2% of the total foreign trade, an increase of 1.7 percentage points over the previous year.

Case 3: Nanyue Bank provides comprehensive services for Guangdong foreign trade enterprises

Guangdong Nanyue Bank Co., Ltd. (hereinafter referred to as Nanyue Bank) was established in January 1998. It has developed from a city commercial bank to a regional commercial bank, and has become the backbone of local economy, supporting development of small and medium-sized enterprises.

● **Nanyue Bank carries out new measures in credit policy and industrial orientation**

Nanyue Bank has increased its credit supply to Guangdong foreign trade enterprises, actively supporting enterprises to participate in the Belt and Road Initiative.

In recent years, Nanyue Bank has increased its trade financing for Guangdong foreign trade enterprises, and has increased the quota of comprehensive credit grants to a number of small and medium-sized foreign trade enterprises, enabling them to obtain trade financing from banks for procurement, easing their cash flow and corporate liquidity management. In this way, enterprises have achieved better development. Nanyue bank has seized the opportunities to expand the market share of trade finance, achieving a win-win situation for both banks and enterprises.

Nanyue Bank focuses on developing its core value customer base (See Figure 2-29),

Figure 2-29 Nanyue Bank holds the New Era Financial Summit

and promotes such industrial sectors as modern agriculture and modern logistics industry, playing its strengths in trade finance businesses. The bank increases credit supply to Guangdong foreign trade enterprises, especially those in the key regions along the Belt and Road. It helps enterprises to go global by way of direct loan placement and financing.

- **Nanyue Bank provides streamlined services for import and export settlement**

Nanyue Bank launches innovative products and product portfolios that help optimise corporate financial structure, reduce financial costs, and avoid risks of exchange rate and interest rate.

These products include letters of credit and Forfaiting, Customs letters, cross-border RMB settlement, and etc. They have expanded financing channels of foreign trade enterprises, while reducing financing costs.

While supporting exports, Nanyue Bank also pays attention to the business expansions of foreign trade enterprises in domestic market. It strengthens innovations in domestic trade financing products, providing domestic factoring, domestic discounted tickets, domestic letters of credit and other package products. The bank also supports domestic sales with financing. In line with the country's export tax rebate policy, Nanyue bank provides pawn loans to enterprises that put up their accounts of export tax rebateas collateral. In conclusion, these new products have well supported the development of foreign trade enterprises.

In order to further improve the efficiency of cross-border RMB settlement and facilitate foreign trade enterprises to use RMB for cross-border settlement, Nanyue Bank has formulated a simplified implementation plan for related businesses. The plan meets the requirements published by People's Bank of China on simplifying cross-border RMB business process. Nanyue Bank has drafted guidelines for import and export business operations. It has optimised procedures of approving concessions of business fees and etc. The bank has developed proper practices and operational procedures in accordance with new direct investment and foreign exchange policies.

Nanyue Bank has improved its services and strengthened communications and exchanges between banks and enterprises. For two years in a row, Nanyue Bank has participated in the China (Guangzhou) International Financial Exchange Expo as an independent exhibition hall, which has attracted the attention of many foreign trade companies (See Figure 2-30).

Nanyue Bank conducts fixed-point communications with key customers and projects, providing special service plans. It follows up progresses of foreign trade projects in a timely fashion.

The bank excels in coordinating domestic and foreign banks, in order to help

Figure 2-30 Nanyue Bank at China (Guangzhou) International Financial Exchange Expo

enterprises going global. It not only helps enterprises overseas find suitable foreign banks, but also tries to solve their financing difficulties and protect their operations.

- **Nanyue Bank has formulated procedures for approving relevant business rate concessions.**

Based on sufficient market researches, it gives foreign trade enterprises a certain degree of settlement rate and exchange rate discounts.

Foreign trade enterprises may be able to get low-cost financing in overseas banks through the settlement and financing methods such as letters of credit, letters of guarantee, and Forfaiting, which have effectively reduced the cost for the enterprises. Through domestic trade financing and supply chain financing services such as domestic discounted bills, factoring, and domestic letters of credit, Nanyue Bank has improved the capital turnover efficiency of enterprises.

- **Nanyue Bank integrated its financial services for free trade zones**

Nanyue Bank has actively applied to regulatory authorities for setting up branches in free trade zones. It explores diversified business types, such as financial leasing guarantee business and cross-border two-way RMB fund pools.

Pilot programs are being carried out in free trade zones on reforms of unified management system for the domestic and foreign financial leasing industries. Nanyue Bank actively explores cooperations with financial leasing companies in the region. It opens a financing guarantee for customers, and provides post-sales and leaseback services under the finance lease, so that enterprises can get low-cost funds from abroad.

The cross-border two-way RMB fund pools system is set up for enterprise groups in free trade zones. It refers to the NRA RMB account opened at the Nanyue Bank by overseas companies within the group, and the overseas RMB account opened by other banks outside the country. Through the NRA RMB account, the domestic fund pools can be directly connected to the access pools overseas, thus realising the "ups" and "downs" of the capital freedom between domestic and overseas member companies within the group.

2.3.2 Guangdong's Production Service and High-tech Service Industries Develop Fast

In 2017, the added value of Guangdong's production service industry (PSI) hit 2434.475 billion RMB, up by 8.8% year-on-year. The operating income of the above-scale production service industry increased by 17.8% year-on-year, an increase of 4.1 percentage points over the previous year.

The transportation business of various types of goods closely related to production activities has flourished. In 2017, the annual added value of transportation, warehousing and postal services increased by 9.2% year-on-year.The operating income of road and water cargo transportation industry increased by 26.8% and 36.2% respectively. Total business volume of telecommunications and postal services increased significantly by 81.0% and 33.9% respectively.

The industries providing business service for production activities have developed rapidly. The operating income of intellectual property service industry and human resources service industry increased by 55.4% and 34.1% respectively in 2017. The operating income of the Internet and related service industries with high-end technology increased by 49.8%. Software and information services industry has grown by 26.2%.

High-tech service industry has developed rapidly. From January to November 2017, in the category of the above-scale service industry in Guangdong, the operating income of high-tech service industry reached 796.75 billion RMB, a year-on-year increase of 20.6%. Its growth rate was 4.1 percentage points higher than the overall growth rate of total service industry above designated size. It accounted for 39.4% of the operating income of the above-scale service industry, an increase of 10.9 percentage points over the same period in 2013.

2.3.3 International Competitiveness of Guangdong's Service Industry is Getting Stronger

Guangdong makes full use of its advantages in resources and geographic location. It engages itself in the international service industry with stronger competitiveness. It promotes technological progress and independent innovation in the service industry, and accelerates the transformation of traditional transportation services such as transportation and warehousing, postal services, wholesale and retail industries. It readjusts and upgrades the industry structure by increasing investment in modern service industry. It actively develops technology-intensive and knowledge-intensive as well as high value-added service industries.

Guangdong has vigorously developed new businesses such as maker space, internet finance, and cross-border E-commerce, and accelerated the applications of Internet of Things, cloud computing, and big data in sales services. Guangdong enterprises have accelerated the construction of a unified, open and shared overseas after-sales service system to ensure that customers are provided with convenient and proximity services. Great efforts have been made to enhance the competitiveness of China's services in the international arena. Guangzhou and Shenzhen are pilots in the national service trade innovation and development, actively exploring the innovation and development potential of service trade. They cultivate and support new foreign trade integrated service enterprises, cross-border E-commerce, market procurement trade, and etc.

Case 4: SF Express logistics services help export China's high-quality goods to the world

SF Holdings Co., Ltd. (hereinafter referred to as "SF") is committed to provide convenient and reliable international express delivery and logistics solutions for domestic and foreign manufacturing companies, trading companies, cross-border E-commerce and consumers.

SF's services can be customised according to customer needs, including integrated import and export solutions for market access, transportation, customs clearance and delivery. Apart from helping China's excellent enterprises and commodities to go global, SF also introduces world-class products to Chinese consumers (See Figure 2-31, Figure 2-32).

Figure 2-31 Shunfeng (SF) Airlines

Figure 2-32 Automatic Sorting System

- **SF has built an international service network**

By the end of 2017, SF Express destinations had covered 53 countries and regions including the United States, the European Union, Japan, the Republic of Korea, ASEAN, Brazil, Mexico, and Chile etc.

SF' s network has covered over 90% of South Asia countries, and its international packet service network has covered 225 countries and regions in the world. With the development of cross-border E-commerce logistics, SF Express continues to enrich one-stop industry solutions for cross-border services.

For example, SF has established warehouses overseas, providing head-end logistics services for Chinese merchants to use warehouses overseas. It also provides charter service for key flows.SF has integrated overseas resources and domestic high-quality cold transportation services,creating "one-stop" cross-border services for customers. SF has made breakthroughs in fresh cold chain services, as well as in new services such as Break-bulk Direct. SF has won a number of important cross-border trade customers in some key trade flows.

- **SF helps export Chinese bayberry to Singapore**

Chinese bayberries are popular fruit in China, which were already praised in ancient poems. They are native to Yuyao, Zhejiang in Southeast China, but are also planted in many other regions such as, Fujian, Hunan, Guangdong, Guangxi, and Guizhou. However, Chinese bayberries are not easy to preserve. They go bad easily during long-distance transportation. In addition, delays in Customs clearance also add up to the fruit transportation cost. Therefore, customers overseas have never been able to have the luxury to taste fresh and high-quality Chinese bayberries.

In February 2018, SF launched a project of importing and exporting special economic products. It provides logistics solutions to transport fresh food to countries along the Belt and Road, making it possible for domestic high-quality agricultural products go abroad.

Chinese bayberries from Fugong town in Fujian Province are one of the best of its kind. Matured in May and June, they taste soft and juicy. They have been certified as China' s geographical indication agricultural products and are very popular among Chinese.

In May 2018, when Chinese bayberries just matured and went onto market, SF got the order from a client in Zhangzhou, Fujian and transported 738 kilos of Chinese bayberries to Singapore. Within 24 hours, fresh Chinese bayberries from its place of origin were in the hands of Singaporean consumers.

On the morning of May 6th, SF cooperated with local suppliers to start the process of pre-treatment and check of Chinese bayberries. The client has a rich experience in exporting fruit to Singapore, Japan and Thailand. He has all the necessary export qualifications, which saves time for Customs clearance.

The client picked and packaged Chinese bayberries and then handed them to SF. At 10:00, SF transported the fruits to the closest airport and Customs clearance was completed at 11:00.

SF Express has its own direct flight route for air distribution. It took off at 18:00 from Xiamen Gaoqi Airport and arrived in Singapore at 22:40 local time.

At 4:00 a.m. on May 7th, SF's Singapore client picked up the fruit at the airport. At 8:00, fresh Chinese bayberries already appeared in the morning markets in Singapore. It was hard to imagine that one day earlier, those berries were still on the trees in Fujian.

Apart from Chinese bayberries, SF Express has a long list of food transportation. For example, they have transported moon-cakes from Guangzhou to Singapore, litchi from Dongguan to Singapore, crayfish from Hubei to Singapore, and bamboo-shellfish from Vietnam to China. SF's transportation and delivery are accurate to the last mile. And time means freshness. In this way, SF has helped Chinese quality products to go abroad.

Chapter 3 Guangdong Enterprises have Achieved Remarkable Results in the Belt and Road International Industrial Collaborations

Guangdong is a crucial hub on the Maritime Silk Road and an important frontline in China's open-up policy. For the past few years, equipped with the "Open Cooperation and Win-win Future" concept, Guangdong has deepened its international industry collaborations with countries along the Belt and Road.

Guangdong enterprises have proactively responded to the Belt and Road Initiative and the going-global strategy. They make full use of their competitive advantages in aspects such as technology, funding and talent, and have actively participated in the Belt and Road Initiative with market orientation. A batch of large scale industrial projects with huge benefits have been established to promote steady growth in countries and regions along the Belt and Road with better quality, more effectiveness and more sustainability.

3.1 International Industry Cooperation Continues to Expand

Five years after the Belt and Road Initiative was introduced, Guangdong has significantly developed its open economy, fostering new open cooperation advantages and forming a new all-round open pattern. International industry cooperation continues to expand. Guangdong has put emphasis on countries along the Maritime Silk Road in terms of international industry cooperation. It has built an international industry cooperation platform to help its advantageous production capacity meet the market requirements along the Belt and Road.

3.1.1 Manufacturing Production Capacity Cooperation Strides to Medium-high End

Guangdong Province is famous for manufacturing industry. In recent years, Guangdong manufacturing companies have continuously developed their technological strengths, relying on high-end processing equipment and advanced processing techniques, and have gradually replaced labour-intensive, low-technology production and processing. Guangdong's manufacturing industry is moving to medium-high end.

Guangdong promotes key projects in international production capacity and equipment manufacturing cooperation. In 2017, Guangdong improved foreign the investment cooperation information service system and established a major foreign investment project pool, driving Guangdong's advantageous production capacity to go global. Guangdong companies have strengthened their international production capacity and equipment manufacturing cooperation.

Some of the key projects include: China-Saudi (Jazan) Industrial Cluster Zone, Ethiopia-Guangdong Industrial Park, China-Belarus Industrial Park, Guangdong Optoelectronics Technology Industrial Park, Jordon Oil Shale Power Generation, Uganda Phosphate Rock Development, and Laos' Nam Ou cascade hydropower project.

Case 5: Guangxin Holdings built ferronickel project in Indonesia

Guangdong Guangxin Holdings Group Limited (hereinafter referred to as "Guangxin Holdings") was established in September 2000, with a registered capital of 162 million RMB. In recent years, it has transformed from a traditional single trade company to an investment group with certain degree of international resources consolidation and competitiveness, focusing on industry investment, capital operation and comprehensive foreign trade service platform construction. In 2017, Guangxin Holdings ranked 267th of the top 500 Chinese companies, 104th of the top 500 service industry companies; 31th of the top 500 in Guangdong, and 10th of the top 100 service industry companies in Guangdong respectively.

- **A New Approach on International Production Capacity Cooperation**

China is currently the world's largest stainless steel consumer with a strong dependence upon import of nickel, the primary material to produce stainless steel. Indonesian nickel ore accounts for more than 50% of all the nickel ore imported to China.

The Indonesian project with an annual yield of 600,000 tons of nickel is located in Tsingshan Industrial Park (See Figure 3-1, Figure 3-2), Morowali County, Central

Figure 3-1 Panorama view of Ferronickel Project Industrial Park in Indonesia

Sulawesi Province, Indonesia. It started construction in August 2014 with cooperation among Guangxin Holdings, the Tsingshan Group, and other cooperative parties. Tsingshan Group is the largest stainless steel enterprise in China. The total investment of the Indonesian project amounts to US $1.035 billion, of which Guangxin Holdings and Tsingshan Group jointly hold a total of 35%, Guangdong J-Eray Group with 35%, Indonesian company IMIP with 20% and Hong Kong Jingxiang Trading with 5% and the Japanese company Hanwa with 5%.

Figure 3-2 Production workshop

This project primarily is to build 8 rotary kilns of 4.6×100m, 8 sets of 33,000 KVA mine electric furnaces with public auxiliary facilities, a 2×150MW coal-fired power plant and relevant downstream facilities with an expected annual production of 600,000 tons of ferronickel, containing 10% nickel. In the first half of 2018, the project accumulated sales revenue reached approximately US $960 million.

With the implementation of the Belt and Road Initiative, China has especially encouraged and supported industries such as the stainless steel industry to go global and develop multinational production cooperation. The project sets up its factories directly in Indonesia, which has the most bountiful resource of nickel in the world to manufacture stainless steel. With the nickel ore only less than 20 kilometers from the factory area, logistics cost has been reduced significantly, resulting in a strong competitive edge. So far, the project has been listed as a key project of the Belt and Road Initiative.

- **A New Approach on Mixed Ownership Economy Going Global**

When the project was established, Guangxin Holdings firmly went on a mixed ownership route. Based on previous successful experiences, Guangxin Holdings decided to continue to work with Tsingshan Group and chose enterprises in Indonesia with access to mineral resources and industrial park operations. The equity structure of the project company not only consists of Chinese state-owned enterprises and private companies, but also local Indonesian private economy. The shareholder of each party binds each other, yet can make good use of their own strengths to effectively drive the implementation of the project.

- **Guangdong enterprises use new approach to integrate different social relations**

Overseas project which goes global has to emphasise on integration with local social relations. Guangdong project companies especially respect local customs during the investment and construction process. They have co-habited harmoniously with nearby residents, providing free electricity and water to local residents. They have improved medical conditions and equipment in hospitals. After learning that 85% of the Indonesians are Muslims with many religious rituals, the project team proactively built mosques for the nearby villages around the project for villagers to perform worshipping. In this way, they have earned praises from the villagers. The latter cooperated with the entire project process and all went smoothly.

Guangdong builds new international industry cooperation highland in the digital era. The manufacturing industry in Guangdong is very strong with complete industrial systems, profound Internet economy and industrial Internet applications. Zhuhai cooperates with the German Artificial Intelligence Research Center to co-build the Artificial Intelligence and Smart Manufacturing Research Institute. Huizhou has encouraged companies and research institutions such as TCL, Desay, Eve Battery and Huizhou Research Institute of Sun Yat-Sen University to cooperate with Israel in the area of electronics. Zhongshan Tatwah Smart Technology Company merged and acquired satellite companies in Cyprus, Malaysia and Sri Lanka to better operate in the international satellite communication field.

Case 6: XH Smart Tech proactively drives smart card development in countries along the Belt and Road

XH Smart Tech (China) Co. Ltd. (hereinafter referred to as "XH Smart Tech") was established in Zhuhai in 2011 and has now developed into a leading supplier in cyber security and IoT Solution at home and abroad. XH Smart Tech has business around the globe with products and solutions applied widely in finance, telecommunication, governance and transportation. It has established R&D and data Centers in Hong Kong

(China), Singapore, Dubai and Indonesia and manufacturing centers in South Africa, India and Bangladesh.

- **Winning the bid of South Africa social security card project**

XH Smart Tech is dedicated to provide safe payment products and relevant system services to telecommunication and financial industries. XH Smart Tech (Africa) Co. Ltd is a joint venture established in December 2015 in South Africa by XH Smart Tech and a local South African company, providing advanced payment products and system services to African financial, telecommunication industries and local government projects. All technical and senior management of XH Smart (Africa) Company are delegated from the headquarters, while company employees and front line production staff are all recruited locally in South Africa. The establishment of the company has not only promoted development of local financial and telecommunication smart card R&D and manufacturing, but also helped solve employment issues of local workforce. Currently the XH Smart Card (Africa) Company plant has an annual production capacity of more than 30 million cards.

In 2018, XH Smart Tech (Africa) Company has exclusively won the bid on a social security cards project of the South African Social Securities Bureau and has signed a five-year contract with the issuing bank (See Figure 3-3), South Africa Post Office Bank, to provide the cards. This is one of the biggest projects in South Africa with the greatest number of cards issued with an expected volume of more than 10 million cards. And in the mean time, this has made XH Smart Tech a major supplier in the South African bank card market. The project was officially initiated in February 2018 and so far XH Smart Tech (Africa) Co. Ltd has supplied more than 4 million social security cards, which have been gradually delivered to local social security beneficiaries via South African Post Office Bank.

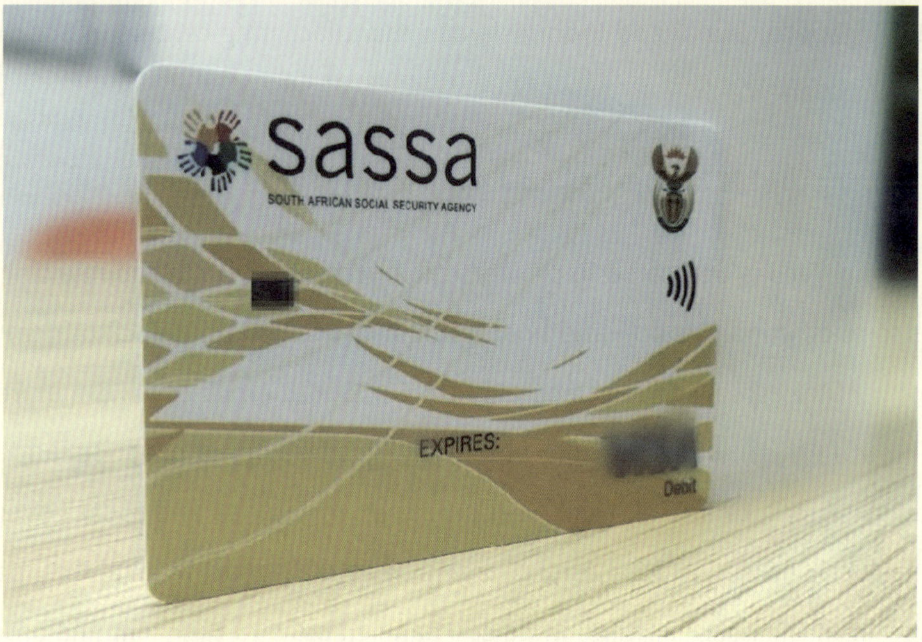

Figure 3-3 South African Social Security Card

The South African social security card issued by XH Smart Tech has unique features and functions. Technologically, the social security card is not only equipped with traditional payment methods like a magnetic stripe, a chip and NFC but also has a fingerprint recognition feature. It is the first time in South Africa and also the first in the entire African continent that a bank card with fingerprint recognition is issued. As of today, XH Smart Tech (Africa) has grown to be South Africa' s largest company with the most production lines, highest capacity and most cards distributed and a first choice supplier in the country' s banking industry. XH Smart Tech (Africa) will deepen its cooperation with South African Post Office Bank as well as other local banks to provide more updated payment solution services.

- **XH Smart Tech promotes smart card development in Uzbekistan**

Uzbekistan is an important country along the Belt and Road. China and Uzbekistan have deepened cooperation in areas of trade, investment, finances, transportation and communication. According to statistics, Uzbekistan has now more than 700 Chinese companies and a total trade volume of nearly US $8 billion. Union Pay card is a crucial tool to ensure smooth payment between the two countries. Union Pay International has strengthened its connections between the two countries' payment industries through cooperation with Uzcard.

XH Smart Tech has promoted smart cards to be distributed around the country and has developed card products specially designed for businessmen and tourists, immigrants and overseas students. Based on their technical advantage, quality products and timely service, XH Smart Tech has become the exclusive financial card supplier for Uzcard in Uzbekistan.

This cooperation is of great importance as it is a major breakthrough for XM Smart Tech in countries along the Belt and Road to localise the Union Pay card business. The initiation of the project originated new models in business cooperation, through trilateral cooperation among transfer clearing network, card issuers, realising mass distribution of UnionPay bank cards in Uzbekistan. On the other hand, financial cards that previously can only be used within Uzbekistan can now also be used outside the country, which brings more convenience to local residents in terms of daily spending and international travels.

From 2018 till the end of 2021, Uzcard will replace its 10 million Uzcard card with Union Pay-Uzcard chip cards, this is the first payroll card with a Union Pay branding to be issued in Uzbekistan. Aloqabank will be the first bank to issue Union Pay-Uzcard chip cards and XH Smart Tech will be the first and the only company to supply dual-icon cards in Uzbekistan.

3.1.2 The Volume and Quality of Service Trade have Improved Significantly

Guangdong builds comprehensive service platforms for enterprises going global. Guangdong Commerce Bureau has set up databases of primary enterprise going global and overseas enterprises, as well as foreign investment key project pool. This is to timely publish country-specific investment cooperation guidelines, investment industry guidance, market demand, project collaborations and global risk forecasts, by establishing a service network for international economy and trade.

Guangdong Free Trade Office has set up economy and trade liaison offices in Germany, France, Spain, Mexico and Uruguay among other countries. A comprehensive service platform combining commerce and trade has now gone online. Guangdong has set up a complete "go global" legal service system and has established China-Africa United Arbitration Shenzhen Center, China-Latin America Enterprise Legal Service Center, Belt and Road Initiative Legal Service Union, Belt and Road Initiative Legal Service Research Center, Belt and Road Initiative Trademark Registration Service Center and Belt and Road Initiative Legal Consulting Service Center to provide professional services to Guangdong companies participated in the Belt and Road Initiative.

In January 2018, the Belt and Road International Commerce Litigation and Arbitration Docking Center officially unveiled in Qianhai, Shenzhen to provide fair, convenient and efficient services to settle conflicts for commercial entities along the Belt and Road. In June 2018, China Small and Medium Enterprises Center (Germany), the first overseas service institution for small and medium-sized enterprises came into use. The center is a new service institution to provide talents, technology, operation management, equipment and brand management services to support Chinese small and medium-sized enterprises.

Case 7: Benchmark Chambers International creates an innovative cross-border legal service platform

Benchmark Chambers International Development Center of Modern Legal Service (hereinafter referred to as the BCI) was established in Shenzhen in 2014. It provides cross-border services on identifying, screening and management extraterritorial lawyers or legal experts, and discerning law, lawyers matching, overseas compliance, case management, online expert consultation and so on. It is China' s first innovative legal service organisation with core business in extraterritorial law discerning and has played a positive role in foreign-related litigation assistance.

- **BCI builds legal database for the "Belt and Road" Initiative**

Some enterprises participating in Belt and Road Initiative have language barriers and they are unfamiliar with legal, religious and social situations of their host countries. They have inadequate industrial information, yet demand for legal risk mitigation.

In December 2016, the BCI, together with Law Publishing House, built the country' s first large-scale legal database in Chinese for public use, serving the Belt and Road Initiative. The database is also dubbed as "the Belt and Road Initiative Rule of Law Map" .

The Rule of Law Map not only sorts out and studies the general investment information and legal framework in countries and regions along the Belt and Road, but also interprets key commerce and trade legislations in areas of trade and investment, project contracting, labor export, intellectual property, tax policies, foreign exchange control and customs clearance, and etc. The project timely releases the latest legal information and research results of the Belt and Road Initiative. And at the same time, the BCI provides comprehensive, professional and convenient legal consulting services for Chinese enterprises going global. This is to help reduce transaction costs and mitigate investment risks for the enterprises.

Currently, the BCI has completed database of 43 countries and regions along the Belt and Road. In 2018, Article 20 of "The State Council's Notice on Further Deepening

China's (Guangdong) Pilot Free Trade Zones' Reforms and Opening-Up" states that development of the Belt and Road Initiative Rule of Law Map should be accelerated. This shows that the State Council attaches great importance to the project and has fully acknowledged its achievement.

- **The BCI provides legal discerning and legal services**

The BCI is a professional platform for foreign law discerning. At present, the BCI has established a network of experts in nearly 100 countries and regions, and established cooperative relationships with 136 overseas legal institutions, 20 universities and research institutions around the world with more than 1,600 individual experts in the database (See Figure 3-4, Figure 3-5).

It takes only two months on average for the BCI to produce an expert discerning report, which is widely adopted by domestic judicial authorities and has been granted

Figure 3-4 Talks held with Malaysian Chinese General Chamber of Commerce

Figure 3-5 Dean of Law School, London School of Economics and Political Science appointed as an expert

by the Supreme People' s Court as the Base of Law Discerning for Hong Kong, Macao, Taiwan and Foreign Law. The BCI' s discerning mechanism has also been recognized and adopted by "going global" companies and foreign-related law firms.

At present, more than one hundred countries and regions have laws discerned via the BCI, including India, Singapore, Thailand, Indonesia, Vietnam, Dubai, the United States, the United Kingdom, France, Sweden, Switzerland, Poland, Kazakhstan, Uzbekistan, Mexico, Kenya, Palau, and the Cayman Islands. The areas discerned by the BCI include contract law, company law, labor, intellectual property rights, land, mining, environmental protection, and etc.

- **The BCI effectively matches extraterritorial lawyers for their services**

By virtue of its overseas legal resource network, the BCI can efficiently and accurately match relevant expert teams. For example, once a Chinese company was involved in a lawsuit in central Europe. Just one day after accepting the commission, the BCI selected three teams of local lawyers familiar with the technology and assisted the company to organise interviews, screening overseas lawyers efficiently and professionally. The BCI summarised key case points and helped to negotiate service fees. The case has fully demonstrated the BCI's high performance and resource integration abilities.

- **The BCI provides online expert with light consultation services**

Apart from in-depth legal consultation such as project-based expert legal report, dispute resolution, or contract negotiations, the BCI has also adopted methods of video and audio to provide enterprises with the expert online consulting service. The service is mainly to help enterprises solve some urgent and low-budget legal issues. The online light consulting service of the BCI takes an average about 2-3 days from confirming customer requirements to completing the requests. The BCI provides online services through the platform to accurately match professional experts outside the region. This "short and quick" service mode is also welcomed by enterprises.

- **The BIC excels at case management**

Due to language and cultural differences, enterprises often have management difficulties because of the high costs of foreign lawyers. Procedures may take a long time and it is difficult to follow up on the cases. In this regard, the BCI also plays a positive role. Based on customer demand, the BCI chooses its management team consisting of case managers with dual advantages in law and languages, and senior experts with international legal experiences to assist enterprises in communicating with foreign lawyers regarding case progress, financial management (e.g., time plan, overall financial management, and etc.), case risk warning and decision-making advice.

The scale and quality of service trade have been effectively improved. Guangdong has actively promoted the integrated development of the Internet, big data, cloud computing with the service industry. It has also implemented the upgrading of the brand value of modern service industry. The added value of modern service industry accounts for 63% of the total industry.

Guangdong encourages multi–level capital market to improve local financial systems. It supports small– and medium–sized banks and financial holding companies to become stronger. Guangdong actively builds provincial commercial banks, aiming to become a strong financial province.

Guangdong vigorously develops industrial design, having fostered three industrial design bases, each with over one thousand designers. It is also creating an industrial design corridor in the Pearl River Delta. Guangdong accelerates development of modern distribution, and strengthens supply chain services.

Guangdong further opens its service trade. In 2017, the total import and export volume of service trade in Guangdong reached up to 1215.623 billion RMB (See Table 3-1), breaking the trillion RMB benchmark for the first time and up by 24.21% year–on–year. The proportion of service trade in foreign trade increased from 13.26% in 2016 to 15.14%, up by 1.88 percentage points. Total export volume of service trade reached up to 462.869 billion RMB, up by 20.31% year–on–year. Total imports volume was 752.754 billion RMB, up by 26.73% year–on–year.

Total import and export volume of travel, transport and construction industries amounted to 856,462 billion RMB, accounting for 72.10% of the total. According to the data breakdown, that of travel reached 682.517 billion RMB, up by 64.92% year–on–year, accounting for 56.15% of total. That of transport was 186.095 billion RMB, up by 25.04% year–on–year, while construction registered at 7.85 billion RMB, up

Table 3-1 Import and export summary of Guangdong service industry in 2017

Industry	Import and Export		Export		Import	
	Amount (million RMB)	Year-on Year (%)	Amount (million RMB)	Year-on Year (%)	Amount (million RMB)	Year-on Year (%)
Transport	186095.04	25.04	50982.57	-27.33	135112.47	71.74
Travel	682516.55	64.92	243842.03	301.36	438674.53	24.24
Construction	7850.10	10.84	5004.03	32.06	2846.08	-13.58
Insurance Service	15314.24	-27.89	2322.65	-59.11	12991.58	-16.49
Financial Service	1320.59	-67.07	669.38	-70.03	651.22	-63.34
Telecommunication, Computers and Information Service	94860.42	33.32	40838.97	-20.80	54021.45	175.75
Other Commercial Service	104617.67	-57.64	51951.18	-69.53	52666.48	-31.13
Culture and Entertainment Service	1887.75	-61.93	192.66	-91.76	1695.09	-35.28
Maintenance and Repair service not covered elsewhere	5881.80	-48.63	2404.18	-75.26	3477.62	101.03
IPR Royalties not covered elsewhere	78025.19	86.95	27469.53	3591.61	50555.66	23.33
Processing Service	37253.91	404.15	37191.74	414.59	62.17	-61.66
Total Service Trade	1215623.26	24.21	462868.92	20.31	752754.34	26.73

Source: According to Customs Statistics.

10.84% year-on-year. Transport and construction together accounted for 15.95% of the total imports and exports. With the deepening of CEPA cooperation, Hong Kong has maintained the position of Guangdong's largest service export destination and source of import; and the service import and export between Macao and Guangdong have been growing rapidly. In 2017, the total import and export volume of service trade between Guangdong and Hong Kong reached 566.689 billion RMB, up by 32.12% year-on-year, accounting for 46.62% of the province's total. That between Guangdong and Macao reached 35.878 billion RMB, an increase of 19.19% year-on-year, accounting for 2.95% of the province's total.

Service trade industries tend to cluster. Guangdong's service trade is mainly concentrated in 9 cities in the Pearl River Delta, where total service import and export volume accounts for 97.96% of the province's total. That of the 12 cities in the eastern, western and northern parts of Guangdong accounts for only 2.04% of the province's total. Shenzhen and Guangzhou are the most primary service trade cities in Guangdong province, accounting for 77.30% of the province's total service import and export volume.

Service outsourcing business has grown steadily. In 2017, Guangdong received 28.218 billion US Dollars in service outsourcing contracts, up by 38.15% year-on-year, accounting for 15.1% of the national total. The execution amount was 18.584 billion USD, up 33.25% year-on-year, accounting for 14.2% of the national total. The total value of offshore service outsourcing contracts registered at 16.56 billion US dollars, up by 33.85% year-on-year, accounting for 14.4% of the national total. The amount of actual offshore services outsourced was valued at 12.27 billion USD, up by 29.50% year-on-year, accounting for 14.8% of the country's total.

The actual amount of information technology outsourcing (ITO), business process outsourcing (BPO) and knowledge process outsourcing (KPO) was valued at 4.806 billion USD, 3.093 billion USD and 3.474 billion USD respectively, with year-on-year growth of 57.43%, 0.16% and 31.09% respectively.

Employment in service outsourcing has increased steadily, with 182,300 new employees working in service outsourcing industry in 2017. By the end of 2017, the province has recorded 4,092 registered service outsourcing enterprises with 1,726,400 employees.

Case 8: Ping An Group insures the first project in operation of the Belt and Road Initiative

China Ping An Insurance (Group) Co., LTD. (hereinafter referred to as Ping An Group) was established in 1988, respectively listed in Hong Kong and Shanghai and headquartered in Shenzhen. After 30 years of development, Ping An Group has become a comprehensive financial group whose business include insurance, banking, capital management, finance and medical technology.

Ping An Group has attached great importance to actively participating in the Belt and Road Initiative in the aspects of insurance fund utilisation and risk management. Ping An Group helps enterprises to go global with its advantages in risk management, insuring capacity and service network.

- **Ping An Group Insured Pakistan hydropower station**

In 2015, Ping An Group's Ping An Property Insurance Company became the chief underwriter to insure the Three Gorges Karot Hydropower Station in Pakistan (See Figure 3-6). This project was a milestone, because it was the first project put into operation in

Figure 3-6 Signing Ceremony of the Karot Hydropower Project Franchise Agreement (GOP IA)

the Belt and Road Initiative and the first hydropower investment project in the China-Pakistan Economic Corridor.

The Karot Hydropower Station is the fourth of five cascade power stations planned for the Jhelum River in Pakistan. The direct distance from Islamabad to the dam is about 55 kilometers. The dam site, which controls a drainage area of 26,700 square kilometers, is a hydropower hub for a single power generation task, consisting of a dam, flood relief buildings, water diversion systems and power generation plants. The reservoir has a normal water level at 461meters. The storage capacity below the normal water level is 152 million cubic meters. The capacity of the power station is 720MW (4 x 180MW). The average annual power generation is expected to be 3.206 billion kilowatt-hour and the annual utilisation time is 4452 hours.

On October 9th, 2015, the insurance of Karot Hydropower Station formally invited international public bidding. The insurance covered a number of risks, including engineering risk, freight risk and completion delay insurance. The main insurance amount reached USD $1.277 billion. Ping An Group participated in the bidding and after several rounds of competitive negotiations, successfully became the major underwriter of the project.

After winning the bid, Ping An Group has strictly implemented its service commitment. According to the contract, in July 2017, Ping An, together with Three Gorges Insurance Broker, Marsh and Willis Insurance Broker, conducted risk survey and insurance training on the project site, and stationed on-site service staff for the project site 365 days a year, 24 hours a day. Ping An Group' s professional services have been highly recognized by customers.

In June 2017, Ping An Group once again became the lead underwriter in insurance of Karot Hydropower Station, concerning its terrorism liability and completion delays, further protecting the project.

- **Ping An Group Insured Angolan hydropower station**

In July 2017, Ping An Group' s become the chief insurance underwriter to insure all risks (See Figure 3-7), designer liability and freight insurance for the construction of Angola' s Caculu Cabaca Hydropower Station project. The project, built by China Gezhouba Group, is the largest hydropower project undertaken by a Chinese company in Africa, with an insurance coverage of 4.532 billion US Dollars.

Figure 3-7 Angola' s Ca Ca Hydropower Station

The Angola Ca Ca Hydropower project is located in the southeast of the capital, Luanda, to riverside of Kwanza River. The project includes the overall construction of the diversion tunnel project, the civil engineering part of the main body project, mechanical and electrical equipment supply, installation and debugging. It has an installed capacity of 2171 MW and plans to be completed in 80 months. The peak period of construction will provide nearly 10,000 jobs for the local labour market. Gezhouba group will also be responsible for the operation and maintenance of the power station for four years, and train a group of professional power plant operation managers and technical personnel for Angola. The project will play an active role in addressing power shortage problems, while expanding employment. It will be crucial to Angola' s economic development in the future.

- **Ping An group provides comprehensive risk protection**

Ping An group actively provides risk protection for overseas business development and operation safety of Chinese enterprises going global. It has set up a team specialising in the overall development of overseas markets and provides comprehensive protection for personnel, property and other risks of Chinese enterprises' overseas engineering projects with the help of overseas engineering insurance products and service packages.

At present, Ping An Property Insurance under Ping An Group has established cooperative relationships with over 50 foreign insurance companies in different countries, providing Chinese enterprises with convenient and stable insurance solutions in the aspects of local orders, foreign exchange settlement, process service and reparation payment.

With the expansion of Chinese enterprises overseas, their business is becoming increasingly complicated, professional and comprehensive, which makes the risk cost borne by Chinese enterprises higher and puts forward higher requirements for the risk control and management of enterprises in their business decisions. Under the guidance of "finance + technology" strategy, Ping An Group applies a series of technological and innovative methods to provide risk control management services for overseas enterprises.

By the end of 2017, Ping An has won 457 overseas underwriting projects in 105 countries and regions. Ping An group will make full use of its professional advantages to help Chinese enterprises play a more active role in the Belt and Road Initiative economic and trade cooperation.

3.1.3 Cooperation in the Resources and Energy Industries Orderly Advances

Guangdong encourages energy infrastructure industry alliance. Guangdong encourages qualified enterprises to form an industrial alliance going global with upstream and downstream enterprises in the industry, as well as enterprises that are complementary to each other.

At present, Guangdong Electric Power Design Institute Co., Ltd. has established a provincial energy infrastructure industry going global alliance. A number of 21 well-known lighting enterprises (institutions) in Guangdong, such as Provincial Lighting Association, have initiated a provincial lighting industry going-global alliance.

In the first half of 2018, the provincial going global energy infrastructure industry alliance held their first conference, sharing information of foreign projects in new energy, petrochemical industry and seawater desalination through multiple channels. The alliance has also established contacts with Montenegro Ministry of Transport and Maritime Shipping.

Guangdong promotes international cooperation in new energy industry. In recent years, Guangdong has actively developed new energy industry, and encouraged enterprises to carry out more international cooperation in this field. Guangdong has strengthened cooperation with Volkswagen (Germany) in the field of new energy vehicles and conducted nuclear power technology cooperation with Electricite De France .

In April 2017, BYD started the production of its first European electric bus plant invested in Hungary.

Guangdong enterprises are expected to carry out international production capacity cooperation in the field of new energy in countries along the Belt and Road, facilitating the green and low–carbon transformation of the energy industry in host countries.

3.1.4 Maritime Industry Cooperation Becomes the New Economic Engine

Marine economy has become a new engine in Guangdong's economic development. Guangdong has a vast sea area and a long coastline of more than 3,000 kilometers. It is rich in marine resources and has great potential to develop marine economy. In recent years, Guangdong has actively set up national marine economic demonstration zones and a number of marine industry clusters and marine industrial parks. At present, Guangdong's marine GDP accounts for one–fifth of the national marine GDP and one–fifth of the provincial GDP, reaching 1.82 trillion RMB in 2017, and ranking the first in the country for 23 consecutive years. Marine economy has become a new growth engine for Guangdong's economic development.

Guangdong establishes a modern marine industrial system with international competitiveness. The coastal economic belt of Guangdong is an important part of the province's strategy for regional economic development.

Guangdong speeds up transformation of its marine economic development patterns, shifting its primary support to marine engineering equipment, marine biology, natural gas hydrate, offshore wind power and marine public service.

Guangdong fosters international cooperation in marine industries. Guangdong has strengthened high–tech support to make international cooperation in marine industries diversified and advanced. A group of large marine equipment groups represented by Whale Offshore Engineering has made significant breakthroughs in new technology and new products R&D. The marine equipment manufacturing industry has become the frontier for Guangdong to participate in the Belt and Road Initiative. Guangdong encourages and guides enterprises to conduct deep–sea fishing in cooperation with ASEAN and South Pacific countries. It also supports the construction of comprehensive bases for deep–sea fisheries, while improving the industrial chain of deep–sea fisheries in the fields of supply, storage, processing and marketing.

Marine Economic Expo promotes international exchanges and cooperation. Hosted by the State Oceanic Administration and its Guangdong provincial commission, China Marine Economic Expo is an important platform to boost Guangdong marine industry for international exchanges and cooperation. It promotes exchanges and cooperation between Guangdong and foreign government, enterprises, industrial and academic institutions in the fields of marine resources development, marine economy development, marine science and technology innovation, and marine ecological civilization construction. The Expo will play a positive role in promoting maritime industrial cooperation between Guangdong and the countries along the route of Belt and Road.

3.1.5 Travel Industry Cooperation has Distinctive Features

Guangdong has been an important tourism center to receive guests and to earn foreign exchange since China opened up to the world. Its travel industry has maintained leading status in China. In recent years, Guangdong has made great efforts to develop all–region tourism and to build world–class tourism resorts in the Guangdong–Hong Kong–Macao Greater Bay Area.

Guangdong promotes international investment cooperation in the tourism industry. In 2017, Guangdong pushed forward the supply–side structural reform in tourism and promoted global tourism, focusing on expanding tourism investment and consumption, promoting international investment cooperation in tourism. Local Guangdong travel agencies have signed agreements with their counterparts in Malaysia, Kazakhstan and Russia.

Case 9: Tempus International assists the Belt and Road Initiative in aviation tourism industry layout

Tempus International Business Services Group Co., Ltd. (hereinafter referred to as

Tempus International) is a leading enterprise in China' s tourism industry with business sectors in tourist resort, aviation operations, commercial travel management, and financial services.

Tempus International continues to improve the layout of its whole tourism industry chain. It accelerates the integration of tourism destination resources of the countries along the Belt and Road, and taps into its airline operation advantages.

Tempus Tourism, a subsidiary of Tempus International, has acquired exclusive operation rights to run direct air routes from Shenzhen to Da Nang, Nha Trang, Phuket, Chiang Mai. At the same time, Tempus International explores tourism potentialities in countries along the Belt and Road. So far, the company has exclusively operated 40 international air routes from cities in China to Southeast Asian countries, Italy, Russia and among others.

- **Tempus International acquires the world' s largest seaplane company**

In December 2017, a consortium comprising of Tempus International, TBRJ Fund, Bain Capital and the management team from the target company, acquired the Maldivian TMA group, the world' s largest seaplane company. Seaplane is the most important transportation tool in Maldives. Tempus International regards this acquisition as an important layout in the destination resources, attracting Chinese tourist flows.

By making full use of its operation experience in island projects, Tempus Tourism not only provides regular Maldivian tourism products for the market, but also enriches a variety of themed products tailored to customers' demands. In the future, Tempus Tourism will operate regular flights from China to Malé, capital and most populous city in the Republic of Maldives. The future international routes and TMA will benefit tourist flows for each other, while upgrading the image of Maldives as a luxury tourist destination. It will promote tourism cultural exchanges between China and the Maldives, while giving visitors a better holiday experience.

- **Tempus International invests in Russia' s iFly Airlines**

In March 2018, Tempus International announced a strategic investment in Russia' s iFly Airlines, edging into the entity' s international civil aviation industry with light capital.

By July 2018, Tempus has launched 8 direct flights to St. Petersburg and Moscow from Chinese cities, covering cities such as Wuhan, Changsha, Jinan, Nanchang, Taiyuan, Shenzhen, Nanjing and Zhengzhou. Up to now, the flight routes of iFly to Russia have been operating in good condition under the management of Tempus. In the second half of 2018, another ten cities, including Shanghai and Fuzhou, will be added to the list with direct flights to Russia, transporting an estimated number of 300,000 Chinese tourists to Russia. That will be 20% of the total number of Chinese tourists to Russia in 2017, registering at 1.5 million.

Additionally, Tempus International is planning to open air routes from Russia to Europe, the Middle East and the Caribbean, turning Russia into a transit hub for Chinese tourists to these destinations.

Thanks to the popularity of the World Cup, the overall attendance rate of Tempus air routes to Russia has recorded up to 96% of its total seats. Tempus Tourism is planning to provide more accurate and diversified travel experiences for tourists (See Figure 3-8).

- **Tempus Continues to explore strategic destinations in Thailand and Vietnam**

In 2018, Tempus further explores strategic destinations of Thailand and Vietnam. From 2017 till now, Tempus airlines have transported 800,000 and 200,000 visitors respectively to these two countries.

At present, Tempus Tourism is operating a number of flight routes to Phuket,

Figure 3-8 Thematic Scene of Tempus Tourism Products

Figure 3-9 Thailand Grand Feast

Pattaya, Chiang Rai, Chiang Mai in Thailand and Nha Trang and Da Nang in Vietnam from multiple cities in China. Flights to other popular Southeastern Asian countries from multiple cities in China are also operating well.

The annual "Thailand Grant Feast" organised by Tempus Tourism in Pattaya, Thailand, has become a grand event for the tourism industries in Thailand and China, attracting attention and support from even Thai dignitaries such as the Thai royal family and the Thai National Tourism Administration.

Guangdong strengthens new momentum for tourism. In 2017, Guangdong received 36.4756 million RMB inbound overnight tourists, a year-on-year increase of 3.67%. The total number of visitors from foreign countries reached 8.636 million RMB, a year-on-year increase of 4.69%. The total tourism revenue in Guangdong accounts for over 20% of the total national tourism revenue for five consecutive years, and the percapita tourism consumption is increasing year by year (See Figure 3-10).

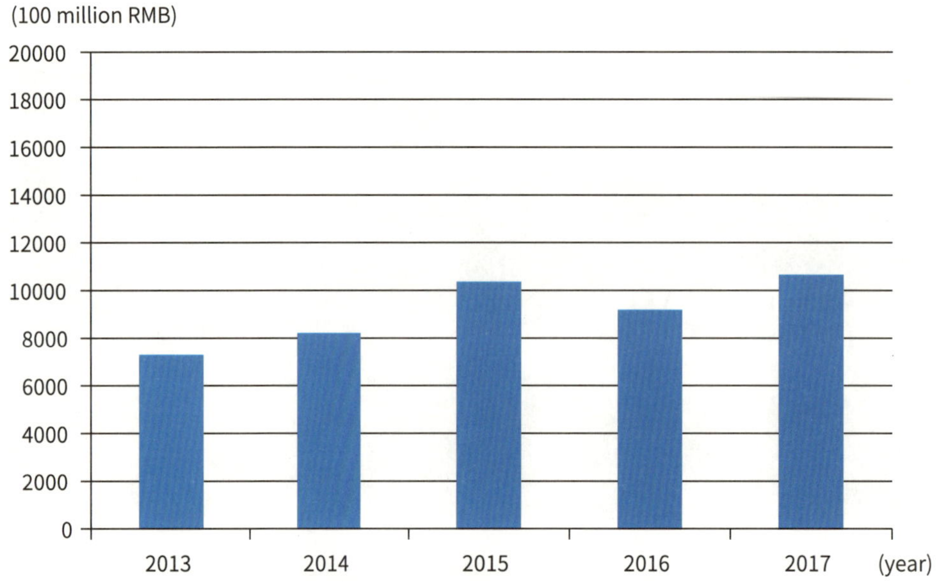

Figure 3-10 Guangdong's tourism income in recent years

Source: Statistical Communiqué of Guangdong National Economic and Social Development

Guangdong further upgrades tourism openness and cooperation. Maritime Silk Road Museum of Guangdong has sped up its integration with tourism industry to protect "South China Sea I" in a scientific manner. The museum has developed the "South China Sea I" scenic area into a cultural brand, by organising diversified events and exhibitions. Some popular exhibitions include "Looking for My Hometown in the Most Remote Places—the intercultural exchange between China and Italy from the 13th to 16th Centuries" and "Convergence of the East and West—the Maritime Silk Road from 13th to 17th Centuries". These events have profoundly promote cultural exchanges among countries along the Belt and Road.

Guangdong cultivates new forms of tourism. Guangdong actively develops cultural and creative products, enriches its genres of tourism products. For example, the Maritime Silk Road Museum of Guangdong has developed a series of exquisite and unique cultural products.

Guangdong is also vigorously developing cruise and yacht tourism. In July and December 2017, Guangzhou and Shenzhen launched ceremonies to celebrate free travel of yachts in the Guangdong—Hong Kong—Macao Greater Bay Area.

3.2 Guangdong Strengthens its New Advantages in International Industrial Cooperation

3.2.1 Guangdong has Improved Its Resource Allocation Efficiency

Guangdong enterprises have realised overseas layout and are cooperating with complementary domestic industries. Guangdong enterprises have actively expanded their international market share, optimised production capacity allocation, explored production factor resources overseas, and strengthened their R&D leadership and international competitiveness.

In recent years, Guangdong enterprises have carried out a number of overseas M&As, and acquired high-end production factors such as design, R&D, marketing, and services. By doing so, they have improved their positions in the global value chain, industrial chain, as well as logistics chain. In this way, Guangdong enterprises have realised overseas layout and are cooperating with complementary domestic industries.

Case 10: Cedar Holdings has entered the international chemical supply chain

Established in 1997, Cedar Holdings Group (hereinafter referred to as "Cedar Holdings") is an industrial group with diversified business. In 2017, Cedar Holdings' revenue exceeded 221 billion RMB, ranking 361th on the Fortune Global 500 list. It is Guangzhou' s only home-grown private enterprise that has entered Fortune 500 list.

Cedar Holdings is the parent company of several industrial groups in the field of supply chain and chemical industry. For example, Gongtongyun Supply Chain Group is one of the largest commodity supply chain service enterprises in China. Its products cover many varieties such as nonferrous metals, ferrous metals, coal, raw materials, petrochemicals, agricultural products, and etc. And it also owns such supply chain assets as logistics, warehousing and docks, providing one-stop service in the supply chain system for thousands of enterprises in the upstream and downstream of the industrial chain.

- **Cedar Holdings acquired a well-known chemical company in Singapore**

Cedar Holdings has actively participated in the Belt and Road Initiative. In June 2018, Qixiang Tengda Supply Chain Hong Kong Limited (See Figure 3-11), a wholly-owned subsidiary of Cedar Holdings, has completed the acquisition of a 51% stake in Granite Capital SA, a subsidiary company of Integra Holdings.

Headquartered in Singapore, Integra Holdings is a petrochemical commodity trader established in 1989 with a big market share in chemical industry' s segment market (See Figure 3-12). The company has offices in Brussels, Belgium, Houston, USA, Beijing, China, Seoul, the Republic of Korea, Riyadh, Saudi Arabia, and Porto Alegre, Brazil.

The company' s butene-1 products rank the first in the US market. Its pyrolysis

Figure 3-11 Equipment of Qixiang Tengda Plant, a subsidiary of Cedar Holdings

Figure 3-12 Cedar Holdings' Singapore company office

gasoline ranks the second in the Asian market, and propylene ranks thethird in Europe and Asia. It has stable sources of raw material supply in North America, the Middle East and Southeast Asia. It cooperates with international petrochemical giants such as Shell, BASF, SABIC and ENOC. It is familiar with international chemical logistics resources and has experienced teams in trade, operation, logistics, financing and risk control.

The company provides "one-stop" service in the supply chain for customers of different sizes and needs through a professional team, especially for SMEs, because SMEs do not have the scale and ability to operate in the international market alone. Integra Services can develop cost-efficient solutions for SMEs by reducing costs and lowering the barriers to the international market.

- **The acquisition is synergistic and complementary to both parties**

This acquisition is an important step in the development of Cedar Holdings' businessoverseas. It will establish an important platform for its listed subsidiaries to go global. It plays an important role in its global market expansion. And at the same time, it introduces advanced technologies to China.

Cedar Holdings has now fully entered the international chemical supply chain via the acquisition of a target company, i.e, Granite Capital SA. The acquisition is not only synergic to its business, but also helps Cedar Holdings to extend its business to upstream raw materials and overseas markets.

Benefits of the acquisition lie in the following aspects. First of all, Cedar Holdings can extend its business in the international chemical supply chain via the acquisition. The target company, Granite Capital SA, has many strengths, for example, its internationalised management team, supply and channel advantages, and low financing costs. It's also made possible for Cedar Holdings to integrate the its production sector with supply chain business, formulating a comprehensive and balanced industrial layout.

Secondly, the acquisition provides a diversified supply of raw materials. Cedar Holdings' s subsidiary company, Qixiang Tengda is a leading carbon fourdeep processing enterprise in China. Granite Capital SA engages in trading of petrochemicals. It sells petrochemical products, such as mixed aromatic hydrocarbons, propane, butane, and carbon tetra-olefins. A stable supply of raw materials is an important guarantee for a company' s development in future. The acquisition will help Qixiang Tengda to maintain its leading position in the industry.

Thirdly, the acquisition helps to expand Cedar Holdings' international market. With Granite Capital SA' s international vision, team and trade channels, it paves way for the former' s subsidiary, Qixiang Tengda to export its products to the world, upgrading its business scale.

Fourthly, Granite Capital SA can expand its business in Chinese market. As Cedar Holdings has a strong hold in local business, the target company will have significant advantages in capturing the opportunities of Chinese chemical product price fluctuations. China has shortages in such raw materials as ethylene glycol, styrene, and ethylene. Granite Capital SA can make profits by filling in the market gaps.

Emerging industries are investing in "Backflow Technologies" . North America is famous for highly concentrated innovation resources and technology-intensive industries. Many Guangdong enterprises have not only acquired American companies, but also set up R&D centers or production bases there. By doing so, Guangdong enterprises are able to tap into resources such as advanced technologies, brand, supply chain, sales network, so on and so forth. The enterprises bring the technologies and resources back to China, directly or indirectly benefiting countries along the Belt and Road, upgrading their technology level as well.

Guangdong's real estate industry has extended to developed countries. After years of development, Guangdong real estate companies have enough economic strength and professional capabilities to invest in developed countries such as the United Kingdom, Australia, New Zealand, Singapore, and Japan.

Most of the countries along the Belt and Road are developing countries, and their real estate markets have great potential. Countries such as India and Sri Lanka have invited Guangdong enterprises to participate in the construction of their smart cities.

3.2.2 Guangdong Improves Its Industrial Value Chain

Guangdong enterprises have actively explored the international market by setting up sales outlets in countries along the Belt and Road. They have increased trade export volume by selling products to host countries. This has not only helped the enterprises develop steadily, but also lifted their positions in the global value chain.

Case 11: Medica helps the Initiativepartners to build smart sleep systems

Established in 2011, Shenzhen Medica Technology Development Co., Ltd. (hereinafter referred to as "Medica") is one of the world's first sleep monitoring technology company. It is a smart sleep solution provider and alsoapioneer in sleep monitor market.

Sleepace is a hardware developed by Medica. It helps to monitor a user's sleep patterns. As the world's leading provider of smart sleep solutions, Medica's products and services have covered over 30 countries in the world. It has more than 500 clients, including world's top companies such as Huawei and LG U+.

- **Medica helps YATAS (Turkey) to create an advanced sleep system**

In 2017, Medica worked with YATAS in partnership to create the "YATAS Global Future Sleep System" (See Figure 3-13).

Founded in the 1970s, YATAS is Turkey's largest furniture manufacturing company, with 40 years of experience in mattress production. It is a leader in the Turkish home furnishing industry with an annual output of over 600,000 mattresses.

YATAS has over 600 brand stores in many countries including Hungary, Bulgaria, Russia, Romania, Libya, Syria, Morocco, Georgia, Iraq, Saudi Arabia, Iran, Algeria,

Figure 3-13 YATAS brand store

Azerbaijan, Kazakhstan, and Turkmenistan.

The development of Internet of Things as well as smart home products have had great impact on YATAS' s traditional stores. On the other hand, consumers are not satisfied with comfort only, but want an integration of tradition and smart sleep technology. Therefore, YATAS is searching for a solution based on big data and smart sleep technology.

Medicais the technical supporter of "YATAS Global Future Sleep System" . When Sleepace products are embedded into YATAS mattresses, they can record data such as body movement, respiration rate and heart rate during sleep, accurately tracking sleep status. It is then possible to create a good sleeping environment for users based on the data.

This is the first time that a Chinese professional sleep monitoring brand has entered the bedding market in Turkey. Sleepace has a sleeping data base of about 1 million users worldwide, and has rich data models for determining a user' s sleeping behaviour and bedroom environment preferences. With the support of Sleepace' s data, YATAS can understand the sleeping habits of Eastern and Central Asian people with more accuracy, so as to better upgrade and transform their products.

In the future, Medica will continue to increase its R&D investment in smart bedroom systems, creating more benefits for people in countries along the Belt and Road.

- **Medica brings renovation to Russian bedding industry**

Askona is Russia's largest bedding company with more than 800 offline sales outlets (See Figure 3-14).

Figure 3-14 Askona brand store in Russia

Askona's products are mainly based on traditional bedding. In recent years, the lack of innovation in the industry has seriously hindered further development of Askona. Young Russians born after 1980s and 1990s have now become the major consumers. Tech-savvy in the Internet and mobile consumption, they are very different from their parents. Yet it is impossible for traditional Askona products to collect sleeping data after sales. Therefore, Askona is constantly seeking solutions and transformations.

The reasons why Askona chose Sleepace was based on the following reasons. On the one hand, Sleepace is an innovation-driventechnology company. As one of the earliest companies engaged in sleep monitoring, Sleepace has invested heavily in R&D, with more than 50 patents in software and algorithms. In addition, Sleepace has a sleeping data base of about 1 million users worldwide, which may help Askona better meet the needs of Russian consumers.

On the other hand, Sleepace has developed a complete set of DreamLife smart bedroom ecosystem, which provides Askona and Russian consumers with smart solutions for sleep.

After introducing Sleepace into their products, Askona smart bedding products have attracted the attention of young Russians, boosting smart bedding sales. The wave has also triggered innovation in Russian bedding industry.

In the future, Medica will continue to do researches on smart bedroom systems. Products created in China may benefit more and more people along the Belt and Road.

Guangdong tries to upgrade its traditional industries in the value chain. In recent years, competitive advantages of Guangdong's traditional industries have gradually decreased. Guangdong enterprises have tried to upgrade themselves in the value chain by investing in countries and regions along the Belt and Road and making full use of cheaper production factors in local areas.

Guangdong has realised the globalisation of its intellectual property. In recent years, by focusing on high-end technologies, Guangdong enterprises have realised the globalisation of its intellectual property rights. It has not only improved their production efficiency and product quality, and but also helped China's manufacturing industry to develop in overseas markets with sustainability, with improved innovation and international competitiveness.

In 2017, the total import and export volume of technology in Guangdong Province was 9.832 billion US dollars, down by 11.18% from the previous year's record of 11.068 billion US dollars. Guangdong signed 538 contracts for importing technology and equipment, with a contractual value of 6.713 billion USD, down by 26.79% from the previous year's 9.169 billion USD.

In contrast to the drop in import volume, Guangdong enterprises signed 802 contracts to export their products, with a contractual value of US$3.119 billion, up by 64.19% compared with the US$1.9 billion record in the previous year.

3.2.3 Guangdong Gears up for Mutual Beneficial and Win-win Development with Countries Along the Belt and Road

The Belt and Road Initiative has brought many opportunities for Guangdong to upgrade its open economy and to develop systems matching those of the international trade and investment.

Guangdong furthers opens up to the world for mutual beneficial development. Guangdong has committed an overall openness to the world. For example, it has opened its service trade and two-way investment. As a result, it has upgraded the scale of its trade, foreign investment and investment overseas, as well as international economic cooperation. It continues to optimise its trade structure, international investment structure and regional open structures. Guangdong encourages its enterprises to go global and integrate themselves in the local economy of countries along the Belt and Road for mutual benefit.

Guangdong is now a major competitor in the global economy. The Belt and Road Initiative, Guangdong pilot free trade zones (See Figure 3-15), and development of the Guangdong-Hong Kong-Macao Greater Bay Area have all created opportunities for Guangdong to further open up its economy.

Guangdong is now drafting an action plan to support China's new open economic system. The blue print

Figure 3-15 Hengqin Free Trade Zone

is to further open up Guangdong's economy in all aspects and on different levels. By building international economic cooperation corridor and overseas industry clusters, Guangdong may be able to strengthen its international production capacity cooperation and export its surplus and advanced production capacity to where it is needed. Pan–Pearl River Delta regional cooperation is essential in forming a "3+1" regional development strategy pattern of the country, together with the Belt and Road Initiative, Beijing–Tianjin–Hebei development zone and the Yangtze River Economic Belt. Guangdong will also play an important role in developing the Guangdong–Hong Kong–Macau Greater Bay Area.

3.3 Guangdong Continues to Optimise Its International Industrial Cooperation Structure

3.3.1 Guangdong Further Optimises Its International Industrial Cooperation Structure

Guangdong accelerates the transformation and upgrading of its foreign trade industry structure in the following ways. It encourages innovation and development of processing trade, cross–border E–commerce, comprehensive foreign trade services, and market procurement trade. Guangdong has attached much importance to the development of service trade, by setting up innovative pilot zones in Guangzhou and Shenzhen.

Guangdong actively expands areas of cooperation for the Belt and Road Initiative. Cooperating with countries along the route, Guangdong has participated in several major projects in terms of production capacity cooperation. Those projects include Saudi Jizan Economic City and Djibouti Free Trade Zone in Africa.

Further more, Guangdong has created a new transport mode by integrating sea, air and railways transportations. It also contributes to the development of international freight trainsand builds cross–border pilot E–Commerce zones.

Dongguan has successfully held the 21st Century Maritime Silk Road International Expo. It has run a two–way operation system for cross–border trains, and strengthened cooperation with Inner Mongolia and Xinjiang Customs.

Guangdong explores new ways of exchange and cooperation for the Initiative. Guangdong has improved its integrated service plat for moverseas, giving priorities to key regions, countries and projects so as to support enterprises in terms of international production capacity cooperation and overseas M&As. For example, Shenzhen has launched Silk Road Development Fund with a total of 10 billion RMB, supporting the constructions of such projects as Shenzhen–Haiphong Economic & Trade Cooperation Zone, and China–Belarus Logistics Park.

Zhuhai has successfully held the China–Israel Science and Technology Innovation Investment Conference and the China–Latin America International Expo. It has launched the China–Israel Accelerator Project and opened the China–Latin America Economic and Trade Cooperation Park.

Foshan enterprises have built three exhibition halls for household products and accessories in Africa. It has strengthened independent marketing networks, and encourages home brands to export their products and participate in the Belt and Road Initiative.

Case 12: South East Asia Telecom Group provides mobile communications and mobile Internet services in Cambodia

Seatel Group (hereafter referred to as Seatel) was established in Singapore in 2014. It is an overseas enterprise jointly established by Guangdong Zhongtai Industrial Group Co., Ltd. and other investors.

Seatel's main business is to provide multinational mobile communications and mobile Internet services. It has started commercial operations in Cambodia and has wholly owned subsidiaries in Cambodia, Myanmar, Bangladesh, Nepal and Laos.

In October 2016, Chinese President Xi Jinping and Cambodian Prime Minister Hun Sen signed agreements on Sino-Cambodia production capacity and investment cooperation. Seatel's Cambodia telecommunications project was one of the 11 key projects in the agreement. It is also a key project for Guangdong and the Belt and Road Initiative. Currently, its business operation is progressing smoothly.

- **Seatel has completed infrastructure construction of its Cambodian project**

Seatel has been granted the full license, independent payment license and national data center license issued by the Cambodian government. It has laid 12,000 kilometers of optical fiber networks in Cambodia, with over 2,000 4G base stations, and a core network and IT support network capable of accommodating 1 million mobile users.

Seatel also completed a cloud computing center covering an area of 20,000 square meters, with floor space of 6,500 square meters (See Figure 3-16). Over 3,000 WLAN

Figure 3-16 Cloud Computing Center Park of South East Asia Telecom (Cambodia)

APs have been installed, with a service support platform that accommodates 3 million Internet users. There are more than 30 self-owned Seatel outlets in Cambodia, plus more than 2,000 social sales points.

- **Seatel's business layout is fully developed**

Seatel's business is based on communication network and platforms, providing mobile communication and mobile Internet services.Its mobile communication services mainly include 4G mobile services, ISP private line services, and WLAN services. Mobile Internet services mainly include E-commerce, digital media and entertainment, independent payment and Internet finance services, DC cloud computing and Internet of Things big data services.

Seatel has built an English version E-commerce platform for marketing. So far, it has more than 280,000 registered members and some 2,000 distributors. Its Mpay integrated financial solution platform provides users and companies with comprehensive financial solutions such as consumption, recharge, investment, wealth management, transfer, loans and etc.

- **Seatel has strong competitive advantages**

Seatel has laid over 10,000 kilometers of optical cable in Cambodia, covering the entire country with a 4G mobile communication network and a cloud computing center with the largest design capacity, the most advanced technology and the most comprehensive facilities in Southeast Asia. Its gigantic infrastructure network has established a strong basis for its business operations.

Seatel has built a 100% 4G VOLTE network in Cambodia. Its technology keeps ahead in Southeast Asian countries. The network has adopted 850M frequency with such advantages as low cost, wide coverage and high quality. It has high Internet speed and smooth video without time lag, providing users with comfortable mobile Internet experience.

Seatel has built an IPRAN transmission network covering Cambodia, with flexible service scheduling and high efficiency. Its cloud computing data center has the advantages of rapid deployment of services, low cost and high efficiency. It provides cloud-based integrated information solutions to governments and enterprises.

- **Cambodian praise Seatel for its services**

Seatel has widely deployed WLAN hotspots based on quality 4G networks to provide users with fast Internet access. At the same time, it has launched a wide range of Internet service products such as E-commerce, electronic payment, wireless video, games, entertainment, and etc., effectively promoting the rapid increase of Internet penetration rate in Cambodia and the expansion of Internet applications. Local Cambodian people praise Seatel for its fast Internet access, good services, and rich content.

- **Seatel has upgraded Cambodian mobile communication and information technology**

Seatel is the world' s first telecom operator to provide 4G VOLTE high-definitionvoice service. It is the only all-fiber network telecom operator in Cambodia, and it has built Cambodia' s first and only high-standard cloud computing center. These have effectively upgraded the development of communication information technology in Cambodia. In the opening ceremony of the Seatel Cambodia Company, Cambodia' s former Minister of Posts and Telecommunications thanked Seatel for having provided Cambodia with the most advanced mobile communication technology. It has helped Cambodia to become one of the world' s advanced telecommunications countries.

- **Seatel facilitates production capacity cooperation between China and Cambodia**

Seatel has invested in Cambodia 250 million US dollars worth of technology and equipment. These include fiber optics, base stations, core network equipment and accessories, billing information systems and various Internet technologies. Even its office equipment and supplies are all imported from China.

Seatelemployees mainly come from local area. Among some 1,000 of its total employees, 86% out of whom are Cambodian. It is a good example of cooperation between Chinese industrial production capacity and Cambodian labor resources.

- **Seatel services benefit Cambodian**

Seatel is the first service provider in Cambodia to put forward the concept of "clear calls and clear consumption" , in contrast with the area' s previous status of "unclear call and unclear consumption" in mobile communication services. With Seatel, consumers can transfer leftover of their quota to the next month, which has safeguarded the interests of consumers.

Seatel has used optical resources and advanced cloud platforms to help local governments and enterprises communicate at low cost and with high efficiency. At present, Seatel has signed service agreements with several ministries and commissions in Cambodia. So far it has built broadband information services for more than 200 enterprises. The Cambodian Prime Minister' s Office sent a letter to Seatel Cambodia Company, stating that the Prime Minister gave Seatel a high degree of affirmation and praise for their services to Camboia' s economic development and its people.

Development of international industrial cooperation parks has been progressing steadily. Guangdong actively cultivates overseas industrial parks with strategic or demonstration significance, turning them into clusters.

In 2017, Guangdong coordinated with relevant departments of the host countries where key overseas parks are located, and helped to solve the difficulties and problems encountered by enterprises entering the park. Progress has been made in overseas industrial park constructions in countries along the Belt and Road such as Ethiopia, Nigeria, Kenya, Uganda among others.

By the end of the first half of 2018, five industrial parks have been added to the list. They are: Nigerian–Guangdong Economic and Trade Cooperation Zone, China Vietnam (Shenzhen–Haiphong) Economic and Trade Cooperation Zone, Ethiopia Huajian Light Industrial City, China (Guangdong)–Uganda International Capacity Cooperation Industrial Park, and Belt and Road Industrial Park (Nigeria).

Huizhou is developing the China–Korea (Huizhou) Industrial Park according to the standards of Guangdong Pilot Free Trade Zone.

3.3.2 Guangdong Expands International Industrial Cooperation

Guangdong has made significant progress in production capacity cooperation, and has achieved fruitful results with key countries and regions in the cooperation of production, investment, and digital Silk Road.

Guangdong has expanded the scope of international industrial cooperation. First of all, Guangdong expands the scope of industrial and commercial cooperation. In 2017, the Guangdong Provincial Commission for the Promotion of International Tradesigned cooperative agreements with industrial and commercial organisations in seven countries including Kyrgyzstan, Kazakhstan, Israel,Vietnam, Vanuatu and Tanzania.

Guangdong has been actively preparing meetings of entrepreneurial councils with industrial and commercial organizations in Fiji, Malaysia and Indonesia. So far, it has signed long–term cooperation agreements with more than 60 industrial and commercial organisations in the countries along the Belt and Road, including 19 entrepreneurial councils. This has established a good platform for non–governmental exchanges among enterprises.

The second Guangdong has organised many events to promote economic and trade.

Guangdong has cooperated with consulates of the countries along the Belt and Road to host more than 40 large-scale economic and trade promotion events at home and abroad, attracting more than 3,000 enterprises to participate in the programs. These activities have created trade and investment opportunities for companies, while promoting Guangdong's publicity.

Guangdong improves the network of overseas trade and economic platforms. Guangdong is committed to expanding the province's independent foreign trade network. At present, Guangdong Provincial Commission for the Promotion of International Trade has established 22 provincial and foreign economic and trade representative offices (or liaison offices) in 20 countries and regions. Up to now, Guangdong has 19 Chambers of Commerce overseas.

Guangdong has newly established economic and trade representative offices in Israel and New Zealand, adding the total number to 11 in countries and regions along the Belt and Road.

Guangdong Chamber of Commercein Argentina, Western Australia and Uganda are new comers on the list. These overseas organisations have played an important role in serving as "windows, platforms, bridges, and ties" for Guangdong enterprises.

Guangdong deepens high-end manufacturing cooperation. Guangzhou has launched a special capacity cooperation project by developing China-EU International Innovation Cooperation (New Materials) Demonstration Base and the China-Europe Industrial Development Center.

In a bid to become "Guangdong's silicon valley", Huizhou Tonghu Ecological Wisdom Zone has attracted more than 30 projects from countries and regions along the Belt and Road, including Microelectronics Research Center (Belgian), and SK Technology City (Republic of Korea).

Jieyang strengthens Sino-German (European) economic and trade exchanges. Together they are building an international industrial incubator, an advanced German technology promotion center, as well as a China Center in Germany.

Chapter 4 Guangdong Cultural Industry Has Achieved Fruitful Results with the Belt and Road Initiative

In recent years, Guangdong, as a leading cultural province pioneering in international communication and cooperation in cultural industry, adheres to the core socialist values, strengthens self-confidence in culture, and extensively promotes excellent Chinese culture. In Guangdong, the cultural market is well regulated and in order, the creation of artistic works has been prospering, and the level of public cultural services keeps upgrading. The cultural industry of Guangdong is developing fast with optimised structure and layouts, and with improved quality and efficiency. In light of openness and inclusiveness, cultural exchanges with countries and regions along the Belt and Road have been carried out, achieving new progresses.

4.1 Manifest Advantages of Cultural Industry in Guangdong

In recent years, Guangdong has been promoting the integration of modern and traditional cultural industry and encouraging the transformation and upgrading of the industry, resulting in its rapid development.

4.1.1 Guangdong Cultural Industry Shows Outstanding Characteristics

Rich and unique Guangdong culture. Guangdong culture, also known as Lingnan (south of the Five Ridges) culture, originated from the ancient Central Plains culture but rooted in Guangdong's unique natural geography as well as historical and cultural environment (See Figure 4-1). Backed by the Wuling Mountains (the

Figure 4-1 Performance of "Fly Lions over the Water" in Lingnan

Five Ridges) and facing the sea, it integrates the indigenous Baiyue culture, Minnan (south of Fujian Province) culture and other regional cultures on the one hand, and significantly absorbs, since modern times, the western and other foreign cultures on the other hand, gradually forming a cultural character blending continental and oceanic features. The Lingnan culture is rich in contents and exist in different forms. It is most famous for its Guangfu culture, Chaoshan culture and Hakka culture, including education, art, folk craft, folk culture, food culture, architecture culture, religious culture, and commercial culture. The rich and unique Lingnan culture, which provides sufficient cultural resources for the development of characteristic Guangdong culture, has great developmental potential in the forming of new Lingnan culture, and is also a source of innovation for Guangdong to develop modern cultural industry. The superior geographic advantage and the unique overseas Chinese and business contacts play a significant role in the unique geographical and humanistic advantages of Guangdong culture.

Guangfu culture, Chaoshan culture and Hakka culture, with Cantonese, Chaoshan dialect and Hakka dialect as their core respectively, form the main body of Guangdong culture. The Cantonese Opera, with Cantonese as its carrier, is the most popular and most influential traditional local opera in Guangdong. Since the 1960s, Yan Laolie and other representative artists, have created some famous music pieces with unique style and local color, such as "thunderbolt in dry days" "hanging down curtain" "linking up" and so on, symbolizing the formation of Guangdong music as a music variety. Now Guangdong music, Cantonese opera, and the Lingnan School of Chinese Painting are regarded as the "Three Brands" of Guangdong culture.

Parallel development in multiple domains and multiple industries. Guangdong has a mature market and a long tradition of entrepreneurship, so the market of cultural industry is sensitive to demand. Over the years, Guangdong's cultural industry has achieved rapid development, forming a cultural industrial system including the modern media publishing industry, the digital content industry, the cultural product manufacturing industry, the film and television entertainment industry, the creative design industry, and the cultural exhibition industry. It shows the characteristics of diversified local features, deep marketisation, high level of internationalisation, wide compatibility of culture, great popularisation and pluralised development mode. Investors in the cultural industry have turned out to be diversified. With the common development of various economies, the scale of cultural enterprises keeps growing.

The development of enterprise clusters plays an important leading role. In recent years, Guangdong has made use of its advantages in science and technology and information technology to apply high-tech in the fields of news and publishing, radio, film and television, animation games, cultural entertainment and cultural product production, cultivating a large number of exemplary leading cultural enterprises. Guangdong has vigorously promoted the development of cultural and creative industry, advanced industries such as new media and information, and accelerated the development of fashion design, creative design and industrial design, creating a paradise for designers as wells as a creative fashion center.

4.1.2 The Scale Benefit of Guangdong Cultural Industry is Prominent

With its leading place in reform and opening up, Guangdong's cultural industry started quite early, and its strength takes a leading position in the country. In 2016, Guangdong's cultural and related industries increased by 425.663 billion RMB, a significant increase of 16.67% over the same period of the previous year, which was about 9% higher than the province's GDP growth rate, and its proportion in GDP of the whole province has risen to 5.26%, which accounts for about 1/7 of the total cultural industry in China, ranking the first in all provinces and cities of China for 15 consecutive years, and has become an important pillar industry of Guangdong's national economy (See Table 4-1).

Table 4-1 Added value of cultural industry in different regions of China

Region	Project	2013	2014	2015	2016
Beijing	Added value of cultural industry (billion yuan)	240.67	279.43	307.23	357.05
	Percentage in GDP	—	13.1	13.4	14.3
Shanghai	Added value of cultural industry (billion yuan)	250	283.308	302	—
	Percentage in GDP	11.5	12	12.1	—
Guangdong	Added value of cultural industry (billion yuan)	301.1	355.23	364.88	425.663
	Percentage in GDP	4.84	5.24	5.01	5.26
Jiangsu	Added value of cultural industry (billion yuan)	270.1	300.1	316.7	348.8
	Percentage in GDP	>5	—	>5	—
Zhejiang	Added value of cultural industry (billion yuan)	188.04	218.78	249	320
	Percentage in GDP	5	5.45	5.81	5.8

Source: www.ce.cn.

The layout of the cultural industry structure has been continuously optimised, and quality and efficiency have been significantly improved. Guangdong has compiled a series of special plans, such as the "13th Five-Year Plan for Cultural Development and Reform in Guangdong Province" and the "Guangdong Film Development Plan (2015–2020)", to strengthen the planning guidance and optimise the structural layout. The cultural industry structure of the Province is constantly being optimised, and creative and cultural industries with high added value are growing rapidly. Guangzhou has focused on the international performing arts fair, has expanded the performing arts market, and has invited more high level domestic and foreign art troupes to perform in Guangzhou, promoting the prosperity of cultural performance and cultural trading market. Guangdong has supported the growth of Guangdong Media and other cultural enterprises and encouraged them in merger, restructuring, listing and financing. A products trading market for publications, audiovisuals, animations and video games is established and perfected , and the scale of the cultural market transactions is getting greater. Shenzhen has vigorously developed its cultural industry. In 2017, three of its works won the "Five-One Projects" Award from the Central propaganda Department. The Shekou Museum of Reform and Opening up and the Culture and Art Center of the Maritime World were completed and opened to the public. The "Shenzhen Reading Month" event and the Belt and Road international music festival were held successfully.

Construction of state-level cultural and scientific and technological integration demonstration bases is accelerated, and a number of leading new types of cultural business have been established. The online culture industry of Guangdong is growing rapidly, with a number of industry giants emerging. In 2016, the market value of online music in Guangdong Province reached 3.24 billion RMB, accounting for 60.4% of that of the whole country. In 2017, the total output value of the performing arts equipment industry of the whole Province was 23.8 billion RMB, taking up approximately 70% of the country's market share. Also in 2017, the total sales volume of amusement and game equipment of the whole province was 15.47 billion RMB, with an increase of 22.3% over the previous year, accounting for 98.5% of the market share of whole country.

4.1.3 Cultural Industry in Guangdong has Great Innovative Capabilities

Guangdong has promoted the reform of the cultural system and the construction of the modern cultural market, expanded and strengthened the cultural industries such as radio, film, television, entertainment, cultural equipment manufacturing, and organized Southern Finance Omni media Corp. , thus making new breakthroughs in the development of media integration. New industries such as digital publishing, financial information, animation and games, and online music, are on the way, and online copyright protection is strengthened, with the purpose to build a strong province in creative cultural industries. New achievements were made in the creation of new literary and artistic works. Dance drama "Shawan Stories" won the National Wenhua Award.

The formation of cultural industry development pattern guided and supported by innovation.

By innovating the development pattern of cultural industry, Guangdong focuses on the following aspects concerning cultural industry: First, focus on the combination of cultural industry and capital. The entry of industrial capital helps the building of an innovative market system for cultural industry in Guangdong. Second, focus on the combination of cultural industry and hi-tech to provide consumers with more cultural products of new experiences. The Pearl River Delta has become the world's largest gaming equipment production base and the world's largest performing equipment production base. Third, focus on the combination of cultural brand and talents. Guangdong encourages and supports cultural celebrities to create individual cultural brands. In three years' time, nearly 50 cultural celebrity studios were set up, playing a significant role in promoting and demonstrating the growth of cultural talents.

The development of "culture +" and "Internet+" sped up and industrial transformation and upgrading promoted. Guangdong has set up the country's first all-media group, Southern Finance Omni media Corp., to develop three core businesses of "media, data, and trading". It has also made every effort to build major innovative projects such as "China Free Trade Zone Information Port" and to build financial media groups and integrated financial information service providers of strength, dissemination power, and influence. Deep integration of traditional media and new media is accelerated to reshape the new pattern of the industry, with the app "South+" achieving "10 million RMB" both in download times and revenue in 2016, and the app "21 financial" of Southern Finance Omni media Corp., achieving over 40 million times of download, topping the financial media apps in China.

"Cultural+Finance" Innovated. In recent years, Guangdong has successively set up three "10 billion yuan" funds, including Guangdong New Media Industry Fund, Guangdong Southern Media Integration and Development Investment Funds, and All-Media Culture Industry Fund, and a 5-billion-yuan Zhuying Yuexiu Film and TV Industry Development Investment Fund, putting powerful dynamics into the cultural industry development. The Publicity Department of CPC Guangdong Provincial Committee and Shanghai Pudong Development Bank signed a "Culture+Finance" Strategic Cooperation Agreement of 50 billion yuan investment and financing quota, intensively cooperating in a number of areas. Cultural and financial integration are being carried out, and a total amount of 200 billion RMB of credit extension has been granted to cultural enterprises in Guangdong Province by financial institutions.

4.2 Guangdong Vigorously Promotes the "Belt and Road" International Cultural Exchange

Guided by the Belt and Road Initiative, Guangdong cultural enterprises have made remarkable achievements in going out and have started a new situation of cultural export in which cultural enterprises of various forms of ownership compete with each other. Guangdong's cultural industry has grown in strength and achieved a new breakthrough in export-oriented development, becoming a new source of growth in Guangdong's fiscal and tax revenue, and a new force in the growth of import and export trade. Export of Guangdong's cultural products and services ranked first in the country for years, accounting for about 40 percent of that of the whole country. The export market of Guangdong's cultural trade covers more than 150 countries and regions, boasting a number of national key cultural export enterprises and cultural brands.

4.2.1 Various International Cultural Exchange Activities

Resources in international cultural exchanges are abundant. Guangdong has the largest number of consulates-general in China, with more than 50 countries setting up consulates-general in Guangzhou. Guangdong has established 21 pairs of sister provinces or cities with countries along the Belt and Road. It has actively promoted cultural exchange and cooperation to promote mutual understanding among the peoples. The Guangdong Provincial People's Government has issued the "Implementation Opinions on Speeding Up the Development of the Sports Industry and Promoting Sports Consumption", and has held the "Maritime Silk Road Sports Festival for College students" "Maritime Silk Road Marathon Invitational", and other sports exchange events such as Go, badminton, martial arts, yoga, and Thai boxing, in cooperation with countries along the Belt and Road. The Guangdong Provincial People's Government has also issued the "Implementation Opinions on Promoting the Reform and Development of Tourism Industry" and formulated a long-term plan for tourism exchanges and cooperation between Guangdong and the countries and regions along the Belt and Road.

Deepening cultural exchanges and learning from each other. Guangdong has actively built bridges for cultural exchanges, encouraging cultural outreach, helping foreigners to know and understand Guangdong better, and deepening cultural exchanges and mutual learning between China and foreign countries. Relying on local cultural characteristics, cities in Guangdong have actively engaged in international cultural exchanges and communication. A number of universities in Guangdong have cooperated with foreign universities to set up Confucius Institutes. Sun Yat-sen University has co-organized Confucius Institutes with many other foreign universities, such as the Ateneo de Manila University in the Philippines and La Universidad Autónoma de Yucatán in Mexico. South China Normal University has co-organized Confucius Institutes and Confucius classes with foreign partners too, namely Confucius Institute of Reunion University in France and Confucius classroom in Coquitlam, Canada.

In 2018, Guangzhou has sent 29 groups with 195 people to foreign countries, Hong Kong SAR, Macao SAR and Taiwan Province to carry out cultural exchanges, focusing on "Guangzhou Culture week" "We, Guangzhou" and other foreign cultural exchange brands. Four "Guangzhou Culture week" activities were held in Britain, New Zealand, Mexico, and Germany. Under the theme of "Same Root, Same Origin and Same Development", a series of cultural exchange activities were held, such as the launching ceremony of "2018 Guangzhou, Hong Kong and Macao Youth Cultural Exchange Season" and "Same Root, Same Origin and Same Development Guangdong-Hong Kong-Macau Greater Bay Area Students Story-telling Contest". The China (Guangzhou) International Documentary Film Festival was deepened and the festival was selected as a key project for national cultural export. It is the only project in Guangdong Province that has won this honor for three consecutive years.

In March 2018, the opening concert of the Belt and Road International Music Festival in Shenzhen was held. Musicians from 14 countries and regions along the Belt and Road, including Hungary and the Czech Republic, together with Shenzhen Symphony Orchestra, formed the Belt and Road Festival Orchestra to play music of harmonious coexistence and peaceful integration of the Chinese people and their overseas friends, thus introducing a grand music feast lasting for 37 days. More than 700 Chinese and foreign artists from 16 art groups of nearly 40 countries and regions brought Shenzhen audience international boutique performances with diverse characteristics.

Since 2018, Shantou has delegated 22 groups to foreign countries and regions and invited 4 foreign groups over for cultural exchanges. Among them, Guangdong (Shantou) Art Troupe held six touring performances in

Thailand, which generated warm responses there. Guangdong Chao Theatre and other troupe groups went to Thailand and Hong Kong SAR.(China) to perform Chao Opera, bringing authentic art to Chinese. The China-ASEAN Young Overseas Chinese Economic and Cultural Exchange Camp was attended by 14 delegations from 9 ASEAN countries, including Thailand, resulting in strengthened exchanges between Shantou and ASEAN overseas Chinese youth leaders and young entrepreneurs, enhanced recognition and emotional identification of the young overseas Chinese with economy, culture and other fields of their hometown, and better image of Shantou city and more opportunities for cooperation and development.

In April 2017 and April 2018, Maoming hosted "Madame Xian's Overseas Cultural Travel" activities, visiting Malaysia, Singapore and Vietnam, and held cultural exchanges and exhibitions of Madame Xian. Madame Xian was the leader of a Lingnan ethnic group around the 6th or 7th century and was committed to safeguarding national unity and integration, playing an important role in promoting the social, economic and cultural development of Lingnan area. According to historical records, Madame Xian's jurisdiction covered a vast area along the Belt and Road, including the present Guangdong and Guangxi, Hainan, northern Vietnam, northern Laos and Northern Myanmar.

Guangdong spreads its culture to Europe. Guangdong has strengthened cultural exchanges with European countries. In July 2017, major leaders of the Publicity Department of CPC Guangdong Provincial Committee led a delegation to Moscow (Russia), Berlin and Hamburg (Germany), Limburg and Brussels (Belgium). They successfully held several events, for example, "Guangzhou Culture Tour in Europe" and "Guangdong Brands and the Belt and Road Initiative". They signed a series of agreements with local governments, establishing comprehensive cooperations with their counterparts and European enterprises.

Guangdong has also strengthened exchanges with Southeast Asian countries in all aspects, such as culture, sports and tourism. In 2017 Guangdong successfully held "ASEAN-Guangdong Culture Week" in Singapore, Malaysia, Myanmar and Thailand. Zhuhai held tourism promotion conferences in Bangkok, Thailand, and carried out several cultural exchange events with young people from Johor Bahru, Malaysia. Dongguan has not only promoted its special cultural tourism resources to Southeast Asian countries, but is also active in sports exchanges. It has won the rights to host two Asian Marathon Championships. One was held in 2017 and the other is to be held in 2019. Chaozhou has contributed to the construction of the municipal library in Bangkok, Thailand. Annual Meetings of people with Chaozhou origin is also a major event in Indonesia.

Guangdong deepens cultural exchanges and cooperation in the Greater Bay Area of Guangdong, Hong Kong and Macao. Guangdong is the only base in mainland China for cultural exchange with Hong Kong and Macao. The three parties have signed cooperation framework agreements spanning every five years: Blueprint of Guangdong–Hong Kong–Macao Cultural Exchange and Cooperation Development (2009–2013) and (2014–2018) . Guangdong encourages and supports social organisations in such fields as culture and art, museums and creative industries to develop cooperative relations with their counterparts in Hong Kong and Macao.

People in Guangdong, Hong Kong and Macao not only live geographically close to each other, but also have the same ancestry and share the same language (Cantonese dialect) . Therefore, Guangdong is the most active province in mainland China to carry out cultural exchanges with the latter two, accounting for almost 50% of the total in country in this respect.

People in the Greater Bay Area celebrate together such cultural events as International Museum Day, World Book Day, Hong Kong Arts Festival and Macau International Arts Festival. Artists in the Greater Bay Area jointly choreographed and performed "Along the River During the Qingming Festival" and modern dance "Love Letter" . Museums in the area also worked together on such exhibitions as "East–West Confluence" , "Porcelain Road on the Sea" and "Lingnan Archaeological Achievements" .

The "Guangdong, Hong Kong and Macao Youth Culture Tour" has been held for 10 sessions as of 2018. This year's tour was launched in Macao in July with the theme on Hakka people and their culture. During the 10–day tour, the students visited Macao, Hong Kong, Shenzhen, Meizhou, Heyuan and Huizhou. Highlights of their journeys included visiting creative start–ups, learning to sing Hakka folk songs, playing Hakka puppets, and appreciating Han opera. Getting to know Hakka people and their culture has helped the young students to better understand traditional Chinese culture, and made them proud to be Chinese.

4.2.2 Guangdong's Cultural Industry has a Good International Reputation

In recent years, China's international influence has been increasing, especially that the Belt and Road Initiative has been widely recognized by international communities. The initiative has become contemporary

China's most visible symbol in terms of international cultural cooperation. Its spirit of mutual beneficial has won much acclaim world wide. Guangdong is at the forefront of the 21st Century Maritime Silk Road, and the international reputation of its cultural industry is on the rise.

Guangdong's cultural brands are making their names in the world. Guangdong promotes the integration and development of its cultural industry. The Tianhe District in Guangzhou, capital city of Guangdong, is the province's only national-level cultural export base. It has integrated traditional and new cultural industries. The new creative industries include online games, animation, information services and creative design; and the traditional ones include book publishing, printing, performance arts, and films. Its new development patterns have become more and more inter-discipline, encouraging "culture+finance" "culture+science and technology" and "culture+commerce".

Tianhe is experimenting new models of presenting cultural products with Chinese and Guangdong characteristics to the world. For example, Tianhe is famous for the Qiqiao Arts Festival, which is held annually around July 7th according to Chinese Lunar Calendar, dubbed as the "Chinese Valentine's Day". From 2011 to 2016, it has attracted a total of more than 3 million visitors. The fest has also been covered extensively by the media. Its influence has spread to China and even some Southeast Asian countries.

Guangdong media are also extending its influence on the international arena. Major Guangdong media reach out to the outside world with overseas editions and English channels to tell the stories of Guangdong in the world language and tell them well.

Guangdong International Channel currently covers Europe, North America, Central and South America, South Africa, Asia and Oceania.

The Pearl River Channel (Hong Kong version) is covering 2.4 million TV subscribers in Hong Kong SAR. (China).

In addition to English radio programs, Guangdong Radio also broadcasts new media products via WeChat, H5, so on and so forth. Their programs are also broadcasted by the British Badbock Media Service (Babkeco Media Service Co., Ltd.).

Guangdong Television has cooperation with the British Broadcasting Corporation (BBC), the Australian Broadcasting Corporation (ABC), the Japan Broadcasting Association (NHK) and many other foreign mainstream media. Some notable examples are: "The Next Generation" — a joint production with the BBC on

Guangdong high school students; "Guangdong Direct" —a joint production with the ABC on Guangdong's economic, social and cultural development; and "Bilingual News" with NHK.

The overseas edition of Nanfang Daily has cooperation with 27 foreign media and its circulation covers major cities over 10 countries. Some of its most popular columns include "Guangdong Today", "Guangdong Overseas Chinese" and "Traditional Chinese Medicine & Health Care". Nanfang Daily overseas edition is a flagship of Guangdong media, which has won China News Award for five consecutive years.

In March 2016, "Guangdong Today" international news center was put into operation. This was the first of its kind run by provincial media in China. It has played an important role in broadcasting to the world about Guangdong. As of May 2018, the news center has more than 60 clients, covering major foreign media. And the client list continues to grow.

The Nanfang Daily's English website was officially launched in October 2003. Currently, its average daily traffic is around 200,000. According to the user IP addresses, people from 180 countries and regions have browsed the English website. It has become one of the top ten English news websites in China. It is also one of the most important channels for Guangdong to communicate with the world.

4.3 Guangdong's Cultural Industry has Achieved Remarkable Results in International Cooperation

4.3.1 Foreign Trade in Cultural Goods

Foreign trade in cultural goods is an integral part of international trade and is essential to the Belt and Road Initiative. In recent years, total export volume of Guangdong's cultural products has grown at an average annual rate of about 20%.

Guangdong has now a complete cultural export system, boasting a number of key cultural enterprises and brands. There are 21 national-level key cultural goods export enterprises, with two key projects. For example, Tianhe District in Guangzhou is a national-level cultural export base.

In 2017, the total import and export volume of cultural products in Guangdong reached 43.76 billion USD, with total exports volume at 42.04 billion USD and total import volume at 1.72 billion USD.

Guangdong exports comprehensive cultural goods. Cultural products in Guangdong have been exported to more than 160 countries and regions. The top four of Guangdong's trade partners in terms of exported cultural products are: the United States, Hong Kong SAR.(China), the European Union and ASEAN. In 2017, Guangdong's total export volume to the top four accounted for 78.6% of the total of that in the cultural industry, among which, the US accounted for 31.2%, and Hong Kong SAR.(China) 23.3%.

The total export volume to countries along the Belt and Road registered at 6.694 billion USD, a year-on-year increase of 28.5%. Total import volume reached 116 million USD.

Guangdong has cultivated a number of key export enterprises and brands with international competitiveness in the fields of publishing, animation games, creative design and cultural equipment manufacturing. For example, the total export revenue of the gaming industry alone reached 17.6 billion RMB, exporting to more than 100 countries and regions. For example, UC browser is being used in more than 150 countries and regions, serving more than 100 million users overseas. YY is committed to the overseas livevideo broadcast market. BIGO LIVE, its real-time interactive video application based on mobile terminal, has been the most downloaded free app in Thailand.

Cultural exhibitions and trading platforms are gaining ground. In 2018, the 14th China (Shenzhen) International Cultural Industries Fair (ICIF) achieved remarkable results in terms of scale, quality and influence. It attracted a total number of 7,332,600 visitors, an increase of 10.08% over the previous year. The total value of actual deals made was 238.815 billion RMB, an increase of 4.43% over the previous year and a seven-fold increase compared to the first ICIF in 2004.

The total value of contract deals was 223.857 billion RMB, while that of retail and auctions reached 9.958 billion RMB. The total export transaction amount was valued at 17.6972 billion RMB, a year-on-year increase of 7.35%.

Altogether 23 projects' export volume were valued over 100 million RMB each. For example, China Animation Characters Co., Ltd. signed a contract worth of 105 million RMB with Japan SEGA Games Co., Ltd. for exporting VR games content and equipment to the latter.

Apart from Hong Kong SAR., Macao SAR. and Taiwan Province, Guangdong cultural products are mainly exported to countries such as Singapore, Japan, Republic of Korea, Germany, and the United States. The exported cultural products mainly fall in the following categories: ceramics, home accessories, decorative paintings, art crafts, films, animation, and games.

The total export volume to countries and regions along the Belt and Road was 13.738 billion RMB, accounting for 77.63% of the total export volume of ICIF, an increase of 34.89% over the previous year.

In 2017, the South China Book Festival had a variety of over 300,000 books as well as cultural and creative products.

The 2017 Guangdong International Tourism Industry Expo had a total exhibition area of 90,000 square meters, attracting more than 500,000 visitors. Contracts signed were valued at 78.9 billion RMB.

The Pearl River Delta has become Guangdong's major exporter of cultural goods. Guangdong's cultural products are mainly concentrated in the Pearl River Delta region. The top five exporters are Shenzhen, Guangzhou, Dongguan, Foshan and Zhuhai. The total export volume of the five cities accounts for 81% of the total, while their total import volume of cultural products is as high as 91.3% of the total.

Guangzhou is a pilot city at the national-level for service trade innovation and development, and a model city for Business Process Outsourcing (BPO) . It has rich cultural heritage, and its cultural industry is developing fast in such fields as cultural services, animation and creative design, and digital production.

In 2016, the city's cultural products export volume reached 1.267 billion RMB, an increase of 10.62% over the previous year. The export volume of cultural services, computers and information services reached 1.923 billion US dollars, accounting for 12.58% of the city's total service exports. Guangzhou's cultural enterprises signed international investment agreements with a total value of US$ 730 million, accounting for 13.82% of the city's total. In 2016, the total added value of cultural and creative industry in Guangzhou Tianhe District reached 28.35 billion RMB, ranking the first in the city and accounting for 29.7% of that of the city's total by the same industry. That was also 7.46% of the city's GDP. The total number of cultural and creative enterprises exceeds 10,000 in the district, 344 out of which are above designated scale with some 61,000 employees.

Exports of stationory and publications continue to grow. Guangdong Publishing Group Co., Ltd. is a key cultural export company at the national-level. In the past ten years, the publisher has exported more than 1,500 titles to over 30 countries and regions around the world. For example, its magazine "Junior Digest" has had the biggest circulation for ten years in Singapore in the category of imported Chinese periodicals. It is a successful model for Chinese journals to go global.

In 2017, the annual export volume of publishing group's cultural products reached 3,304,300 US dollars. The publisher exported a total of 235 titles (excluding Hong Kong SAR, Macao SAR and Taiwan) , hitting annual record high. The total number of copy rights sold to developed countries in Europe and America has grown rapidly, accounting for 35% of the total in the year. Meanwhile, copyrights sold to Russia, Turkey, Thailand and other countries along the Belt and Road accounted for 58% of the total.

Case 13: "My Home in China" book series by Guangdong Education Publishing House

Guangdong Education Publishing House is a comprehensive publishing house affiliated to Southern Publishing Media Co., Ltd. It is the only first-level publishing house in Guangdong and one of China's top 100 publishing houses. It actively participates in the Belt and Road Initiative and engages itself in helping China's publishing business to go global.

- **The publisher introduces China to the world in three dimensions**

In 2016, Guangdong Education Publishing House published "My Home in China" (also known as "Beautiful Journey in China" in foreign title) (See Figure 4-2). It is a set of Chinese stories intended for children. The book has six series: Mountains and Rivers, Lakes and Seas, Festivals, Nationalities, Cities, and Roads. It helps children to see China in three dimensions: the natural wonders of China, the rich culture of China and the contemporary China.

The book series is a key project of Guangdong Education Publishing House. As of August 2018, the series has been translated into different languages in traditional

Figure 4-2 *My Home in China* book series

Chinese, English, Russian and Lao.

At present, the traditional Chinese version and the English version have been published. Launch ceremony of its Russian version will be held at the Moscow International Book Fair in September 2018. Some Spanish publishers have also expressed interest in the book series. It is expected that a Spanish version of the book series will be exported to Spain and other Spanish-speaking countries in Latin America.

- **My Home in China was selected for Guangdong Culture Tour in Europe**

In July 2017, a forum entitled "Guangdong Culture Tour in Europe" was held in Brussels, Belgium, attracting representatives from the European Parliament, EU countries, Chinese delegates to the European Union among many other guests. While at the forum, Guangdong Publishing Group introduced to the guests the English version of "My Home in China" published by UK's Paths International Ltd (See Figure 4-3).

Figure 4-3 Introducing the English version of *My Home in China*

The book series was also very well received at other events related with the Belt and Road Initiative in Europe.

In July 2017, the Russian Science Publishing Group signed a letter of intent for publishing of the book's Russian version at the Moscow China Cultural Center, the first stop of the "Guangdong Culture in Europe" campaign.

- **Successful cooperation in publishing the Lao version**

In October 2017, president of the Lao National Book Publishing House and his colleagues visited Guangdong Education Publishing House and showed interest in the book series. After almost six months of negotiation, a Lao version finally came into being.

Cultural products of new businesses are now highlights of export. In recent years, Guangdong's new cultural products and services such as online games and animation have become the highlights of the export market. Many companies have set up departments for overseas sales, the most well-known of which are NetEase Computer System Co., Ltd. based in Guangzhou and Kingsoft Corporation Limited based in Zhuhai. Those companies have successfully let their game products go global.

Key enterprises and projects keep emerging. Fantawild Holdings Inc. based in Shenzhen has exported complete sets of culture-tech theme parks to Iran, South Africa, and Ukraine among other countries. The company's 4D film systems have been exported to more than 40 countries and regions such as the United States and Canada.

4.3.2 Guangdong Attaches Importance to Overseas Cultural Investment and Services

Guangdong cultural enterprises have made progresses in M&As overseas. For example, in 2017, Aofei Entertainment based in Shantou acquired a 60.2% stake in FunnyFlux, a Korean animation company, for 106 million RMB.

Gaming industry's overseas investment is booming. A number of gaming companies in Guangdong have set up branch offices, R&D centers and sales networks in foreign countries. For example, Holley Technology Ltd. is a leading company in the game machine manufacturing industry, with operations in Thailand, Vietnam, Malaysia, Indonesia, Myanmar, Laos, Cambodia and many other countries along the Belt and Road.

Guangdong provides comprehensive services for cultural enterprises going global. Shenzhen

Cultural Property Rights Exchange creates platforms for global cultural property rights trading, cultural enterprise incubators, cultural investment and financing.

Guangdong Culture Week since its debut in 2016 has attracted millions of fans. The show "Guangzhou Moments" has been performed over dozens of times in foreign countries. Sculptures by Xu Hongfei have been exhibited in Italy, Germany, Colombia among many other countries.

In May 2018, the 14th Shenzhen Cultural Fair focus its themes on "culture + creativity", "culture + technology", and "media integration development". It has attracted 2308 exhibitors, out of which 130 are foreign exhibitors from 42 countries and regions.

Exhibitions on Maritime Silk Road was held in Germany. In June 2017, the State Administration of Cultural Heritage, Guangdong Provincial Museum and Hamburg International Maritime Museum jointly organised an exhibition in Hamburg, Germany. The exhibition was called "The East–West Confluence—The Maritime Silk Road from the 13th to the 17th Century". It coincided with the Hamburg G20 Summit and was a key project to celebrate the 45th anniversary of the establishment of diplomatic relations between China and Germany.

Guangdong promotes cultural exchanges among young scholars and students. The "2018 Young Sinologist Training Program" has attracted many international young scholars. By way of seminars and field studies, they have come to better understand China and Guangdong.

Guangdong Provincial Department of Culture has also organised several cultural exchange events such as Guangdong International Youth Music Week, Guangdong Modern Dance Week and Lianzhou International Photography Exhibition.

Afterword

In the five years since the Belt and Road Initiative was put forward, it has turned from a concept into action, from vision into reality. Its great achievements so far have already made profound impact on the world patterns.

When writing *Report on Going Global of Enterprises from Guangdong Province of China in Building the Belt and Road (2018)*, the report compilation team has received support from all walks of life. Our biggest thanks go to leaders of the Publicity Department of CPC Guangdong Provincial Committee and its Information Office. We would also like to thank other departments directly under Guangdong Provincial Government, including its Department of Commerce, the Development and Reform Commission, the State-owned Assets Supervision and Administration Commission, Commission of Economy and Informatization, the Science and Technology Department, the Department of Culture, the Tourism Bureau, the Commission for the Promotion of International Trade, as well as 21 other municipal and regional departments in Guangdong.

Editors of the report team were strict in selecting data and materials, carefully choosing case studies. They went through serious researches and fact checking. The report was finalised after several revisions. Despite our efforts and tremendous amount of work, the report still has room for improvementdue to limited time and energy. Should there be any mistakes, we are open to comments and criticism.

For further information or discussion about the Report, please contact heads of the compilation team: Mr. Zhang Jincheng (Professor at the Research Center of the State-owned Assets Supervision and Administration Commission of the State Council; zhangjincheng@sasac.gov.cn), Mr. Fu Shuaixiong (Deputy Professor at Guanghua School of Management,Peking University; fsx110@gsm.pku.edu.cn), or Mr. Guo Zhouming (Dirctor of International Trade Magazine; guozhoumingpku@hotmail.com)

Report Compilation Team

September 2018

Statement: This report is published in both Chinese and English, and the Report Compilation Team has strived to ensure the consistency between two versions of the Report. The Chinese version should prevail in case of any ambiguity or conflict between the two versions.